EN BUSCA DE MI SENDERO
Novel in Spanish

Intermediate High to Advanced Range Level as Described by ACTFL

CATALINA SOTO

Copyright © 2016 Catalina Soto

All rights reserved.

No part of this publication may be reproduced, distributed or transmitted in any form or means without prior permission of the author.

Published in the United States of America

ISBN: -10:1535451998
ISBN-13: 978-1535451994

Fiction/Cultural Heritage

DEDICACIÓN

Para los estudiantes de Ridge View High School:

Carlo Milán, Chandler Bailey, Jonathan Guzmán, Sara Dueñas y Natalia Navarro

quienes con tanto entusiasmo leyeron y acreditaron esta novela.

To the Instructor

Description of the Book:

En busca de mi sendero is a novel designed to help students make the transition in Spanish from the intermediate high to the advanced range level as described by the American Council on the Teaching of Foreign Languages (ACTFL).

Specifically, the novel is intended to accompany an intermediate Spanish textbook. It can be used in the following settings:

    a. AP/IB Spanish classes typically in the fourth year of high school
    b. Reading and/or Writing classes at Community Colleges that offer 5th and 6th semester Spanish classes
    c. High-Intermediate Spanish Conversation or Advanced Grammar and Composition classes at the university level (5th or 6th semester) for minors and majors.

The book offers a holistic approach designed specifically to help students do the following:

1. Build reading skills through an appropriate proficiency level novel
2. Engage in spoken communication through discussions (emphasis on cultural comparisons and the well being of the individual in a cultural context)
3. Interpret and synthesize information from the novel about sensitive topics: childhood identity, self-esteem, human rights, forgiveness, addictions, foster care, social discrimination, sexual encounters, domestic abuse, etc.
4. Learn how to function effectively in different contexts (community, national, and international)
5. Develop cultural awareness (skill to function in a global market)

The activities that accompany the novel will provide students with the opportunity to:

- Create with language by generating ideas and opinions
- Describe and narrate in all major time frames
- Interpret, make inferences, and persuade in spoken communication
- Create connected sentences and organized paragraphs
- Expand their vocabulary repertoire for specific topics of conversation
- Develop cultural awareness by describing cultural practices and perspectives of others

Finally, the themes touched upon in the novel contribute to enrich the theme-based language curriculum models used in many Spanish classes. The novel incorporates current and relevant themes such as: global challenges, contemporary life, personal and public identities, families and communities, discrimination, environment, geography, history, etc.

Why is this book different from those already on the market?

En busca de mi sendero is a novel written at the proficiency level of the students (intermediate high to advanced level) following the ACTFL guidelines. Specifically, the novel provides students with multiple samples of advanced grammatical patterns and combinations presented in a meaningful context. Students will be exposed to these advanced grammatical patterns, but the vocabulary is kept at a practical and useful level to function in a Spanish speaking country. This does not mean simple. When students read the novel, they can experience instant satisfaction because they do not have to spend time looking up words in the dictionary to understand the content. The novel is packed with cognates and words that are recycled and explained over and over again through context and a glossary placed at the bottom of the page. As a result, students have many opportunities to see the vocabulary used in a functional or meaningful way. Basically, the text contains "high-frequency vocabulary and structures" (ACTFL Reading Guidelines). This approach will give students instant gratification and fulfillment as they read.

Content of the book:

En busca de mi sendero is a novel that focuses in-depth on the culture, language, and the people that the protagonist, Marcelino de Sevilla, visits. The book concentrates on how to become adaptable and observant of one's surroundings through the process of adjusting to different cultures and learning different languages.

Additionally, the novel serves as a good option for the majority of our Spanish language learning population that does not have the opportunity to live abroad. Through the protagonist, the reader is able to witness both, the challenges and the benefits of studying abroad. I think the more ways we can expose our students and entice them to experience something different —whether it be through a novel or actual first-hand experience— the more prepared they will be to succeed in the global market place.

Finally, *En busca de mi sendero* caters to young adults who experience the need to feel a sense of belonging. The protagonist's life-long search is an inspiration for people to "dig deep" as Triana advised our protagonist to find his place in life. Thus, the tone of the novel is inspiring for those whose lives revolve around the questions: "Who am I really?" and "Where do I belong?" The book will bring these people hope.

Topics by Chapter

Chapter 1: *Family, community, and global challenges*

Chapter 2: *Childhood, identity, discrimination, and social pressure*

Chapter 3: *Cultural adjustment, self-esteem, family, and discrimination*

Chapter 4: *Friendship, human rights, survival skills, and immigration*

Chapter 5: *Identity, marriage, social norms, and different societies*

Chapter 6: *Spanish culture, forgiveness, reconciliation, and adjustment*

Chapter 7: *Family (role of a grandparent) and traditions*

Chapter 8: *War, isolation, failure of a social system, human rights, and minority groups*

Chapter 9: *Emotional void, addictions, abyss, and depression*

Chapter 10: *Change in society, education, love between a couple, and community work*

Chapter 11: *Cultural acceptance, observation, cultural celebrations, art, and religion*

Chapter 12: *Universalities among human beings, friendship, and the relevance of learning languages*

Chapter 13: *Chine culture, adjustment, frustration, discrimination, corruption, human rights, and cultural awareness*

Chapter 14: *Love, community work, cultural aspects, and marriage*

Chapter 15: *Living apart, legal status in a foreign country, and leaving your roots*

Chapter 16: *Becoming an immigrant, death, and emotional pain*

Chapter 17: *Becoming professional, community service, and the American dream*

Chapter 18: *Roots and origin*

Chapter 19: *Biological family, roots, traditions, religion, environment, and community*

Chapter 20: *Education, environment, tourism, economy, and cultural diversity*

Chapter 21: *Freedom, death, and peace*

RECONOCIMIENTOS

Una novela debe pasar por las manos de varios lectores. De esta forma, el autor tiene una opinión objetiva de cómo otros perciben el manuscrito. Personalmente, quiero agradecerles a las siguientes personas por su sincero apoyo y su valiosa colaboración:

Dr. Oswaldo Estrada, Dra. Julia Medina, Dra. Rachel Aponte, Adriana Fonseca Vargas, Rebeca Soto, Aurora Tudela, Victoria Uricoechea, Fatima Bucheli, Pamela Bird y Marc Adams.

¡MUCHAS GRACIAS!

ENCONTRARNOS DE PRONTO EN UN MUNDO DESCONOCIDO ES LO QUE NOS PERMITE PERCIBIR EL MUNDO CON OTROS OJOS.

Catalina Soto

Capítulo 1

El avión **aterrizó**[1] en el Valle Central de Costa Rica, en el Aeropuerto Internacional Juan Santamaría. Era un día caluroso de marzo del 2012, una **época**[2] del año donde las personas disfrutaban del sol radiante y un clima agradable. Yo sentía una tremenda curiosidad por lo que los próximos días me **destinaban**[3] en este país. Mi instinto me decía que este viaje cambiaría mi vida, **llenándome**[4] ese profundo **vacío**[5] que yo siempre había **cargado**[6], y que había **renunciado**[7] al ideal de satisfacerlo, pero ahí estaba yo, una vez más —**rendido**[8]— **ante la voluntad**[9] de mi destino.

Cuando salí del avión, me di cuenta de que un calorcito me abrazaba y que un aire tropical penetraba mi piel. Yo no sabía qué era lo que me seducía, pero me sentía relajado y bien recibido por este calor que la

---

[1] **aterrizar**: to land
[2] **época**: time/season
[3] **destinar:** to assign
[4] **llenar:** to fulfill
[5] **vacío:** hole
[6] **cargar:** to carry
[7] **renunciar:** to give up
[8] **rendido:** surrendered
[9] **ante la voluntad:** at the mercy

brisa tropical me ofrecía. Miré a mi alrededor contemplando las verdes montañas, y bajé las escalerillas pausadamente, absorbiendo la belleza natural que estaba ante mis ojos. "¡Qué bonito lugar!" —pensé. Seguí al grupo de pasajeros, y una vez que llegué a la parte **inferior**[1] de las escaleras, una de las asistentes de vuelo me guió para que tomara una de las busetas para llevarme a la terminal.

—Señor, señor, tiene que tomar el bus para ir a la terminal.

Había turistas por todas partes. **Parecía**[2] que Costa Rica se había convertido en el destino favorito de todos los excursionistas. El aeropuerto era pequeño, pero moderno, y estaba diseñado para darles la bienvenida a todos los visitantes. Mientras hacía la **fila**[3] para pasar por la **aduana**[4], me preguntaba por qué el aeropuerto se llamaba: Juan Santamaría. Entonces, miré a mi alrededor buscando algún **letrero**[5], pero no vi nada. "¿Sería un presidente?" —me pregunté, pero después de unos minutos, me explicaron que Juan Santamaría había sido un héroe nacional que había muerto en 1856, defendiendo la **paz**[6] de Costa Rica contra William Walker, el conquistador estadounidense que quería hacer de Costa Rica una colonia norteamericana. Walker habría **triunfado**[7] de no haber sido por este joven **tamborilero**[8] que había **arriesgado**[9] su vida **encendiéndole**[10] fuego al hostal donde los soldados estadounidenses dormían. "¡Éste sí **tiene cojones**![11]" —me dije a mí mismo, mientras el oficial de la aduana me contaba sobre este **Hércules**[12] nacional que había sacrificado su vida por la autonomía de su país.

—Tenéis que ser **valiente**[13] para hacer algo así —le dije.

—No cabe duda. ¿Es la primera vez que visita Costa Rica?

---

[1] **inferior:** bottom
[2] **parecer:** to appear
[3] **hacer fila:** to be in line
[4] **aduana:** customs
[5] **letrero:** sign
[6] **paz:** peace
[7] **triunfar:** to succeed
[8] **tamborilero:** drummer
[9] **arriesgar:** to risk
[10] **encender:** to ignite
[11] **tener cojones:** Spanish expression- to have balls (to be brave)
[12] **Hércules:** Greek hero known for his strength in classical mythology
[13] **valiente:** brave

—Sí, ¿me recomienda visitar algún lugar en particular? ¿Tiene usted un sitio preferido?

—Sí, muchos, pero no importa dónde vaya o lo que haga en Costa Rica. Simplemente disfrute de la compañía de los *ticos*[1]. ¡Ya verá! —respondió el oficial.

De repente, este empleado dejó su cubículo sin explicación, despertando una ansiedad entre los excursionistas que esperaban su turno para salir del aeropuerto. Todos empezaron a **quejarse**[2] y a **empujar**[3], pero a este oficial no le importó tomarse su tiempo para buscar propaganda e información sobre los lugares más visitados en Costa Rica. Después de unos minutos, regresó **silbando**[4] y **coqueteando**[5] con unas asistentes de vuelo costarricenses, quienes parecían disfrutar del coqueteo y las **galanterías**[6] que este hombre les ofrecía.

—¡Adiós, guapas! ¡Qué **lindas amanecieron**[7]! ¿No me llevan?

¡Yo no lo podía creer! Este hombre las miró de pies a cabeza sin **temor**[8] de que su supervisor pudiera **echarlo**[9] del trabajo o censurarlo. "¡Esto jamás sucedería en Estados Unidos!" —pensé, pero aquí se podía coquetear abiertamente. **Por lo menos**[10], así parecía. Cuando finalmente regresó a su **asiento**[11], me dio los folletos y el teléfono de su taxista preferido y me dijo:

—Llame a Arsenio si necesita transporte. Disfrute de su visita y siéntase usted bienvenido en Costa Rica.

—¡Gracias! —le respondí.

Salí del aeropuerto con la boca abierta por la **amabilidad**[12] de este

---

[1] **tico:** Costa Rican
[2] **quejarse:** to complain
[3] **empujar:** to push
[4] **silbar:** to whistle
[5] **coquetear:** to flirt
[6] **galantería:** compliment
[7] **amanecer lindas:** to wake up looking good
[8] **temor:** fear
[9] **echar:** to fire someone
[10] **por lo menos:** at least
[11] **asiento:** seat
[12] **amabilidad:** courtesy

hombre, pero para ser honesto, no pasó mucho tiempo para darme cuenta de que los costarricenses eran —en general— bastante pacíficos, y que tenían un interés por la amistad. Realmente, se tomaban el tiempo para ayudar a las personas. También sentían una tremenda **lealtad**[1] y voluntad para defender su nación, como el héroe: Juan Santamaría. Me parecían divertidos y genuinos con respecto a su forma de ver la vida. Instantáneamente, me sentí identificado con ellos porque yo había usado el humor para **hacerle frente a la vida**[2], pero para ellos era algo natural. Aparentemente, los costarricenses eran mundialmente reconocidos por su hospitalidad, su pasión por la paz y su increíble sentido de humor.

Dije: "¿sentido de humor?" Cuando salí del aeropuerto me pareció **gracioso**[3] que todos los taxistas quisieran ayudarme. Me **quitaron**[4] las **maletas**[5] y trataron de llevarme a varios de sus taxis. Debí haberme visto como uno de esos turistas **perdidos**[6] y desorientados de los que uno se puede **aprovechar**[7], pero pronto me di cuenta de que simplemente estaban compitiendo para venderme su servicio. Así que tuve que decirles: "que no" rápidamente.

—No, no, no, señores. Me están esperando.

Yo había leído que uno tenía que tener cuidado con los **carteristas**[8] en la ciudad de San José, pero nadie me había dicho nada sobre estos taxistas que te quitaban las maletas y te llevaban consigo. Después de haberles explicado pacientemente que un amigo me estaba esperando, como **magia**[9], todos los taxistas se **desaparecieron**[10] diciendo: "¡Pura vida, ¡Pura vida!"

¿Pura vida? Vi esta expresión **impresa**[11] en muchas de las camisetas y las tazas para el café en las tiendas de suvenires, y la escuché varias veces entre los ticos mientras esperaban sus maletas. Ésta

---

[1] **lealtad:** loyalty
[2] **hacerle frente a la vida:** to fight, to have a positive attitude toward life
[3] **gracioso:** funny
[4] **quitar:** take away
[5] **maleta:** suitcase
[6] **perdido:** lost
[7] **aprovecharse**: to take advantage of
[8] **carterista:** pickpocketer
[9] **magia:** magic
[10] **desaparecer:** disappear
[11] **impresa:** printed

posiblemente era la expresión más popular entre ellos. Con los días, me di cuenta de que la expresión *pura vida* literalmente quería decir: disfrutar de la vida. Básicamente, la expresión manifestaba una perspectiva positiva o satisfactoria sobre **cualquier**[1] cosa, situación o persona. Creo que representaba la actitud y la calidad de vida de los *ticos*, como todos llamaban a los costarricenses.

Después de esperar unos minutos **fuera**[2] del aeropuerto, finalmente vi a mi amigo, Ronulfo, y a sus cuatro hijos entre la gente. Ronulfo me **saludó**[3] con la mano y me llamó por mi nombre para que yo lo reconociera.

—¡Marcelino, Marcelino, aquí estamos!

Y ahí estaba Ronulfo con sus hijos. Los años no habían pasado por él. Con la excepción de algunas **arruguillas**[4], se veía exactamente como yo lo **recordaba**[5]: bajito, gordito y **barrigón**[6]. Llegué a pensar que llevaba la misma camisa y el mismo sombrero que se había puesto la primera vez que lo conocí. ¡Ja, ja! Y es que el tiempo no había pasado entre nosotros porque nos conectamos como si nos hubiéramos visto ayer. Cuando lo vi, sentí una tranquilidad porque yo no conocía a nadie más en Costa Rica. También fue un **placer**[7] ver a sus hijos, ya que yo no los conocía. Ellos fueron muy amigables. Todos me saludaron y me dieron la bienvenida.

—¿Cómo estuvo el viaje, Marcelino? Lo hemos esperado con alegría —dijo Ronulfo.

—Muy bien, Sr. Ronulfo. Estoy muy excitado por estar en Costa Rica.

—¿Querés decir **emocionado**[8]? Decimos excitado solamente cuando queremos estar con una persona en la intimidad o si estamos muy

---

[1] **cualquier**: any
[2] **fuera**: outside
[3] **saludar**: to greet
[4] **arruguillas**: wrinkles
[5] **recordar**: to remember
[6] **barrigón**: potbellied
[7] **placer**: pleasure
[8] **emocionado**: happy

alterados, Marcelino.

De inmediato, Ronulfo y sus hijos empezaron a **reírse**[1] por mi confusión, y por su reacción, me di cuenta de que éste era considerado un error básico.

—No te preocupés, Marcelino. Eso les pasa a todos los estadounidenses que vienen de visita —dijo Ronulfo.

Por un momento me sentí **avergonzado**[2], pero luego decidí reírme con ellos y recordar los numerosos errores que había cometido en el **extranjero**[3] mientras visitaba otros países. Así que me relajé y me dije: "¡Está bien, Marcelino!"

Después de este incidente, me sentí en casa y empecé rápidamente a notar la interacción entre los ticos porque hacían todo **juntos**[4], y se consultaban constantemente "cosillas" antes de tomar una decisión como: dónde poner el **equipaje**[5] en el carro, cuál ruta tomar para **regresar**[6] a casa, la constante recomendación de que tenían que llamar a su madre para decirle que **íbamos de camino**[7], y que yo había llegado bien del viaje, etc. La opinión de todos contaba. Lo más interesante era que, mientras tomaban decisiones, siempre estaban **bromeando**[8] porque todo les parecía divertido. Los costarricenses le **sumaban**[9] el humor a todo evento sin **esfuerzo**[10]. Era como si vieran la vida en forma de **broma**[11], y el reír era simplemente parte de la ecuación.

Cuando llegamos al estacionamiento del aeropuerto, mi maleta **se cayó**[12] accidentalmente; por lo tanto, toda la ropa salió volando. En ese momento, todos empezamos a reírnos porque mis **calzoncillos**[13] estaban

---

[1] **reírse:** to laugh
[2] **avergonzado:** ashamed
[3] **extranjero:** abroad
[4] **juntos:** together
[5] **equipaje:** luggage
[6] **regresar:** to return
[7] **ir de camino:** to be on the way
[8] **bromear:** to joke around
[9] **sumar:** to add
[10] **esfuerzo:** effort
[11] **broma:** joke
[12] **caerse:** to fall
[13] **calzoncillos:** underwear

por todo el **suelo**[1]. Mi padre me había dado, de broma, una **caja**[2] de calzoncillos con diseños humorísticos para mi cumpleaños, pero los muchachos no me creyeron cuando les expliqué porque no podían **parar**[3] de reírse cuando vieron los patrones y colores tan ridículos que tenían. Por un momento **me sonrojé**[4], pensando que, posiblemente sospechaban que estaba mal de la cabeza por usar calzoncillos tan festivos. Sin embargo, en ese momento, me di cuenta de que la dinámica del grupo era un escenario ideal para observar la energía transmitida por ellos y por mí mismo. Por lo tanto, resolví reírme con ellos.

Tardamos[5] una hora para llegar a la casa de Ronulfo en Orotina. En el camino, los muchachos mencionaron que la **carretera**[6] había sido construida en el año 2010, lo cual había reducido la distancia del aeropuerto a Orotina básicamente en la **mitad**[7]. Afortunadamente, estuvimos en la carretera la mayoría del tiempo porque los choferes en las calles tendían a ignorar las **señales de alto**[8] y aventurar **a través de**[9] las líneas divisorias como si fueran simplemente una especie de decoración. Los conductores parecían sentirse muy **cómodos**[10] **arriesgando**[11] su suerte con las **leyes de tránsito**[12] cuando era conveniente; inclusive **se saltaban**[13] la luz roja cuando no venía tráfico en su dirección. Si pensaban que tenían oportunidad de pasar, no dudaban en hacerlo. Entonces, era mejor no ver. Yo simplemente **me sujeté**[14] fuertemente de la **manigueta**[15] que tenía la puerta, y les **recé**[16] a todos los santos como un tonto para que no nos pasara nada. ¡Ja, ja!

—No sea *chapa*[17], no sea chapa —le dijo uno de los hijos de

---

[1] **suelo:** ground
[2] **caja:** box
[3] **parar:** to stop
[4] **sonrojarse:** to blush
[5] **tardar:** to last
[6] **carretera:** highway
[7] **mitad:** half
[8] **señal de alto:** stop sign
[9] **a través de:** through
[10] **cómodo:** unworried
[11] **arriesgar:** to risk
[12] **ley de tránsito:** traffic law
[13] **saltarse:** to skip
[14] **sujetarse:** to hold on to
[15] **manigueta:** door handle
[16] **rezar:** to pray
[17] **chapa:** mindless (in Costa Rica)

Ronulfo a otro chofer.

Los conductores tenían que ir con la corriente del tráfico. Por lo tanto, decirle a una persona "chapa" era básicamente llamarla tonta por parar el ritmo del tráfico. Costa Rica era un país pequeño y no estaba diseñado para **batallar**[1] con tantos carros. Por eso, los choferes eran impulsivos ya que tenían que competir para poder pasar. Así que el tráfico siempre estaba **atascado**[2] y desorganizado, pero aprendí a encontrarle sentido al desorden y a tenerles paciencia a los choferes. Con los días, noté que disfrutaban de la música y del **coqueteo**[3] mientras conducían. Estas distracciones no parecían afectarles el **juicio**[4] porque —de alguna forma— estas personas impedían los accidentes. Así que ignoré mi miedo y acepté verlo como un escenario normal con los días.

También noté la **venta callejera**[5] en todo sitio: los vendedores de lotería y de fruta fresca, ofreciendo sus productos mientras los conductores esperaban el cambio de **semáforo**[6] o su turno para pagar el **peaje**[7]. Los costarricenses **aprovechaban**[8] cualquier momento para hacer negocio; no **desperdiciaban**[9] un instante. En el camino, vimos a un pobre estadounidense que decidió comprar un par de gafas de sol mientras esperaba el peaje (aparentemente costaban muchísimo menos que en la tienda), pero se tomó el tiempo para seleccionar uno y, **posteriormente**[10], paró el tráfico por completo. Fue entonces cuando comprendí que el negocio tenía que hacerse rápido en el camino. Era algo cultural y naturalmente comprendido por los ticos, pero el pobre hombre terminó pagando una **multa**[11] por parar el tráfico. ¡Ja, ja! Instantáneamente, todos los otros conductores empezaron a **silbarle**[12] y a darle recomendaciones en tono de broma.

---

[1] **batallar:** to fight/to deal with
[2] **atascado:** stuck
[3] **coqueteo:** flirtation
[4] **juicio:** judgment
[5] **venta callejera:** street market
[6] **semáforo:** traffic light
[7] **peaje:** toll
[8] **aprovechar:** to make the most of
[9] **desperdiciar:** to waste
[10] **posteriormente:** later
[11] **multa:** fine
[12] **silbar:** to whistle

—Sr., la próxima vez, pague rapidito —le dijo una de las conductoras.

Los hijos de Ronulfo no podían **parar de reírse**[1] por el episodio cómico que había montado el extranjero. Todos disfrutaban de los **malentendidos**[2] por los que pasaban los viajeros, pero no en una forma cruel. Era simplemente la realidad para muchos excursionistas en un país tan espontáneo y **atrevido**[3]. De hecho, todos los ticos parecían reírse de sus **propios**[4] errores, lo cual yo encontraba cómico y aliviador. Uno de los hijos de Ronulfo hizo un comentario que ilustró esta alternativa de ver la vida en una forma simple.

—Esto no le va a pasar nunca más, Marcelino. Algún día se va a reír de él mismo.

La nueva carretera que **manejamos**[5] del aeropuerto a Puerto Caldera le dio al pueblo de Orotina gran valor económico, **enriqueciendo**[6] el **orgullo**[7] de los miembros de la comunidad. Orotina tenía aproximadamente 16.000 habitantes y estaba localizada en la provincia de Alajuela en el pacífico central del país —cerca del Océano Pacífico— aproximadamente a 66 kilómetros de la capital, San José. El pueblo producía frijoles y **maderas**[8], pero era famoso por su fruta, ya que su tierra era fértil y el clima era perfecto para estos frutos. A Orotina la llamaban: *La ciudad de las frutas*. De hecho, cada marzo, había una feria de frutas donde muchos agricultores de todas partes de Costa Rica venían para vender sus productos durante esta fiesta. Así que todos competían para demostrar que su fruta era la de mejor calidad. Ronulfo nos explicó que los participantes eran seleccionados **de acuerdo con**[9] la calidad de sus frutos y a la técnica usada para cultivarlos. Él estaba muy familiarizado con el proceso, ya que él mismo era uno de esos agricultores.

—La mejor fruta es la mía. Yo cultivo naranjas, mangos,

---

[1] **parar de reírse:** to stop laughing
[2] **malentendido:** misunderstanding
[3] **atrevido:** daring
[4] **propio:** own
[5] **manejar:** to drive
[6] **enriquecer:** to enrich
[7] **orgullo:** pride
[8] **madera:** wood
[9] **de acuerdo con:** according to

mandarinas y peras de marañón. También cultivo aguacates, Marcelino.

Todos nos reímos y acreditamos su comentario. Uno de sus hijos me **guiñó el ojo**[1] haciéndome saber que apreciaba el **apoyo**[2] que yo le ofrecía a su padre. Yo realmente estaba impresionado por la mentalidad tan progresiva de Ronulfo y por su conocimiento sobre el cultivo orgánico. Él nos dio una explicación extensa sobre el tema. Había un tremendo incentivo entre los participantes para usar menos pesticidas y mantener el medio ambiente **saludable**.[3] Algunos de los agricultores **compartían**[4] sus secretos con el público para convencerlo de que sus técnicas eran las mejores. La feria de la fruta también ofrecía conciertos y **talleres**[5] sobre cómo cultivar frutas y vegetales, además del **desfile**[6] de caballos y un **concurso de belleza**[7], donde se seleccionaba una joven finalista que era **coronada**[8] como Señorita Internacional de las Frutas. La ganadora recibía un generoso **premio**[9], y su corona era hecha de frutas y vegetales, por supuesto. La **clausura**[10] de la feria se cerraba con un carnaval de **timbaleros**[11] y bailarines del Caribe. Era una excelente oportunidad para celebrar y gozar de las frutas y los vegetales de Costa Rica.

—Te va a encantar, Marcelino. Te vamos a llevar a la feria para que conozcás y **probés**[12] frutas y vegetales que nunca has visto —dijo Ronulfo.

—¡Pura vida! —le dije.

Entonces todos se rieron porque había usado la expresión más popular de Costa Rica en un momento perfecto.

Después de conducir aproximadamente una hora y quince minutos, llegamos a la casa de Ronulfo en Mastate, Orotina. Su esposa, Josefa, y sus

---

[1] **guiñar el ojo:** to wink
[2] **apoyo:** support
[3] **saludable:** healthy
[4] **compartir:** to share
[5] **taller:** workshop
[6] **desfile:** parade
[7] **concurso de belleza:** beauty pageant
[8] **coronada:** crowned
[9] **premio:** prize
[10] **clausura:** the closing ceremony
[11] **timbalero:** drummer
[12] **probar:** to taste

amigas del vecindario estaban cocinando para todos nosotros. Era como un **banquete**[1]. Parecía que toda la comunidad de Orotina había venido para preparar la comida. Cuando llegamos, las mujeres nos ofrecieron *horchata*, una bebida de arroz que tenía un sabor como a leche. ¡Qué delicia! Las mujeres **añadieron**[2] un poco de **canela**[3] y otras especies que le dieron a la bebida un aspecto refrescante para un clima caliente como el de Orotina.

—¡Entren, entren, entren! —dijo Josefa.

Los niños del barrio estaban allí para darnos la bienvenida. Sentían curiosidad por saber quién era yo, **de manera que**[4] las mujeres los invitaron para que se unieran al diálogo. Los niños le dieron una energía especial al evento con sus contagiosas **risillas**[5] y sus comentarios. Cada vez que trataba de hablar con ellos, se morían de la risa. Entonces, Ronulfo me explicó que mi presencia los intimidaba porque me veían físicamente diferente, y les **sonaba**[6] distinto a los otros hombres del pueblo. **De repente**[7], comprendí que ellos veían a un hombre un poco más blanco, con ojos y pelo claros, hablando un dialecto del español diferente al de ellos, lo cual los hacía **esconderse**[8] y reír sin control. Por lo tanto, les ofrecí horchata y barras de chocolate que había traído de Estados Unidos. Este detalle hizo que los niños **se acercaran**[9] con cortesía.

—¿Cómo os llamáis? —les pregunté.

—Camilo, Andrea, Dominga, Estefanía y Diego.

—¿Qué está haciendo en Orotina? —me preguntaron.

—Estoy buscando a un amigo que no he visto desde hace mucho tiempo y Ronulfo me va a ayudar a encontrarlo.

—¿Cómo se llama su amigo?

---

[1] **banquete:** feast
[2] **añadir:** to add
[3] **canela:** cinnamon
[4] **de manera que:** therefore
[5] **risillas:** giggles
[6] **sonar:** to sound
[7] **de repente:** suddenly
[8] **esconderse:** to hide
[9] **acercarse:** to approach

—Sergio, pero le dicen "Checho".

Después de haber respondido a todas sus preguntas sobre mi futura visita con Sergio, los niños se abrieron para contarme sus historietas y anécdotas del barrio. Parecía que todos hablaban al mismo tiempo, riéndose y **empujándose**[1] los unos a los otros. Entonces, entendí el miedo inicial y su **comportamiento**.[2] Los niños debían respetar a los adultos y esperar una **señal**[3] para ser incluidos en la conversación y la dinámica del grupo. Para ellos, era lo apropiado; tenían que obedecer las órdenes de los **mayores**.[4] Así que esperar mi orden representaba lo más lógico y natural para ellos. Lo que me pareció interesante fue que las órdenes hacían que los niños se sintieran felices y seguros. Así que me tomé el tiempo para sentarme con ellos y beber la horchata. Algunos trataron de decir algunas palabras en inglés, y los otros se reían **avergonzados**[5], **pegándose**[6] entre ellos (en forma de broma) por la **vergüenza**[7] que sentían al hablar otra lengua. Su risa era genuina y sus reacciones espontáneas. Sentían una curiosidad enorme por la novedad de tener un invitado **extranjero**.[8]

Orotina era un sitio caluroso. Así que la horchata me pareció exquisita y revitalizante para un clima de 91 grados Fahrenheit. Todos los **abanicos**[9] estaban **girando**[10] a una velocidad máxima. Los hogares en Costa Rica no tenían aire acondicionado porque se consideraba un **lujo**.[11] Adicionalmente, las casas no tenían una lavadora o una secadora de ropa, especialmente en las zonas rurales. Tenían —en sus patios— lo que ellos llamaban *pilas*[12] —hechas de cemento y cubiertas con cerámica decorativa, si el **presupuesto**[13] lo permitía. Allí lavaban su ropa y la secaban al sol. La vida era mucho más simple para los costarricenses. Solamente los

---

[1] **empujar:** to push
[2] **comportamiento:** behavior
[3] **señal**: sign
[4] **mayores:** adults
[5] **avergonzado:** embarrassed
[6] **pegarse:** to hit each other
[7] **vergüenza:** embarrassment
[8] **extranjero:** foreigner
[9] **abanico:** fan
[10] **girar:** to spin
[11] **lujo:** luxury
[12] **pila:** sink
[13] **presupuesto:** budget

restaurantes y hoteles les ofrecían a los viajeros estas **comodidades**.[1]

Después de unos días, me acostumbré al calor, como si fuera natural y beneficioso. De hecho, me **rejuveneció**[2] la piel y me dio una **apariencia saludable**[3], como la de los niños del barrio que parecían **bollitos de pan dorado**[4] por estar expuestos al sol. También me acostumbré a hacer todo manualmente: lavar la ropa en la pila y secarla en los **alambres**[5] de ropa **al aire libre**.[6] Al principio, la esposa de Ronulfo no me permitía, ya que yo era el invitado, y de acuerdo con ella, la familia tenía que servirme.

—Marcelino, deme eso que yo lo hago.

—No, Josefa, déjeme lavarla.

—¡Qué no, Marcelino! ¡No sea **jupón**[7], hombre!

Pero yo insistía en lavar mi propia ropa. Algunas veces tenía que esperar que **se distrajera**[8] con una de sus amigas cuando hablaba por teléfono, o esperaba que fuera al supermercado para poder hacer la lavandería **a escondidas**.[9] En ocasiones, la **canasta**[10] de mi ropa sucia ya estaba **vacía**[11] en las mañanas porque ella ya había terminado con la limpieza. ¡Caramba! Entonces, yo le preguntaba:

—Josefa, ¿dónde está mi ropa sucia?

Pero, ella nunca respondía la pregunta. Por el contrario, me decía algo así como:

—Buenos días, Marcelino. Su cafecito está listo. Le preparé frutica y un huevito.

---

[1] **comodidad:** comfort
[2] **rejuvenecer:** to become younger
[3] **apariencia saludable:** healthy appearance
[4] **bollito de pan:** golden bun
[5] **alambre:** wire
[6] **al aire libre:** outdoors
[7] **jupón:** stubborn
[8] **distraerse:** to get distracted
[9] **a escondidas:** in secret
[10] **canasta:** basket
[11] **vacía:** empty

Esta mujer **se hacía la loca**[1] porque nunca me respondía las preguntas con respecto a la limpieza. Yo sentía que estaba hablando con una pared. ¡Ja! No me dejaba recoger la mesa, lavar platos o limpiar mi cuarto. Con los días, me di cuenta de que el servirme le traía mucha satisfacción. Entonces, empecé a observar con atención que las madres les enseñaban a las niñas a servir con cariño y estima, y que los hombres parecían tener labores manuales asignadas en el hogar. Era algo culturalmente aceptado. Me preguntaba si esta dinámica era representativa solamente de las zonas rurales o los pueblos pequeños, ya que Orotina se consideraba una zona alejada de la ciudad. En todo caso, esta familia hacía lo imposible por **agradarme**[2], ya que todos estaban siempre dispuestos a ayudarme, a pesar de sus funciones establecidas. Así que decidí explicarle a Josefa que lavar mi ropa era lo mínimo que yo podía hacer como respuesta a la hospitalidad que todos me ofrecían. Yo quería hacer lo que todos hacían en el pueblo. De esta forma, yo podía apreciar la cultura y la forma en que vivían. Gradualmente, Josefa me permitió ayudarla con los **quehaceres**[3], pero primero ella me enseñó la manera costarricense de hacer las cosas, por supuesto. Josefa me dio la libertad de hacer todo por mí mismo, pero se sintió **obligada**[4] —por así decirlo— a lavar mi ropa otra vez porque, de acuerdo con ella, era importante **asegurarse**[5] de que la ropa estuviera verdaderamente limpia. ¡Ja, ja! ¡Esta mujer! Yo nada más le **sonreía**[6] y le **cerraba un ojo**[7] porque comprendía su deseo de servirme.

Todas las mañanas, me preguntaba si yo había dormido "pura vida" en lugar de preguntarme: "¿Cómo durmió?" La famosa expresión era usada como una pregunta, simplemente, **subiendo**[8] el tono de la **voz**.[9] Josefa usaba esta expresión para todo: "¿Está la comida pura vida, Marcelino?", "¿está el clima pura vida?", "¿pura vida la caminata?", etc. Con los días, empecé a usar esta expresión para todo porque era simple y sencillamente la expresión más efectiva en el pueblo.

---

[1] **hacerse el loco:** to pretend not to know
[2] **agradar:** to please
[3] **quehaceres:** chores
[4] **obligada:** compelled
[5] **asegurarse de:** to make sure
[6] **sonreír:** to smile
[7] **cerrar un ojo:** to wink
[8] **subir:** to raise
[9] **voz:** voice

En Costa Rica, no existía la necesidad de proteger el espacio personal o el querer estar **solo**[1] porque el concepto de tener privacidad no era culturalmente parte de la vida de los costarricenses. Por el contrario, **crecían**[2] orientados para estar con el grupo, y parecían disfrutar la dinámica de tomar decisiones **en equipo**.[3] Adicionalmente, los ticos no eran directos al hablar, sino pacíficos para prevenir la confrontación. Ser directo podía, potencialmente, interpretarse como una **falta de**[4] respeto. La forma de **tratar**[5] a una persona era profundamente valorada por la comunidad. Eso se notaba en el servicio al cliente cuando se visitaba **cualquier negocio**[6] o en el **saludo**[7] de las personas **desconocidas**[8] cada mañana cuando yo salía a caminar. "¡Buenos días!" —me decían. El tono de la voz era pacífico, haciendo menos intimidante el escenario para practicar mi español **sin**[9] sentirme nervioso al cometer un error. La prioridad de los costarricenses era hacer sentir bien a las personas, creando un ambiente **agradable**[10] y divertido para ellos como resultado. Esto les traía mucha satisfacción. Con esta experiencia, tuve la oportunidad de comprender cómo las personas en esta cultura se beneficiaban de la interacción social y el deseo de colaboración más que del deseo de tener espacio, ya que esta inclinación no era parte de su sistema de valores. Los costarricenses se tomaban el tiempo para conectarse con las personas en el banco, el parque, la tienda, la panadería, la parada de autobuses, etc. Parecían valorar más la conexión entre las personas que el deseo de completar **deberes**[11] o labores.

Luego de pasar unos días con Ronulfo y su familia, comprendí que estaba **rodeado**[12] por una cultura que consideraba la **igualdad**[13] como un equilibrio y un ideal en la vida. Algunos **parecían**[14] tener más cosas materiales que otros, **indudablemente**[15], pero el valor personal se

---

[1] **solo:** alone
[2] **crecer:** to grow
[3] **en equipo:** as a team
[4] **falta de:** lack of
[5] **tratar:** to treat
[6] **cualquier negocio:** any business
[7] **saludo:** greeting
[8] **desconocido:** unknown
[9] **sin:** without
[10] **agradable:** nice
[11] **deber:** task
[12] **rodeado:** sorrounded
[13] **igualdad:** equality
[14] **parecer:** to seem
[15] **indudablemente:** certainly

manifestaba en cada persona y en el **trato**[1] **hacia**[2] los otros. Todos parecían despertar en las mañanas con un deseo de disfrutar lo que tenían, **ya que**[3] no se preocupaban por cambiar su realidad por algo diferente o "mejor" de lo que ya era.

Conforme[4] me adaptaba, empecé a sentirme más relajado hasta que, de repente, Ronulfo me ofreció una bebida fuerte de licor y el número de teléfono de Sergio para que yo coordinara un día de reunión como habíamos **acordado**.[5] Ronulfo sabía que yo me sentía nervioso por este **encuentro**.[6] El miedo de ser **defraudado**[7] una vez más me **asustaba**[8], pero reconocí que el momento de hacer la llamada había llegado. Me tomé el trago **de un sorbo**[9] y llamé.

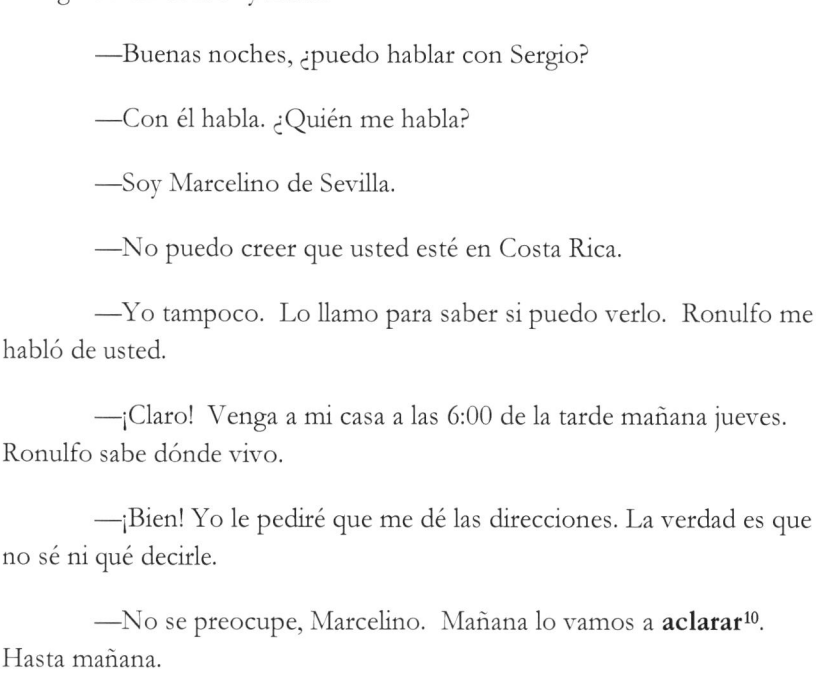

—Buenas noches, ¿puedo hablar con Sergio?

—Con él habla. ¿Quién me habla?

—Soy Marcelino de Sevilla.

—No puedo creer que usted esté en Costa Rica.

—Yo tampoco. Lo llamo para saber si puedo verlo. Ronulfo me habló de usted.

—¡Claro! Venga a mi casa a las 6:00 de la tarde mañana jueves. Ronulfo sabe dónde vivo.

—¡Bien! Yo le pediré que me dé las direcciones. La verdad es que no sé ni qué decirle.

—No se preocupe, Marcelino. Mañana lo vamos a **aclarar**[10]. Hasta mañana.

---

[1] **trato:** treatment
[2] **hacia:** toward
[3] **ya que:** since
[4] **conforme:** just as
[5] **acordar:** to agree
[6] **encuentro:** encounter
[7] **defraudado:** disappointed
[8] **asustar:** to scare
[9] **de un sorbo:** drink in one gulp
[10] **aclarar:** to clarify

—Sí, tiene usted razón. Buenas noches, Sergio.

Mi conversación con Sergio fue corta y un poco tensa, pero atribuí la **inquietud**[1] que sentía a mi preocupación por el encuentro. Después de **colgar**[2] el teléfono, Ronulfo me ofreció otra bebida de licor en su terraza con el propósito de relajarme y convencerme de que mi encuentro con Sergio tendría un **desenlace**[3] extraordinario.

Comprensión de lectura

¿Cierto o falso? Corrija las afirmaciones falsas.

1. De acuerdo con Marcelino, los costarricenses **coquetean**[4] en cualquier lugar. C o F
2. A Marcelino le gusta comprar calzoncillos festivos. C o F
3. Tico/a es una persona de Costa Rica. C o F
4. Pura vida tiene una connotación negativa en el dialecto tico. C o F
5. Los taxistas en el aeropuerto ayudan con las maletas porque quieren que los viajeros usen su servicio. C o F
6. La palabra *emocionado* en español y *excited* en inglés tienen el mismo significado. C o F
7. Marcelino no se siente **cómodo**[5] hablando en español con los ticos. C o F
8. Los costarricenses se interesan por ser **serviciales**[6] con las otras personas. C o F
9. Costa Rica tiene un **ejército**[7]. C o F
10. En Costa Rica es común tener lavadoras automáticas en casa. C o F
11. Los conductores de carros son muy prudentes al **manejar**[8]. C o F
12. La bienvenida para Marcelino (en la casa de Ronulfo y Josefa) es un evento privado; no participan otros vecinos. C o F
13. En Orotina hay una feria de frutas famosa. C o F
14. Los niños en Costa Rica normalmente no esperan la orden de los mayores para participar del diálogo. C o F

---

[1] **inquietud:** anxiety
[2] **colgar:** to hang up
[3] **desenlace:** outcome
[4] **coquetear:** to flirt
[5] **cómodo:** comfortable (relaxed)
[6] **servicial:** helpful/attentive
[7] **ejército:** army
[8] **manejar:** to drive

15. La mayoría de los costarricenses tiene una vida simple. C o F
16. El espacio corporal es importante para un costarricense. C o F
17. Normalmente, los niños del pueblo no siguen las órdenes de los adultos. C o F
18. Los hombres y las mujeres parecen tener roles asignados en el pueblo de Orotina. C o F
19. Marcelino tiene una cita importante en Costa Rica con un hombre llamado Sergio. C o F

Preguntas de discusión:

1. ¿Cómo son los ticos (los costarricenses) de acuerdo con Marcelino? Dé ejemplos específicos sobre el humor, la forma de conducir, la filosofía de la vida, la relación entre los niños y adultos, el estilo de vida, etc.
2. ¿Cuál aspecto cultural de Costa Rica es interesante para usted y por qué?
3. ¿Qué sucedió cuando el estadounidense trató de comprar unas gafas de sol en el **peaje**[1]? Narre el incidente.
4. Explique cómo lava y **seca**[2] la ropa la mayoría de los costarricenses. Haga una comparación entre la forma en que usted lo hace y la forma en que los ticos lo hacen.
5. Explique la bienvenida que la familia de Ronulfo y sus vecinos del pueblo le dieron a Marcelino cuando llegó a Orotina, donde Josefa y sus vecinas los esperaban. ¿Ha tenido usted una experiencia similar a ésta?
6. Describa cómo se sintió Marcelino durante su estadía con la familia de Ronulfo en Costa Rica.
7. Describa cómo se celebra la feria de las frutas en Orotina. Mencione las actividades de la feria.

---

[1] **peaje:** toll
[2] **secar:** to dry

Aspectos importantes de la lengua:
Uso de vos (voseo)

Usted posiblemente observó el uso de vos en el diálogo cuando Ronulfo habla con Marcelino.

—¿***Querés*** decir emocionado? Decimos excitado solamente cuando queremos estar con una mujer o si estamos muy alterados, Marcelino.

—No te ***preocupés***, Marcelino. Eso les pasa a todos los norteamericanos que vienen de visita.

—Te va a encantar, Marcelino. Te vamos a llevar a la feria para que ***conozcás*** y ***probés*** frutas y vegetales que nunca has visto —dijo Ronulfo.

En muchos países del mundo hispano (Costa Rica, Colombia, Argentina, Uruguay, Bolivia, Nicaragua, Guatemala y Chile entre otros) el uso de vos es habitual en ciertas regiones, como en Colombia, o en todo el país, como en el caso de Costa Rica. El pronombre *vos* es equivalente al pronombre *tú* porque se usa para referirse a la segunda persona singular o el equivalente a *you* en inglés en contextos informales. En otras palabras, tenemos tres pronombres que se refieren a la segunda persona singular en español:

- Tú tienes (contexto informal)
- Vos tenés (contexto informal)
- Usted tiene (contexto formal)

La conjugación del vos (en presente simple) varía en Hispanoamérica, pero la forma más utilizada en presente simple es la conjugación similar a la de vosotros:

- Verbos ar: vosotros habláis> vos habláis > vos hablás
- Verbos er: vosotros coméis> vos coméis > vos comés
- Verbos ir: vosotros vivís> vos vivís >vos vivís

Ahora usted sabe que en Hispanoamérica, dependiendo del país, hay tres pronombres que coexisten para la segunda persona singular. ¿Es interesante, no cree?

Capítulo 2

Mi nombre es Marcelino de Sevilla, originario del latín: Marcus o Marcellinus, nombre que me trajo tremenda fortuna. **Ya que**[1] así lo tenía **previsto**[2] el destino, yo aparecí cuando era sólo un **recién nacido**[3] en la entrada de una casa en el distrito Sunset de San Francisco en el año 1962. ¿Por qué? Nunca nadie supo el por qué de lo ocurrido, pero el **porvenir**[4] parecía haberlo tenido todo calculado, ya que fue realmente un misterio que no hubiera **huella alguna**[5] de mi **procedencia**.[6] Era como si la tierra se hubiera **tragado**[7] mi fuente de origen, o como si yo hubiera venido de otro planeta o del **más allá**.[8] Sin embargo, yo simplemente **desconocía**[9] que tenía que esperar **medio siglo**[10] para descubrir mi procedencia y el lugar donde yo había sido **concebido**.[11] Esto puede **sonar**[12] un poco

---

[1] **ya que:** given
[2] **previsto:** predetermined
[3] **recién nacido:** newborn
[4] **porvenir:** future
[5] **huella alguna:** any trace
[6] **procedencia:** origin
[7] **tragar:** to swalow
[8] **el más allá:** the great beyond
[9] **desconocer:** to be unaware
[10] **medio siglo:** half century
[11] **concebir:** to conceive (a baby)
[12] **sonar:** to sound

complicado. Así que trataré de simplificar mi historia.

Fue un jueves ventoso, uno de esos días típicos nublados y turbulentos de 60 grados Fahrenheit en la Bahía de San Francisco cuando aparecí en las gradas de la entrada de mis padres adoptivos. Mi futura madre —Triana de Sevilla— una mujer joven en aquel momento, abrió la puerta de su casa y me encontró profundamente dormido en un pequeño **cesto**[1], **envuelto**[2] en varias **frazadas**[3] como un **tamalito de navidad.**[4] "¡Dios mío!" —**gritó**[5] sin pensarlo. Sorprendida, miró en todas direcciones, pero pronto se dio cuenta de que nadie más estaba a su alrededor. También **se percató**[6] de que no había documentos, ni notas, ni indicación de mi origen. Su reacción inicial fue llamar a Andrew con un tono alarmante pidiéndole ayuda:

—Andrew, ¡corre, corre! Ven a ver este bebé.

Andrew bajó las escaleras de su casa como un **relámpago,**[7] sintiendo el **latido**[8] de su corazón en la garganta, porque el grito aterrorizador de Triana, lo había alterado, pero **no era para menos.**[9] Cuando Andrew observó la escena, se impresionó de inmediato.

—¿De quién es este bebé, Triana?

Pero Triana no le respondió una sola palabra porque ya era demasiado tarde. Estaba sentada, conmigo en sus brazos, sintiéndome en su **pecho**[10] por primera vez, disfrutando el calor y el **olor**[11] particular que tienen los bebés recién nacidos. Se dio cuenta de lo mucho que quería uno para ella, y lo fácil que sería amarme incondicionalmente.

Desorientado, Andrew **se tiró**[12] a la calle tocando puertas como un loco en el vecindario, tratando de investigar si alguien había visto a una

---

[1] **cesto:** basket
[2] **envuelto:** wrapped
[3] **frazada:** blanket
[4] **tamalito de navidad:** wrapped dish made of masa, popular in Mexico and Central America
[5] **gritar:** to yell
[6] **percatarse:** to realize
[7] **relámpago:** flash of lightning
[8] **latido:** heartbeat
[9] **no era para menos:** It was understandable
[10] **pecho:** chest
[11] **olor:** smell
[12] **tirarse:** to throw onself into

persona con un cesto, pero desafortunadamente nadie había visto nada. Todo había sido como un acto de magia. Pasados unos minutos, el frente de la casa estaba invadido de gente y, gradualmente, los vecinos empezaron a cuestionar cómo yo había llegado a las gradas de esta casa, haciéndole sentir a Andrew muy **inquieto**[1], especialmente cuando empezó a notar las **miradas**[2] intensas y **censuradoras**[3]. Él era un hombre respetado y admirado por la vecindad, y no estaba **dispuesto**[4] a **poner en juego**[5] su reputación. Así que decidió contactar a la policía inmediatamente.

—**Disculpe**[6], oficial. No sé ni cómo explicarle esto, pero alguien **dejó**[7] un bebé en la entrada de mi casa y no sé qué hacer. Mi esposa está inconsolable.

—¿Un bebé? ¿Está usted diciendo que alguien ha dejado **premeditadamente**[8] un bebé en la entrada principal de su casa, señor? ¿Le comprendo correctamente?

—Sí, señor. Me comprende perfectamente.

—¿Tiene usted idea sobre el origen étnico-racial de este bebé?

—Este bebé podría ser anglosajón, latino, español, portugués… ¡Qué sé yo! El bebé podría ser de **cualquier**[9] parte del mundo.

—Cálmese, cálmese. Ésta es una cosa seria. Pronto **estaremos en camino.**[10] Deme su dirección.

Para cuando llegó la policía, ya había paramédicos e inclusive un camión de bomberos en la vecindad. Triana y Andrew estaban **asombrados**[11] porque, **repentinamente**[12], me había convertido en la noticia más publicada en la ciudad. Mi aparición se leía en los periódicos

---

[1] **inquieto:** restless
[2] **miradas:** glances
[3] **censuradoras:** condemning
[4] **dispuesto:** willing
[5] **poner en juego:** to put in jeopardy
[6] **disculpe:** excuse me
[7] **dejar:** to leave
[8] **premeditadamente:** deliberately
[9] **cualquier:** any
[10] **estar en camino:** to be on the way
[11] **asombrado:** astonished
[12] **repentinamente:** suddenly

más vendidos de San Francisco, y la gente hablaba de mí como si yo fuera un niño prodigio. En cuestión de días, yo era la noticia más popular. Como resultado, la gente voluntariamente quería resolver el misterio de mi pasado. Había grupos de **rescate**[1] y **recaudadores de fondos**[2], tratando de financiar la búsqueda. Parecía que toda la ciudad había despertado con el propósito de encontrar a mi familia, pero desafortunadamente, todo fue **en vano**.[3]

Al principio[4], me llevaron a una agencia de adopción en San Francisco, donde los trabajadores sociales me dieron una cordial bienvenida e hicieron una investigación exhaustiva para localizar a mis padres biológicos, pero después de muchos intentos, la agencia y la policía llegaron a la conclusión de que era mejor buscar una familia de **albergue temporal**[5] para mí. Desafortunadamente, nunca **lograron**[6] encontrar a mi familia — simplemente— se había desaparecido. Así que mi **travesía**[7] empezó ese día.

Viví en albergues y con familias **provisionales**[8] hasta que cumplí nueve años. Por lo tanto, tuve que aprender a **ajustarme**[9] y **mudarme**[10] con una familia diferente constantemente. Traté de responder positivamente al cuidado que las familias me ofrecían, pero **en el fondo**[11], me sentía abandonado y muy solo porque no **pertenecía**[12] a ninguna de ellas. Algunas de estas familias ya habían adoptado a varios hijos, haciendo el ambiente dificultoso para mí, un niño **hambriento**[13] de **cariño**[14] paternal. Otras no contaban con recursos económicos y tenían una preferencia por sus hijos biológicos o los niños que ya habían adoptado anteriormente. Pasaron varios años para que yo comprendiera el **papel**[15] que este albergue

---

[1] **rescate:** rescue
[2] **recaudadores de fondos:** fundraisers
[3] **en vano:** in vain (pointless)
[4] **al principio:** at first
[5] **albergue temporal:** temporary shelter
[6] **lograr:** to be able to
[7] **travesía:** journey
[8] **provisional:** temporary
[9] **ajustarse:** to adjust
[10] **mudarse:** to move (relocate)
[11] **en el fondo:** deep down
[12] **pertenecer:** to belong
[13] **hambriento:** hungry
[14] **cariño:** affection
[15] **papel:** role

temporal jugaba en mi vida. Básicamente, me ofrecía un lugar transitorio para vivir, nada más. Así que tuve que adaptarme a cada familia, **tratando de**[1] no **engañarme**[2] o **equivocarme**[3] emocionalmente y de no ser un inconveniente para nadie.

En una ocasión, regresé de la escuela y le mostré a la madre **anfitriona**[4] una mala **nota**[5] que había recibido en mi proyecto de ciencias. Ésta era una tarea importante para mí. Por eso, me había **esforzado**[6] muchas noches tratando de terminarla. Yo no comprendía por qué no había funcionado mi teoría, pero necesitaba **consuelo**[7] o que una persona me convenciera de que yo iba a estar bien. **En vez de**[8] eso, la madre me dijo que me olvidara de ir a la escuela porque yo **no servía**[9] para eso. Su lenguaje corporal y su intención fueron tan malintencionados que instantáneamente mis ojos se **llenaron**[10] de **lágrimas**.[11] Sentí que iba a explotar de dolor. Entonces, salí corriendo para **esconder**[12] mi **vergüenza**[13], y **conforme**[14] aceleraba como huérfano **sentenciado**[15] por la calle, las lágrimas **recorrían**[16] mi cara sin parar. Después de unos minutos ——que fueron una eternidad para mí— escuché una **voz**[17] dulce que me llamaba por mi nombre. Era mi hermano huérfano mayor que había escuchado la conversación. Estaba furioso por lo que había escuchado y quería reparar —**de algún modo**[18]— el dolor que esta madre me había causado, pero especialmente, quería **asegurarse de**[19] que yo supiera que las personas infelices **humillaban**[20] a los otros sin darse cuenta porque éste era su estado habitual. De alguna forma él sabía eso, pero yo no. Este

---

[1] **tratar de:** to try
[2] **engañarse:** to fool oneself
[3] **equivocarse:** to make a mistake
[4] **anfitriona:** foster
[5] **nota:** grade
[6] **esforzarse:** make an effort
[7] **consuelo:** comfort
[8] **en vez de:** instead
[9] **no servir:** to be useless
[10] **llenar:** to fill
[11] **lágrima:** tear
[12] **esconder:** to hide
[13] **vergüenza:** shame
[14] **conforme:** as
[15] **sentenciar:** to sentence
[16] **recorrer:** to run
[17] **voz:** voice
[18] **de algún modo:** somehow
[19] **asegurarse de:** to make sure
[20] **humillar:** to humiliate

hermano me hizo prometerle que yo no haría lo mismo, aunque yo sintiera el apetito de **maltratar**[1] a los otros. Además, me pidió que continuara estudiando porque ésa era la única alternativa que yo tenía: **luchar**[2] con perseverancia. Desafortunadamente, este hermano adoptivo nos **dejó**[3] después de unos meses.

Luego de este incidente, me sentí humillado por mucho tiempo, pero en una forma incomprensible, había empezado a aceptar que yo era huérfano, y que esta vida nómada e inestable que vivía era mi destino. Empecé a pensar que, **a lo mejor**[4], mi único **recurso**[5] era adaptarme. Tenía que apreciar la vida **tal cual**[6], ya que muchas personas habían contribuido a mi **crianza**[7], **a pesar de**[8] que no era el ambiente ideal para un niño como yo.

Pasé muchas tardes **vagando**[9] por las calles, observando la naturaleza —los animales y las flores en particular porque eran libres— y la vida de los vecinos. Todas las personas parecían estar obsesionadas con sus propios conflictos. Seguramente estaban tratando de luchar contra su **propia**[10] realidad **al igual que yo.**[11] Era una especie de **supervivencia**[12] colectiva que dominaba el ambiente de todos. Cuando estaba solo, escribía en mi diario. Nunca sabía sobre qué iba a escribir, pero este **medio**[13] me permitía **soñar con**[14] un futuro prometedor. Asimismo, estudiaba **aplicadamente**[15], sabiendo que era lo único que me prometía un mundo lleno de oportunidades. **Por lo menos,**[16] eso era lo que nuestras maestras de escuela nos **aseguraban.**[17] Sentía una pasión por la vida, pero no tenía

---

[1] **maltratar:** mistreat
[2] **luchar:** to strive
[3] **dejar:** to leave
[4] **a lo mejor:** perhaps
[5] **recurso:** resource
[6] **tal cual:** as is
[7] **crianza:** upbringing
[8] **a pesar de:** even though
[9] **vagar:** to wander
[10] **propio/a:** own
[11] **al igual que yo:** like me
[12] **supervivencia:** survival
[13] **medio:** means
[14] **soñar con:** to dream about
[15] **aplicadamente:** diligently
[16] **por lo menos:** at least
[17] **asegurar:** to ensure

una dirección o guía para **aprovecharla**.[1] La constante **mudanza**[2] con una nueva familia representaba un nuevo comienzo, el cual yo siempre esperaba que —de alguna forma mágica— fuera mejor que el anterior. Pero la interacción con las familias se fue **apagando**.[3] Básicamente, era inexistente. Yo me limitaba a saludarlas en las mañanas, comer en silencio durante la cena y despedirme a la hora de acostarme porque siempre sentía que querían **evitarme**[4].

—¿No tienes más obligaciones o tareas, niño?

—Ya terminé toda mi tarea —respondía yo.

—Entonces, encuentra otra cosa para **distraerte**.[5] ¡Vete!

Como un perro **desamparado**[6], traté de permanecer en mi cuarto que **compartía**[7] con los otros niños huérfanos, o iba afuera para jugar con otros, que posiblemente sentían que el mundo de afuera no parecía ser tan malo como el mundo que vivían en sus hogares. Con el tiempo, comencé a deprimirme, y esta vida nómada empezó a ser más y más difícil de aceptar. Sentía que no **pertenecía**[8] a ningún lugar, que era un **huésped**,[9] **de modo que**[10] trataba de no ser un inconveniente para nadie. Me convertí en una persona invisible. Sentía que no tenía identidad, ni **raíces**[11], ni origen.

Para **rematar**[12], siempre había una especie de ruptura emocional cada vez que tenía que **partir**[13], **a pesar de que**[14] las familias no fueran mi familia biológica. **Al fin y al cabo**[15], era todo lo que yo tenía. Siempre sentía que una parte de mí moría al partir; sin embargo, mi mente se hizo más práctica con el tiempo a la hora de separarme. Por necesidad, aprendí

---

[1] **aprovechar:** to take advantage of
[2] **mudanza:** move (relocation)
[3] **apagar:** to fade
[4] **evitar:** to avoid
[5] **distraerse:** to get distracted
[6] **desamparar:** to abandon
[7] **compartir:** to share
[8] **pertenecer:** to belong
[9] **huésped:** guest
[10] **de modo que:** so
[11] **raíz:** root
[12] **rematar:** to top it all
[13] **partir:** to leave
[14] **a pesar de:** in spite of
[15] **al fin y al cabo:** after all

a **apartarme**[1] de las cosas y de las personas. También aprendí a ignorar y a bloquear todas las emociones que salieran **a flote**.[2] Supongo que no tenía opción. ¡Qué sé yo! La mudanza de una familia a otra desarrolló mi capacidad de adaptación y de ser autosuficiente, pero creó un inmenso **vacío**[3] emocional y una necesidad de ser rescatado por una familia permanente.

    Entre los **retos**[4] que tenía que **vencer**[5] durante la niñez, el más **desafiante**[6] fue el haber asistido a la escuela en San Mateo, donde la mayoría de los niños huérfanos vivía. Primero que todo, con la repetida **mudanza**[7] de escuelas era básicamente imposible hacer amigos. Para cuando sentía que **gozaba**[8] de la amistad, ya era hora de mudarme otra vez. Esto arruinó todas mis esperanzas y mis **notas**[9] escolares, ya que yo requería de tiempo para acomodarme y descifrar el sistema de cada institución y conocer a cada grupo de personas que la constituían. Cada escuela tenía una cultura y un **conjunto**[10] de valores diferentes. Adicionalmente, los vecindarios donde estaban situadas las escuelas eran peligrosos. Parecía que todas las familias de bajos recursos vivían allí. Yo constantemente me escapaba como podía ante las **amenazas**[11] de los otros, e ignoraba la presión de consumir drogas que —**de paso**[12]— se vendían como pan caliente por los jóvenes mayores. Era la **ley**[13] de la **jungla**[14]: ser fuerte para sobrevivir. Tenía que protegerme como pudiera. Tenía que demostrar ser valiente y **fanfarrón**[15], pero la verdad es que vivía en una constante angustia. Afortunadamente, nunca me **golpearon**[16] en la escuela. Algunas personas dicen que siempre hay ángeles en el camino para ayudarte. Pues, creo que ése fue mi caso porque los colegiales más

---

[1] **apartarse:** to separate
[2] **a flote:** surface
[3] **vacío:** emptiness
[4] **reto:** challenge
[5] **vencer:** to overcome
[6] **desafiante:** challenging
[7] **mudanza:** move (relocation)
[8] **gozar:** to have fun,
[9] **nota:** grade
[10] **conjunto:** set
[11] **amenaza:** threat
[12] **de paso:** by the way
[13] **ley:** law
[14] **jungla:** jungle
[15] **fanfarrón:** boastful
[16] **golpear:** to beat

musculosos siempre estaban **dispuestos**[1] a protegerme. Ellos sabían que no podía defenderme porque yo era puro **pellejo**[2] y **huesos**.[3] Seguramente sentían **lástima**[4] por mí, pero no los **culpo**[5], porque yo posiblemente era el **mocoso**[6] más esquelético y **desmejorado**[7] de la escuela.

Una vez, hubo un incidente donde un grupo de niños blancos quería pegarme. Gradualmente, me **rodearon**[8] en una esquina, dispuestos a pegarme con un bate de béisbol. Yo estaba paralizado sin poder pronunciar una palabra por el horror que sentía, pero **de la nada**,[9] aparecieron dos jóvenes negros que jamás había visto en mi vida.

—¡No lo toques, **malnacido**![10] —le dijo uno de los negros al niño que tenía el **bate**[11] en la mano.

Su **amenaza**[12] fue tan **escalofriante**[13], que **bastó**[14] para que todos los niños salieran corriendo y **gritando**.[15] Yo, por mi parte, seguía **inmóvil**[16] en el mismo lugar, como si me hubieran **echado**[17] **yeso**[18] en todo el cuerpo. No me podía mover, pero los huesos me **temblaban**[19] como una **marimba**[20] en concierto. Me quedé contemplándolos en silencio sin saber qué decir. Entonces, uno de ellos me miró a los ojos y me dijo:

—¡Corre a casa! ¡Corre, **escuincle**![21]

Y con esa orden, **salí disparado**[22] como una **bala**.[1] Fue uno de

---

[1] **dispuesto:** willing
[2] **pellejo:** skin
[3] **hueso:** bone
[4] **lástima:** pity
[5] **culpar:** to blame
[6] **mocoso:** snotty-nosed kid (pejorative)
[7] **desmejorado:** weaken (not looking at all well)
[8] **rodear:** to surround
[9] **de la nada:** out of nowhere
[10] **malnacido:** bastard
[11] **bate:** baseball bat
[12] **amenaza:** threat
[13] **escalofriante:** spooky
[14] **bastar:** to be enough
[15] **gritar:** to scream
[16] **inmóvil:** motionless
[17] **echar:** to throw
[18] **yeso:** cast
[19] **temblar:** to shake
[20] **marimba:** xylophone built by African slaves in Central America
[21] **escuincle:** little bugger/nipper
[22] **salir disparado:** to be off like a shot (to run)

esos eventos incomprensibles, pero afortunados en mi vida. Después de este incidente, sentí una conexión personal con la comunidad negra. Me preguntaba si ellos veían en mí la misma vulnerabilidad que algunos de ellos mismos **cargaban**[2] en sus **hombros**[3]: el **pertenecer**[4] a un grupo —percibido por muchos— como **subordinado**.[5] Me sentí seguro o identificado con ellos. ¡No sé! Aprendí a respetarlos y a comprenderlos. Estaban siempre **dispuestos**[6] a protegerme por razones que aún hoy no comprendo, pero por las que estaré eternamente **agradecido**.[7] En mi caso, su presencia era una cuestión de **supervivencia**.[8]

Otro **desafío**[9] constante fue pasar muchas noches despierto junto a otros huérfanos, preguntándome por qué mis padres biológicos me habían abandonado en la entrada de esa casa. Con frecuencia, deseé que no me hubieran dicho la verdad porque no podía **vencer**[10] la sensación de abandono. "¿Dejar a un bebé en la casa de unos desconocidos? ¿Quién hace esto?" —me preguntaba yo. En algunas ocasiones, el sentimiento era tan profundo que no sentía mi cuerpo. Esta emoción me consumió por años, especialmente a la hora de dormir. Me sentía **indefenso**,[11] mal querido y furioso conmigo mismo sin entender el por qué de mis sentimientos, pero una noche —**por pura casualidad**[12]— descubrí la manera de **contrarrestar**[13] mi **desgracia**.[14]

Como de costumbre[15], los otros huérfanos no querían lavarse los dientes. Entonces, en forma de **broma**[16] les dije:

—Si no se lavan los dientes, me veré en la obligación de darle una

---

[1] **bala:** bullet
[2] **cargar:** to carry
[3] **hombro:** shoulder
[4] **pertenecer:** to belong
[5] **subordinado:** inferior
[6] **dispuesto:** willing
[7] **agradecido:** thankful
[8] **supervivencia:** survival
[9] **desafío:** challenge
[10] **vencer:** to overcome
[11] **indefenso:** powerless
[12] **por pura casualidad:** purely by chance
[13] **contrarrestar:** counteract
[14] **desgracia:** misfortune
[15] **como de costumbre:** as usual
[16] **broma:** joke

nalgada[1] a cada diente sucio hasta que esté brillante.

Pasaron unos segundos para que mis hermanos huérfanos se dieran cuenta de que era imposible **castigar**[2] la **dentadura**[3] de esta forma. **Así que**[4], una vez que comprendieron lo ridícula que era la idea de **pegarle**[5] a cada diente, empezaron a reírse y, como magia, me olvidé de mi dolor temporalmente. Esta experiencia me marcó de por vida porque empecé a buscar oportunidades para aliviarles a los otros la triste realidad de ser huérfanos. Descubrí que las risas nos transportaban a un mundo de libertad y **gozo**,[6] disfrutando de la **hermandad**[7] y solidaridad que las **carcajadas**[8] generaban. Así que el humor se convirtió en mi **herramienta**[9] principal para poder **sobrevivir**[10] en un mundo que parecía cruel e incomprensible para mí en aquel momento. Me dio un propósito en la vida: hacer reír a los menos **afortunados**.[11]

Comprensión de lectura

¿Cierto o falso? Corrija las afirmaciones falsas.

1. Marcelino apareció en la entrada de la casa de Andrew y Triana. C o F
2. Ninguna persona quiso investigar el origen de Marcelino. C o F
3. Triana de Sevilla era la madre biológica de Marcelino. C o F
4. Marcelino vivió en **albergues temporales**[12] durante 9 años. C o F
5. Marcelino era un huérfano. C o F
6. Marcelino se sentía feliz con su vida. C o F
7. De acuerdo con Marcelino, muchos niños lo discriminaban en la escuela. C o F
8. Las familias que le ofrecían albergue temporal eran muy amables con Marcelino. C o F

---

[1] **nalgada:** spanking
[2] **castigar:** to punish
[3] **dentadura:** teeth
[4] **así que:** thus
[5] **pegar:** to hit
[6] **gozo:** joy
[7] **hermandad:** fellowship
[8] **carcajada:** loud laugh
[9] **herramienta:** tool
[10] **sobrevivir:** to survive
[11] **afortunado:** lucky
[12] **albergue temporal:** foster home

9. Marcelino tenía muy buenas **notas**[1] en la escuela. C o F
10. Marcelino **se mudó**[2] de casa muchas veces. C o F
11. Marcelino sentía una conexión especial con la comunidad negra. C o F
12. Marcelino descubrió la forma de hacer reír a sus hermanos huérfanos. C o F

Preguntas de discusión:

1. ¿Qué sabemos sobre Marcelino? ¿Quién lo encontró en la entrada de una casa? Explique con detalle. ¿Qué pasó?
2. ¿Cómo fue la niñez de Marcelino? ¿Fue un niño feliz o infeliz? ¿Cuáles eran sus retos? Explique un poco la vida inestable y migratoria que llevaba a nivel familiar.
3. ¿Alguna vez se ha sentido usted discriminado o abandonado por un grupo como Marcelino? ¿Por qué cree usted que muchos niños **acosados**[3] no buscan ayuda?
4. Explique cómo, mudarse de casa con frecuencia, marcó la vida de Marcelino.
5. Narre la escena donde la madre adoptiva le dijo a Marcelino que se olvidara del estudio porque él **no servía**[4] para eso. ¿Qué pasó? ¿Ha tenido usted una experiencia similar?
6. ¿Por qué se identifica Marcelino con la comunidad negra? ¿Le parece revelador el siguiente comentario? "Después de este incidente, sentí una conexión personal con la comunidad negra. Me preguntaba si ellos veían en mí la misma vulnerabilidad que algunos de ellos mismos **cargaban**[5] en sus hombros: el pertenecer a un grupo (percibido por muchos) como **subordinado**[6]".
7. ¿Qué hacía Marcelino para neutralizar el dolor de sentirse abandonado?

---

[1] **nota:** grade
[2] **mudarse:** to move (location)
[3] **acosado:** bullied
[4] **no servir:** to be useless
[5] **cargar:** to carry
[6] **subordinado:** inferior

Capítulo 3

Triana, mi futura madre adoptiva, la misma que me había **entregado**[1] a la policía hacía nueve años, estaba tratando de **quedar embarazada**[2]. **Lamentablemente**[3], ella había pasado por gran cantidad de tratamientos y cirugías para poder tener un bebé, pero parecía que su destino no era el de ser madre biológica porque no importó lo mucho que intentara **quedar en estado**[4]. Triana y Andrew nunca obtuvieron buenos resultados. **Debido a**[5] su frustración, decidieron contactar una agencia que casualmente tenía la candidata o madre perfecta para la pareja —Anita— una joven adolescente que estaba **dispuesta**[6] a dar en adopción a su bebé. Esta joven tenía dieciséis años y no estaba preparada emocional o económicamente para ser mamá. De hecho, tenía que trabajar cincuenta horas semanalmente para ayudar a su propia madre con

---

[1] **entregar:** to turn in
[2] **quedar embarazada:** to get pregnant
[3] **lamentablemente:** unfortunately
[4] **quedar en estado:** to get pregnant/to conceive
[5] **debido a:** due to
[6] **dispuesta:** willing

la crianza de sus hermanos pequeños. Su situación era realmente inestable. Desde el principio, reconoció su posición **desfavorable**[1] y decidió dar en adopción a su bebé. Por su parte, Triana y Andrew recibieron las noticias con gratitud porque sabían que podían traerle paz a la madre y ofrecerle un hogar estable a la nueva bebé.

Por suerte, el proceso legal de la adopción avanzó sin **tropiezos**[2]. Todos firmaron el acuerdo y los documentos oficiales sin inconvenientes, y durante la **gestación**[3], Triana y Andrew se acercaron gradualmente a la joven con el propósito de hacerle sentir que había seleccionado a la mejor pareja para su bebé. Conforme pasaron los nueve meses, hubo un acercamiento entre los futuros padres y Anita. Como resultado, el **nivel**[4] de **confianza**[5] creció entre ellos. Adicionalmente, Triana y Andrew colaboraron para pagar por la nutrición de la futura madre y todas sus visitas médicas durante el embarazo. Realmente todo parecía caminar y evolucionar en una forma ideal y pacífica, pero la vida tenía otro plan para esa **anhelada**[6] bebé porque lo inimaginable **sucedió**[7] el día que la niña nació.

—¿Triana de Sevilla? —la llamó uno de los doctores donde Anita había **dado a luz**[8].

—Yo soy Triana de Sevilla, Dr. Kasic. ¿Pasa algo, doctor?

—¿Podrían venir usted y su esposo a mi **consultorio**[9], por favor?

Al instante, Triana **presintió**[10] que algo malo había sucedido al ver la rígida expresión del doctor, y desafortunadamente, su instinto no le **mentía**[11]

---

[1] **desfavorable:** unpromising
[2] **tropiezos:** setbacks
[3] **gestación:** pregnancy
[4] **nivel:** level
[5] **confianza:** trust
[6] **anhelada:** wanted
[7] **suceder:** to happen
[8] **dar a luz:** to give birth
[9] **consultorio:** consulting room (office)
[10] **presentir:** to have a feeling
[11] **mentir:** to lie

porque él no tenía buenas noticias.

—Sra. Triana, lo siento mucho, pero la bebé ha muerto.

—¿Qué dice?

—La bebé murió por una complicación —respondió el doctor.

Desafortunadamente, la niña había vivido solamente unas horas, ya que una de las arterias carótidas no se había desarrollado completamente. Así que la cabeza no pudo recibir suficiente **sangre**[1] oxigenada, y como consecuencia, sufrió un **infarto cerebral**[2].

—Hicimos lo que pudimos para **salvarla**[3], Sra. Sevilla, pero fue **inútil**[4]. Ella nunca respondió como esperábamos. Lo siento muchísimo —dijo el Dr. Kasic.

—¿Está bien Anita? —preguntó Triana.

—La madre necesita tiempo para recuperarse, pero está estable.

Yo no lo podía creer cuando escuché la tragedia años después. "¿Cómo pudo haber pasado algo así?" —me pregunté. El incidente destruyó todas las esperanzas de Triana y Andrew, especialmente las de Triana, quien estaba emocionalmente **herida**[5] por la **pérdida**[6]. Andrew empezó a preocuparse por el **estado anímico**[7] de Triana y la desintegración de su matrimonio debido a este sufrimiento. Triana no estaba bien porque no lograba **sobreponerse**[8] de la **desgracia**[9]. Por el contrario, se sintió **culpable**[10], particularmente cuando supo que Anita se había suicidado dos meses después

---

[1] **sangre:** blood
[2] **infarto cerebral:** stroke
[3] **salvarla:** to save her
[4] **inútil:** useless
[5] **herida:** wounded
[6] **pérdida:** loss
[7] **estado anímico:** emotional state
[8] **sobreponerse:** to get better
[9] **desgracia:** misfortune
[10] **culpable:** guilty

de la muerte de la niña. Había dejado una nota explicando que la muerte de la bebé había sido un **castigo**[1] de Dios. El sentimiento de culpabilidad se había **apoderado**[2] de ella. Estaba convencida de que la niña había muerto porque ella la había dado en adopción. Yo estaba impresionado el día que mi padre me lo contó todo.

—Pero, ¿cómo pudo haber sido un castigo de Dios? —le pregunté a Andrew.

—Fue un largo proceso, Marcelino. Triana tardó mucho tiempo en recuperarse emocionalmente. Poco a poco, empezó a llorar y pensar menos en la bebé que había muerto. Al principio, era en todo lo que pensaba, pero con el tiempo, comenzó a verte en sus sueños.

—¿A mí?

Sí, yo me había convertido en el **catalizador**[3] de una nueva ilusión en su vida. Los recuerdos aparecían constantemente en sus sueños, algo incomprensible para ella de entender porque había pasado mucho tiempo desde nuestro primer encuentro. **No obstante**[4], una mañana, después de **dar mil vueltas**[5] en la cama porque no podía dejar de pensar en mí y mi **paradero**[6], Triana decidió despertar a Andrew.

—Andy, quiero que busquemos al niño que entregamos hace nueve años. ¿No crees que podamos encontrarlo? Por favor, Andrew, busquémoslo.

Confundido ante la **súplica**[7] de Triana, Andrew se tomó unos minutos para responder la pregunta, pero por fortuna, él aceptó la proposición sin condición. Así que esa misma mañana, contactaron varias agencias que, **en**

---

[1] **castigo:** punishment
[2] **apoderarse:** to take over
[3] **catalizador:** catalyst
[4] **no obstante:** however
[5] **dar vueltas:** to toss and turn
[6] **paradero:** whereabouts
[7] **súplica:** request

cuestión de[1] días, lograron localizarme. Para cuando Triana y Andrew se presentaron, yo estaba viviendo con la **décima**[2] familia que me ofrecía un **albergue temporal**[3].

Sin lugar a dudas[4], mi vida dio un **giro**[5] de 360 grados el día que Triana y Andrew me visitaron en la agencia donde me llevaron. Los agentes le habían enviado una carta a mi familia explicándole que había una pareja interesada en conocerme y adoptarme permanentemente. Cuando me lo comunicaron, mi corazón se aceleró al instante sin control. Sentí una **especie**[6] de alteración en todo mi cuerpo. Mi adrenalina no **dejó de**[7] correr por mis **venas**[8] durante los siguientes días, inclusive cuando estaba durmiendo. Pensé que iba a explotar de felicidad, pero al mismo tiempo, me sentía horrorizado ante la posibilidad de ser **rechazado**[9]. Después de todo, era la primera vez que una pareja expresaba interés en adoptarme, y yo no quería **estropear**[10] mi única oportunidad de ser adoptado. **De manera que**[11] planeé mi **discurso**[12] perfecto para convencer a los nuevos padres de que yo era el hijo ideal para ellos. Lo practiqué mentalmente mil veces para que saliera de forma auténtica el día del encuentro. Sin embargo, en el momento que Andrew y Triana entraron a la agencia, algo me hizo reconocer a Triana, por una de esas inexplicables conexiones telepáticas, y sin pensarlo, **me eché**[13] en sus brazos, expresándole con emoción que la quería, y que me alegraba de verla otra vez. Mi corazón **latía**[14] tan **agitadamente**[15] que podía sentir la palpitación en mi garganta sin poder respirar.

---

[1] **en cuentión de:** in a matter of
[2] **décima:** tenth
[3] **albergue temporal:** foster care
[4] **sin lugar a dudas:** without doubt
[5] **giro:** turn
[6] **especie:** kind
[7] **dejar de:** to stop
[8] **venas:** veins
[9] **rechazado:** rejected
[10] **estropear:** to ruin
[11] **de manera que:** therefore
[12] **discurso:** speech
[13] **echarse:** to throw oneself
[14] **latir:** to beat (heart)
[15] **agitadamente:** rapidly

—Gracias por venir —le dije como pude.

Inmediatamente empecé a llorar ante la posibilidad de ser abandonado otra vez. La abracé con desesperación, y en ese momento, me di cuenta de que no quería ser más un huérfano y que necesitaba el calor humano que ella me ofrecía. Delicadamente, ella me **estrechó**[1] contra su pecho, disfrutando de mi **nobleza**[2] de niño, como el primer día que me conoció. Me sentí protegido y apreciado —por primera vez— como nunca me había sentido. Cuando **volteé**[3] para mirar a Andrew, noté que estaba igualmente **conmovido**[4]. Me extendió sus brazos y me dijo:

—Bienvenido a mi vida, hijo.

Entonces, los abracé sin reservas, **gozando**[5] por primera vez de una emoción que jamás había experimentado. Parecía que la **sabia**[6] naturaleza había acomodado todo para que yo los conociera porque la armonía **reinaba**[7] sin complicaciones. Mientras tanto, los agentes disfrutaban del encuentro en silencio, sintiéndose **enternecidos**[8] por este momento de **triunfo**[9]. Mis nuevos padres me dieron la bienvenida y me adoptaron después de varios meses de **trámites**[10] y **fastidiosas**[11] visitas con trabajadores sociales.

Después de este encuentro, los agentes me explicaron que Andrew y Triana habían sido la pareja que me había entregado a la policía después de haberme encontrado en la entrada de su casa hacía nueve años. Yo no lo podía creer, pero en el momento que los vi, sentí una conexión fuera de mi capacidad como ser humano para comprenderla. Con el tiempo, me convertí en el balance

---

[1] **estrechar:** to embrace
[2] **nobleza:** honesty
[3] **voltear:** to turn over
[4] **conmovido:** touched/moved
[5] **gozar:** to enjoy
[6] **sabia:** wise
[7] **reinar:** to prevail
[8] **enternecido:** touched/moved
[9] **triunfo:** successful outcome (victory)
[10] **trámites:** procedures
[11] **fastidioso/a:** annoying

de la ecuación entre mis padres. Yo era el niño que tanto habían **anhelado**[1].

Durante mi primer año, viví en la ciudad de San Francisco. Por primera vez, residía en un vecindario seguro y bonito llamado Russian Hill. Mis padres vivían cerca de la famosa calle *Lombard Street,* en un apartamento del cual eran dueños. Mi madre adoptiva, Triana de Sevilla, decidió asignarme un nuevo nombre: Marcelino de Sevilla, nombre con el que su abuelo paterno había sido bautizado. Mi madre pensó que este nuevo nombre me traería mucha suerte.

De Sevilla fue el apellido de los pioneros y fundadores de Sevilla, España. Triana me explicó que muchos de los apellidos españoles eran establecidos por el origen geográfico de la persona, como, por ejemplo: *de Sevilla.* Era una forma práctica y **eficaz**[2] para identificar a la persona y el lugar. Así que **heredar**[3] el apellido *de Sevilla* me hacía sentir que tenía raíces en Sevilla y que Triana me reconocía como hijo; o sea, que yo pertenecía a un grupo de personas en una sociedad. Además, el apellido representaba mi nueva vida con una familia permanente.

—Marcelino de Sevilla será tu nuevo nombre —me explicó Triana—. ¿Te agrada la idea?

—Sí, me encanta —le respondí.

Marcelino de Sevilla era un nombre simbólico para mí porque estaba heredando la **sabiduría**[4] de un hombre importante que había dejado un tremendo legado en Sevilla, ya que había vivido una vida **justa**[5] y hospitalaria con los menos privilegiados. Para él, la felicidad se originaba en el reconocimiento de que otros necesitaban oportunidades al igual que él, y que era su responsabilidad **compartir**[6] su patrimonio y multiplicarlo con ellos.

---

[1] **anhelar:** to want
[2] **eficaz:** effective
[3] **heredar:** to inherit
[4] **sabiduría:** wisdom
[5] **justa:** fair/just
[6] **compartir:** to share

Desafortunadamente, murió luchando contra el régimen del general, Francisco Franco, en España. Como muchos, quería **justicia**[1] en su país. Este objetivo o finalidad lo marcaron para siempre. Triana me afirmó que su legado me traería buena suerte, una guía y un propósito en la vida. Andrew estuvo de acuerdo con el cambio de nombre, el cual era Michael —nombre común durante los años sesenta— asignado por la agencia de adopción.

Sin lugar a dudas, la nueva vida me forzó a vivir un proceso de **ajuste**[2] una vez más, pero esta vez, la adaptación era diferente a las otras experiencias que previamente había vivido. En primer lugar, yo era un niño **sencillo**[3] por naturaleza. Después de todo, había tenido una **crianza**[4] precaria y simple antes de vivir con mis padres adoptivos en la ciudad de San Francisco. No estaba acostumbrado a tener mi propia cama, ni mi propio dormitorio. Me sentía egoísta por tener las **comodidades**[5] que podían ofrecer los recursos materiales que otros tenían, y muchas veces no apreciaban sin darse cuenta. También me sentía culpable y triste por los otros niños huérfanos que había dejado atrás. "¿Quién los haría reír?" —pensaba yo. Me sentía mal por no tener que compartir el baño con ellos. Una nostalgia siempre se despertaba dentro de mí cada vez que frecuentaba el baño para darme cuenta de que todo el espacio era solamente para mí. Nadie me apresuraba para que saliera pronto, y ya no tenía que esperar mi turno para lavarme los dientes. Tampoco tenía que **pasar hambre**[6] en la escuela porque siempre tenía mucha **vergüenza**[7] de pedirles a las otras familias una **merienda**[8]. **A lo mejor**[9] ellos no me la daban porque realmente no la podían ofrecer. Pensaba en los otros huérfanos con frecuencia, especialmente cuando probaba nuevos platillos a la hora de cenar, platillos que —yo sabía— ellos nunca probarían. Los **echaba de menos**[10]. No quería regresar a mi vida anterior, pero quería estar con ellos. Quería que tuvieran lo

---

[1] **justicia:** justice
[2] **ajuste:** adjustment
[3] **sencillo:** simple
[4] **crianza:** upbringing
[5] **comodidad:** comfort
[6] **pasar hambre:** to go hungry
[7] **vergüenza:** shame
[8] **merienda:** snack
[9] **a lo mejor:** maybe
[10] **echar de menos:** to miss

que yo tenía: una familia que no los abandonaría.

Así que, **a pesar de**[1] todo lo beneficioso que los nuevos padres pudieran ofrecerme, el ajuste a mi nueva vida fue realmente estresante e intimidante. Trataba de **complacerlos**[2] todo el tiempo porque tenía miedo de **decepcionarlos**[3]. Las familias me habían regresado tantas veces que no quería que eso sucediera otra vez. Por lo tanto, estaba **dispuesto**[4] a **hacer lo que fuera**[5]. Como resultado, me sentía nervioso ante la posibilidad de ser devuelto a la agencia. No era **capaz**[6] de controlar mi sufrimiento.

Adicionalmente, yo era el **"blanco"**[7] de todas las **burlas**[8] que los niños generaban en la escuela. Se burlaban de mí por todo, pero especialmente porque era huérfano y, por lo tanto, era inferior para ellos. Unos me **empujaban**[9] durante el descanso y otros dejaban notas **amenazadoras**[10] sobre mi escritorio. Para ellos, el ser huérfano era un indicador de vergüenza y estigma. En retrospectiva, me pregunto si yo, sin darme cuenta, proyectaba mi inmenso deseo de ser aceptado como parte de un grupo, creando una imagen frágil de mí ante los demás.

Sin embargo, con el tiempo empecé a comprender que estos niños no veían el mundo de la manera en que yo lo veía. Ellos no habían tenido que vivir nueve años como huérfanos, ajustándose constantemente a una nueva realidad. Además, reconocí que la agresión que manifestaban **provenía**[11] de la necesidad de sentirse superiores. Competían y defendían sus valores porque estaban convencidos de que su origen y su formación eran mejores que los míos. **De manera que**[12] **se encargaban**[1] de destruir todo lo que fuera diferente y yo me

---

[1] **a pesar de:** in spite of
[2] **complacer:** to please
[3] **decepcionar:** to disappoint
[4] **dispuesto:** willing
[5] **hacer lo que sea:** to do what it takes
[6] **capaz:** capable
[7] **blanco:** target
[8] **burla:** joke
[9] **empujar:** to push
[10] **amenazador/a:** threatening
[11] **provenir:** to come from
[12] **de manera que:** so that

convertí en el blanco perfecto. Este abuso les trajo a todos una sensación de supremacía que los hacía sentirse **engrandecidos**[2] temporalmente. Como resultado, me convertí en el niño más tímido del universo. **Me aislé**[3] del mundo porque yo no tenía un origen que defender como ellos, **ya que**[4] no podía identificarme con un grupo en particular, excepto el de ser huérfano y sentirme solo. Ya había cambiado de familias, escuelas y amigos; por lo tanto, era **inútil**[5] querer hacer algo valioso o amar a alguien porque, al final, lo perdería todo.

Gradualmente, empecé a sentirme emocionalmente enfermo otra vez. La felicidad de tener una familia permanente duró poco tiempo. Me sentía **rechazado**[6] en la escuela y ya no podía tolerar este **desprecio**[7], pero **temía**[8] expresárselo a mis padres. No obstante, una mañana no pude levantarme para ir a la escuela. Me sentía **pesado**[9] y solamente quería dormir. Triana **llamó a la puerta**[10] de mi cuarto, pero no tuve la fuerza ni el deseo de abrirla. Afortunadamente, ella insistió y la abrió ella misma. Cuando me vio acostado en la cama, me preguntó:

—¿Qué te pasa, Marcelino?

—Ya no quiero vivir. Me quiero morir —le dije.

—¿Qué dices? ¿Cómo puedes decir eso? ¿Qué te pasa?

De inmediato me abrazó fuertemente mientras mis **lágrimas**[11] salían y corrían sin control, como uno de esos ríos que tienen **desagües**[12] sin fin. Ella

---

[1] **encargarse:** to be responsible
[2] **engrandecido:** superior
[3] **aislarse:** to isolate
[4] **ya que:** since
[5] **inútil:** useless
[6] **rechazado:** rejected
[7] **desprecio:** contempt
[8] **temer:** to be afraid
[9] **pesado:** heavy
[10] **llamar a la puerta:** to knock on the door
[11] **lágrima:** tear
[12] **desagüe:** drain

comprendió que necesitaba **desahogarme**[1] y expresar mi dolor. Después de unos minutos, le confesé que no me trataban bien en la escuela.

—Triana, los niños en la escuela piensan que soy un huérfano estúpido y que no **pertenezco**[2] al grupo. No quieren jugar conmigo.

—¿Por qué no me dijiste esto antes, Marcelino?

—Tenía miedo de que no me quisieras más y que me regresaras a la agencia.

—Marcelino, yo jamás haría eso. Te **doy mi palabra**[3] de madre.

Inmediatamente, me aseguró que las cosas cambiarían y que ellos, como padres, jamás me abandonarían. Triana llegó a la conclusión de que era mejor criarme en una zona rural —en el área de Sonoma— una zona agradable rodeada de **viñedos**[4]. Este sitio estaba localizado fuera de la ciudad de San Francisco —entre Napa y Petaluma— cerca de la carretera 12 en California donde Andrew había crecido.

Ese mismo día, Triana habló con mi padre:

—Andrew, los niños **amenazan**[5] a Marcelino constantemente en la escuela. Yo quiero **sacarlo**[6] de allí.

—Pero Marcelino debe aprender a **valerse por sí mismo**[7].

—Sí, pero no sabe cómo hacerlo todavía. Me dijo que quería morirse y que no quiere ir a la escuela. Si algo le pasa, me muero de dolor, Andrew. Debemos irnos.

---

[1] **desahogarse:** to get it off one's chest
[2] **pertenecer:** to belong
[3] **dar su palabra:** to give one's word
[4] **viñedo:** vineyard
[5] **amenazar:** to threat
[6] **sacar:** to remove
[7] **valerse por sí mismo:** to fend for yourself

En seguida[1], decidieron mudarse[2] cerca de los viñedos en Sonoma. Nuestra casa en la ciudad se vendió en cuestión de[3] días, y en un mes, nos habíamos mudado a las tierras del cultivo de uva. Mi padre había tenido una niñez ejemplar[4] en el campo; es por esto que se convenció de que este ambiente sería más saludable para mí. Afortunadamente, él hizo contactos con sus colegas y fue posible restablecerse como quiropráctico en la zona. Yo estaba conmovido[5] porque no podía creer que mis padres estuvieran dispuestos a cambiar su estilo de vida por mí. No sabía cómo agradecerles[6] el deseo y la voluntad que tenían para buscarle una solución a mi problema. Me sentía avergonzado[7], pero muy aliviado por no tener que sufrir las humillaciones de los otros en la escuela. "¡Finalmente!" —pensé—. "¡Ya no se burlarán[8] más de mí!"

Comprensión de lectura

¿Cierto o falso? Corrija las afirmaciones falsas.

1. Triana no podía tener hijos; por eso, quería adoptar un bebé. C o F
2. Anita estaba preparada emocional y económicamente para tener un bebé. C o F
3. Anita se suicidó. C o F
4. Triana cayó en una depresión después de la muerte de Anita. C o F
5. La idea de adoptar a Marcelino fue de Andrew, no de Triana. C o F
6. Marcelino reconoció a Triana en la agencia. C o F
7. Marcelino se sentía muy cómodo con el nuevo estilo de vida (lujos y comodidades) que Andrew y Triana le ofrecían. C o F
8. Marcelino de Sevilla era el nombre del abuelo de Andrew. C o F
9. Marcelino no tenía amigos en la escuela. C o F

---

[1] **en seguida**: at once
[2] **mudarse:** to move (location)
[3] **en cuestión de:** in a matter of
[4] **niñez ejemplar:** ideal childhood
[5] **conmovido:** touched/moved
[6] **agradecer:** to thank
[7] **avergonzado:** ashamed
[8] **burlarse:** to make fun of

10. Andrew y Triana decidieron mudarse a Sonoma para que Marcelino tuviera una vida más simple en el campo. C o F

Preguntas de discusión:

1. Explique qué pasó con la bebé de Anita, la niña que Andrew y Triana querían adoptar.
2. ¿Cuál fue la reacción de Anita después de lo ocurrido? ¿Cuál fue la reacción de Triana? ¿Cree que Triana estaba obsesionada con tener un bebé?
3. ¿Por qué Triana y Andrew decidieron buscar a Marcelino?
4. ¿Cuál fue la reacción de Marcelino cuando vio a Andrew y a Triana en la agencia de adopción? Narre la escena.
5. ¿Cómo se siente Marcelino en su nueva casa con sus padres adoptivos? ¿Es feliz ahora que tiene una familia? ¿Cómo se siente en la nueva escuela? ¿Cómo se sentiría usted en esta situación?
6. ¿Qué le confesó Marcelino a Triana el día que él no quería ir a la escuela? En su opinión, ¿cuál era el problema de Marcelino? ¿Qué decidieron hacer Andrew y Triana al respecto?

Capítulo 4

Los viñedos de Sonoma tenían mucho que ofrecer durante los años setenta, una **época**[1] donde el valioso producto californiano —el fruto de la uva— empezaba a ser reconocido mundialmente. Yo fui **testigo**[2] de ello porque crecí apreciando la industria del vino y corriendo libremente por sus terrenos de uvas. Este lugar ofrecía una tranquilidad extraordinaria, donde toda clase de espíritus parecía disfrutar libremente del aroma que **despedían**[3] los cultivos. La energía atraía a **inversionistas**[4], excursionistas y habitantes nativos que esperaban **saborear**[5] una copa de vino con los dueños y **viticultores**[6] de la época. Jamás imaginé que esta industria llegaría a ser tan prestigiosa y económicamente lucrativa para muchos.

Sin lugar a dudas, mi niñez en Sonoma **transcurrió**[7] libremente en

---

[1] **época:** period of time
[2] **testigo:** witness
[3] **despedir:** to release
[4] **inversionista:** investor
[5] **saborear:** to taste
[6] **viticultor:** vine grower
[7] **transcurrir:** to go by

comparación con la vida que llevaba en la ciudad de San Francisco. Era un mejor sitio para mí. Mi padre tenía razón; yo tenía que aprender a valerme por mí mismo, pero vivir en el campo me **hacía bien**[1] para descubrir quién era yo. Necesitaba un lugar donde yo no me sintiera **arrinconado**[2] o **acosado**[3] por los otros niños. Así que este lugar era ideal para un niño tímido como yo. La escuela en Sonoma era más pequeña, y los estudiantes parecían ser menos pretenciosos. Muchos de ellos eran hijos de **jornaleros**[4] que **se encargaban**[5] de recoger las **cosechas**[6] de uvas.

En la escuela, encontré a un amigo muy noble, Alberto Romero, un niño mexicano-estadounidense, cuyos padres emigraron de México para ser jornaleros durante las **temporadas**[7] de cosecha en los viñedos de Sonoma durante los sesenta. Su historia era típica de aquellas familias de bajos recursos que venían a Estados Unidos para trabajar y obtener una mejor calidad de vida que la que tenían en su país de origen. De tal manera que los padres de Alberto llegaron al Condado de Sonoma cuando la industria del vino prosperaba a **nivel**[8] nacional, y la demanda continuaba incrementando en los viñedos. Así que Sonoma creció con éxito gracias a la **mano de obra barata**[9] que los mexicanos ofrecían. En otras palabras, California **logró**[10] convertir —por décadas— el cultivo de uvas y la producción de vino en una de las mejores industrias en el área, gracias a la dedicada y eficiente labor de estos trabajadores mexicanos.

Los padres de Alberto vinieron a Estados Unidos con un programa de inmigrantes llamado *Bracero*, palabra derivada de brazo o *bracchium* en latín. En este contexto, *Bracero* se refería a las personas que ofrecían sus brazos en el

---

[1] **hacer bien:** to benefit from
[2] **arrinconado:** cornered
[3] **acosado:** harassed
[4] **jornalero:** worker
[5] **encargarse:** to be responsible for
[6] **cosecha:** harvest
[7] **temporada:** season
[8] **nivel:** level
[9] **mano de obra barata:** cheap labor
[10] **lograr:** to reach

campo **a cambio de**[1] un salario bajo. El programa fue creado **debido a**[2] la demanda de mano de obra barata durante la Segunda Guerra Mundial. Desafortunadamente, muchos mexicanos habían sido deportados durante la Gran Depresión (1929-1939) porque se creía que muchos estaban robándoles los trabajos a los estadounidenses, y el **desempleo**[3] estaba **por las nubes**[4]. Sin embargo, cuando la necesidad de importar trabajadores **surgió**[5] una vez más, el gobierno decidió traer de regreso a los mexicanos. Como resultado, el programa de inmigrantes, *Bracero,* fue creado en agosto del año 1942. Inicialmente, la mayoría de los jornaleros "se contrataba" para trabajar en el campo y cultivar diferentes productos, especialmente en el área de Stockton, California, pero gradualmente, el proyecto se aplicó a muchos cultivos y en otros estados. Este programa se consideraba una "oportunidad" para que los indocumentados mexicanos pudieran ofrecerles "un mejor futuro" a sus familias. Sin embargo, Alberto estaba consciente del duro trabajo y de las condiciones **injustas**[6] que sus padres tenían que **soportar**[7] para ofrecerles a él y a sus hermanos el "sueño americano". Alberto también conocía bien su estatus social como inmigrante ilegal en este país; por lo tanto, él comprendía a fondo la realidad de un niño sin origen como yo. Era algo que él **cargaba**[8] en sus hombros, ya que había nacido en México, pero había sido traído a Estados Unidos por sus padres cuando era sólo un **recién nacido**[9]. Alberto realmente no había vivido en su país **natal**[10] y, por esa razón, no se sentía ni mexicano ni estadounidense. Este fue el punto de partida que nos permitió establecer una conexión y dejar atrás el incomprensible pasado y **gozar**[11] la fortuna de ser amigos. Alberto y yo habíamos nacido con un inmenso **reto**[12] que pudo

---

[1] **a cambio de:** in exchange for
[2] **debido a:** due to
[3] **desempleo:** unemployment
[4] **por las nubes:** high
[5] **surgir:** to emerge
[6] **injusta:** unfair
[7] **soportar:** to put up with
[8] **cargar:** to carry
[9] **recién nacido:** newborn
[10] **natal:** native
[11] **gozar:** to have fun
[12] **reto:** challenge

habernos **impulsado**[1] a tener un futuro **sombrío**[2] y dificultoso, pero con la protección de nuestros padres y nuestra perspectiva inocente de niños, logramos **salir adelante**[3].

    —¿Quieres ser mi amigo? —me preguntó Alberto un día en la escuela.

    — Sí —le dije—. ¿Quieres la mitad de mi sándwich?

    — Ok.

    —¿Quieres que **compartamos**[4] mi arroz y frijoles? —me preguntó Alberto.

    — Ok —le dije.

    Y sin mucha complicación, este sándwich y estos frijoles establecieron y consolidaron nuestra amistad para siempre. Alberto y yo nos hicimos amigos al instante. A la edad de diez años, pasábamos los **descansos**[5] en la escuela hablando sobre las aventuras y el trabajo que hacía él como jornalero, ya que ayudaba a sus padres después de ir a la escuela. Para Alberto, ésta no era una tarea fácil, pero aprendió a respetar y a valorar la oportunidad de trabajar con ellos en el campo. Yo siempre vivía fascinado con las anécdotas de Alberto. Mi historia favorita era la de uno de los jornaleros que había sido atacado por un escorpión mientras trabajaba en el campo. Este peligroso animalito le había **arrancado**[6] parte de la **nalga**[7] al jornalero de **un solo tirón**[8]. Así que el **obrero**[9] tuvo que llevar una especie de **pañal**[10] —uno de esos que usan los bebés— por varios meses mientras la **herida**[11] se curaba y, claro, no queriendo

---

[1] **impulsar:** to entice
[2] **sombrío:** dark
[3] **salir adelante:** to move forward
[4] **compartir:** to share
[5] **descanso:** break
[6] **arrancar:** to bite off
[7] **nalga:** buttock
[8] **un solo tirón:** in an instant
[9] **obrero:** worker
[10] **pañal:** diaper
[11] **herida:** wound

dejar pasar esta ocasión **entretenida**[1], los otros jornaleros **aprovecharon**[2] para asignarle a su amigo un **apodo**[3] chistoso: *Pañalito*. "¡Pobre hombre!" —pensaba yo. Además del dolor de nalga que tenía que **soportar**[4], tuvo que pasar por la **incomodidad**[5] de andar con un pañal y escuchar los comentarios por meses. ¡"Qué amigos tan **traicioneros**[6]!" —imaginaba yo. ¡Ja, ja! Ésta y otras historias me divertían muchísimo, pero otras no eran tan agradables. Algunas veces, las lágrimas me **brotaban**[7] de la indignación que sentía cuando Alberto me contaba que los braceros eran fumigados como **ganado**[8] cuando entraban a este país. Se creía que propagaban toda clase de gérmenes y que eran **portadores**[9] de **pulgas**[10]. La triste realidad y la humillación que ellos tenían que tolerar a veces nos **indignaban**[11]. Así que para **contrarrestar**[12] la realidad, Alberto y yo soñábamos con un mejor futuro para él y su familia.

Nos gustaba jugar en las **viñas**[13]. Alberto **fingía**[14] ser un **enólogo**[15] y yo un **catador**[16] de vinos que le daba a Alberto ideas para hacer vinos. Yo siempre empezaba la discusión con algo así:

— Estoy aquí para evaluar sus cultivos, Sr. Romero.

—Bien, hemos tenido una buena **cosecha**[17] este año, Sr. Sevilla. Permítame enseñarle nuestras plantaciones.

—¿Le gustaría probar nuestro vino?

---

[1] **entretenida:** funny/amusing
[2] **aprovechar:** to take advantage of
[3] **apodo:** nickname
[4] **soportar:** to put up with
[5] **incomodidad:** discomfort
[6] **traicionero:** traitor
[7] **brotar:** to burst forth
[8] **ganado:** cattle
[9] **portador:** carrier
[10] **pulga:** flea
[11] **indignar:** to make angry
[12] **contrarrestar:** to counteract
[13] **viña:** vineyard
[14] **fingir:** to pretend
[15] **enólogo:** oenologist
[16] **catador:** wine-taster
[17] **cosecha:** harvest

—¡Por supuesto!

—Éste es nuestro mejor vino **añejado**[1] del año 63. La viña todavía está joven, pero **madurará**[2] con el tiempo. Usted puede notar que esta selección de vino tiene buen buqué —señalaba Alberto.

—¡Sí! Puedo **catar**[3] el aroma del **arándano**[4] y de la vainilla.

—Este vino es acompañado con queso manchego y chorizo, ja, ja, ja — repetía riendo Alberto.

Claramente, había un momento en el que los dos explotábamos de la risa por lo ridícula que era nuestra conversación. Alberto y yo habíamos escuchado las discusiones de la elaboración de vinos tantas veces que nos las sabíamos de memoria. También habíamos aprendido a **agitar**[5] la copa y **olfatear**[6] intensamente el vino en una forma tan exagerada que parecía que nuestros **pulmones**[7] se habían expandido. Este juego nos hacía reír, especialmente si teníamos la oportunidad de robarnos un poco de vino de los barriles que estaban ubicados en el viñedo donde el padre de Alberto trabajaba. La bebida nos llevaba a un lugar donde nos sentíamos libres para crear un mundo justo para los jornaleros. ¡Claro, era la **embriaguez**[8]!

El programa *Bracero* "**acabó**[9]" en 1964, así que la situación para la familia de Alberto era inestable **puesto que**[10] ellos habían decidido quedarse en este país ilegalmente. Realmente no tenían otra opción. "¿Qué podían hacer?" —pensaba yo. El programa había sido criticado severamente por investigadores y activistas sociales, quienes se dedicaban a analizar la historia de la inmigración mexicana. Estos especialistas lograron probar que el programa Bracero

---

[1] **añejado:** aged
[2] **madurar:** to mature
[3] **catar:** to taste
[4] **arándano:** blueberry
[5] **agitar:** to swirl
[6] **olfatear:** to sniff
[7] **pulmón:** lung
[8] **embriaguez:** drunkenness
[9] **acabar:** to end
[10] **puesto que:** given that

realmente explotaba a los trabajadores y que las injusticias por parte de los empleadores eran injustificables. Muchas veces eran ellos mismos los que **delataban**[1] a sus propios empleados después de haberlos utilizado. Como consecuencia, varios movimientos se levantaron en contra de la discriminación. Algunas de estas protestas fueron **dirigidas**[2] por el mismo padre de Alberto, quien decidió luchar por los derechos civiles de los trabajadores. Durante este tiempo, se **presenciaron**[3] muchas **huelgas**[4] —**reclamando**[5] un mejor pago—, y se formó un **sindicato**[6] de trabajadores agrícolas. El señor Romero se convirtió en el líder y activista social más eficiente de California, luchando por los derechos humanos en una forma pacífica. Su **voz**[7] llegó tan lejos que obtuvo gran reconocimiento a nivel mundial. Después de todo, él y su familia eran extranjeros ilegales sin un lugar donde refugiarse. Alberto y yo participamos en muchas de estas protestas con su padre, quien estaba convencido de que las nuevas generaciones tenían que aprender de la injusticia para evitar el **maltrato**[8] y el **engaño**[9] que habían vivido sus ancestros. Yo me sentía inspirado por esta causa porque realmente sentía que luchaba por mí mismo. Entendía que mis amigos **merecían**[10] mejores salarios y mejores condiciones de trabajo; básicamente, una mejor vida a cambio de su **esfuerzo**[11] como braceros. Triana se preocupaba enormemente porque percibía claramente mi visión sobre el mundo. Creo que ella temía de mis luchas internas.

En retrospectiva, una parte de mí reconocía que la diversidad era necesaria para evolucionar en el mundo de las relaciones humanas, un hecho constante que me acompañó el resto de mi vida. Con el tiempo, descubrí que una comunidad homogénea no me ofrecía la oportunidad de apreciar otras

---

[1] **delatar:** to give away/to inform against
[2] **dirigida:** organized/run
[3] **presenciar:** to witness
[4] **huelga:** strike
[5] **reclamar:** to demand
[6] **sindicato:** labor union
[7] **voz:** voice
[8] **maltrato:** abuse
[9] **engaño:** deceit
[10] **merecer:** to deserve
[11] **esfuerzo:** effort

prácticas, **credos**[1], filosofías y costumbres. Este descubrimiento me permitió ver que valorarme como huérfano era **indispensable**[2] para mí, y que este aprecio venía de mi interior, no de la aprobación de los demás. Eso era lo que el Sr. Romero estaba tratando de transmitir: su lucha por la justicia y el respeto por uno mismo. Él decidió hacer algo por él y otros como él, en lugar de sentirse **desgraciado**[3] o inferior. De manera que abrazó la diversidad y respetó a las personas por lo que le ofrecían. No obstante, el Sr. Romero empezó por ponerle fin a su lucha interna: la sumisión. Tuvo que aprender a valorarse y valorar su cultura, reconociendo la contribución que los mexicanos habían **aportado**[4] en este país. Sabía que tenía que romper con el **esquema**[5] de **someter**[6] a los mexicanos a una nueva forma de **esclavitud**.[7] Así que hizo conciencia social en un estado que debía ofrecerles a todos el derecho a una educación, servicio médico, vivienda y alimentación, a cambio de su esfuerzo y **digno**[8] trabajo. El Sr. Romero se convirtió en la voz de inspiración para todos aquéllos que no tenían un lugar prestigioso en esta sociedad. Con esta lucha, él esperaba dejar este país en mejores condiciones para sus hijos y futuras generaciones de inmigrantes que necesitaban una mano amiga para **ajustarse**[9] y encontrar equilibrio en esta nación tan multiculturalmente **desafiante**[10].

Y así como el Sr. Romero reconoció que los abusos del pasado no tenían que repetirse, yo comprendí que el miedo de ser abandonado por mi familia y otros no tenía que continuar dentro de mí tampoco. Finalmente, había encontrado a una familia, Andrew y Triana, pero tenía que encontrar la forma de descubrir que los merecía.

—¡Ándale, Marcelino! Ábreles el corazón a tus papás —me decía el Sr. Romero— Te quieren incondicionalmente como yo quiero a Alberto. ¡Es hora

---

[1] **credo:** belief system
[2] **indispensable:** essencial
[3] **desgraciado:** miserable
[4] **aportar:** to contribute
[5] **esquema:** pattern
[6] **someter:** to subdue
[7] **esclavitud:** slavery
[8] **digno:** worthy
[9] **ajustarse:** to adjust
[10] **desafiante:** challenging

de buscar tu propio sendero!

Me sentí **avergonzado**[1] y expuesto ante el **desafío**[2], pero al mismo tiempo **rescatado**[3] por sus palabras. Su guía me ofreció la puerta a la libertad, la misma puerta que se había prometido y ofrecido a él mismo. Entonces, acepté lo que él modelaba para el mundo, y reconocí que tenía que amarme yo primero, y que el niño huérfano en mí tenía que morir para que eso ocurriera.

Con el tiempo, aprendí a valorar la **crianza**[4] y la dedicación de mis padres, y decidí exponerme al amor y al deseo que tenían para ayudarme. **Dejar ir**[5] el miedo de ser abandonado me permitió gradualmente abrirme a ellos. Me ofrecían un amor incondicional que no dependía de nada, sino de ser yo mismo. El Sr. Romero tenía razón; ellos realmente me querían. Así que **excavé**[6] dentro de mí para saber qué podía ofrecer yo como persona, y me sorprendí al ver que muchos valoraban mi potencial. Este amor propio me motivó para escuchar ideas distintas y exponerme a un nuevo mundo que todos a mi alrededor ofrecían.

Entonces, empecé a vivir una vida de gratitud porque, de repente, la gente empezó a entrar en mi vida sin una razón en particular. El sendero que había **escogido**[7] no parecía ser tan difícil. El tener a mi padre y a mi madre en mi vida me hizo descubrir que todos los seres humanos: pobres, ricos, **eruditos**[8], **analfabetos**[9], exitosos —sin importar la raza, la religión, ideología o grupo social— todos experimentaban el **reto**[10] de liberarse de algo particular que los había marcado en el pasado. Yo había seguido el patrón de un huérfano, y continuaba viviendo justamente una vida de huérfano, a pesar de tener una familia permanente. Afortunadamente, mis padres adoptivos me

---

[1] **avergonzado:** ashamed
[2] **desafío:** challenge
[3] **rescatado:** rescued
[4] **crianza:** upbringing
[5] **dejar ir:** to let go
[6] **excavar:** dig out
[7] **escoger:** to choose
[8] **erudito:** highly educated person
[9] **analfabeto:** illiterate
[10] **reto:** challenge

apoyaron[1], y me convencieron de que si yo estaba decidido a evolucionar, la ley de la naturaleza acomodaría todo para contribuir con este objetivo, pero en una manera diferente a la imaginada, construyendo una nueva realidad para mí. Andrew solía decirme:

—Marcelino, debes descubrir tu **fortaleza**[2] y conocerte a ti mismo por medio de ella, pero debes ser **leal**[3] contigo mismo, hagas lo que hagas. No imites a nadie porque eso no te ofrecerá ninguna satisfacción ni auto-descubrimiento.

Mis padres me ayudaron a descubrirme para entender quién y cómo era yo. Yo había experimentado una vida diferente a la de ellos, pero no importaba. Ellos compartieron la fórmula que les permitió prestar atención y estar alerta. Una vez que les permití entrar en mi vida, mi humor regresó. Empecé a ver la parte divertida de la vida y a buscar eventos entretenidos que nos hicieran reír a todos. Me **escondía**[4] detrás de las puertas en casa para sorprender a mi madre cuando las abría. Asimismo, **ocultaba**[5] el **maletín**[6] y las llaves del auto de mi padre para hacerlo llegar tarde al trabajo. A veces, él quería matarme de la frustración. ¡Ja, Ja! Pero, terminaba riéndose conmigo porque sabía que yo me estaba abriendo a un nuevo mundo.

A pesar de todo, debo confesar que mi deseo por descubrir quiénes eran mis padres biológicos y mis raíces seguía dentro de mí. Eventualmente, se lo confesé a Triana y a Andrew, y su reacción me sorprendió una vez más. Otros padres se habrían insultado, pero Triana y Andrew me motivaron y me guiaron para encontrar ese **lazo**[7] familiar.

—Algún día encontraremos a tus padres, Marcelino, —me decía Triana—. Los buscaremos hasta encontrarlos.

---

[1] **apoyar:** to support (emotionally)
[2] **fortaleza:** strength
[3] **leal:** loyal
[4] **esconder:** to hide
[5] **ocultar:** to hide
[6] **maletín:** briefcase
[7] **lazo:** tie

Al principio yo estaba sorprendido por su reacción, pero su generosa intención confirmó cuánto deseaban mi **bienestar**[1]. El Sr. Romero tenía razón. Ellos verdaderamente me amaban incondicionalmente. Entonces, aprendí a ser honesto y abierto, y ellos respetaron la integridad. Ya no sentía miedo de dialogar con ellos. Así que con el tiempo, Sonoma se convirtió en el lugar donde mi sed espiritual y mi deseo de ser yo se despertaron.

Comprensión de lectura

¿Cierto o falso? Corrija las afirmaciones falsas.

1. Sonoma tenía extensos campos y **viñedos**[2] donde Marcelino se sentía libre. C o F
2. Alberto era un niño rico. C o F
3. Alberto y Marcelino se conocieron en la escuela. C o F
4. Los padres de Alberto eran **dueños**[3] de un viñedo. C o F
5. Alberto trabajaba con su padre en el campo después de la escuela. C o F
6. El programa Bracero era ideal para los inmigrantes porque era un programa justo. C o F
7. El Sr. Romero creía que todos los trabajadores tenían los mismos derechos. C o F
8. Marcelino y Alberto no participaban en las protestas que organizaba el Sr. Romero. C o F
9. El Sr. Romero tuvo un efecto positivo en Marcelino. C o F
10. Marcelino descubrió la forma de apreciar a sus padres adoptivos y abrirse a ellos. C o F

Preguntas de discusión:

1. ¿Por qué es Sonoma un lugar ideal para vivir de acuerdo con Marcelino? Describa la escuela y el campo donde vive.

---

[1] **bienestar:** well-being
[2] **viñedo:** vineyard
[3] **dueño:** owner

2. ¿Quién es Alberto? ¿Cuál es su historia?
3. ¿Por qué vinieron los padres de Alberto a Estados Unidos? En su opinión, ¿fue buena idea?
4. ¿Cuál era la conexión que tenían Alberto y Marcelino? ¿Por qué eran tan buenos amigos? Mencione las actividades que hacían para divertirse.
5. ¿Por qué luchó el Sr. Romero? Describa las protestas.
6. ¿Cómo impactó el Sr. Romero la vida de Marcelino? ¿Hubo un cambio en la vida de Marcelino? ¿Alguna persona ha impactado su vida de esta forma?

Capítulo 5

Andrew y Triana formaban una pareja excepcional; por lo menos así lo pensaba yo. Sin duda, habían tenido crianzas opuestas y contaban con distintas personalidades, pero al mismo tiempo, eran una especie de complemento valioso **el uno para el otro**[1]. Posiblemente, lo más **provechoso**[2] de su relación era que los dos habían llegado a comprender cómo la niñez había establecido la manera en que cada uno se comportaba: las reacciones, valores y hábitos que los dos aplicaban en su vida cotidiana. Este descubrimiento les permitió observar al otro con más objetividad. Con el tiempo, Andrew y Triana llegaron a la conclusión de que no podían ignorar su origen y el de su compañero porque éste revelaba quienes eran.

Triana era una mujer que, sin darse cuenta, satisfacía el papel de la mujer condicionada por el mundo **patriarcal**[3]. Tenía una obsesión por ser

---

[1] **el uno para el otro:** one for the other
[2] **provechoso:** beneficial
[3] **patriarcal:** chauvinistic

madre biológica y servir como esposa **digna**[1] y **atenta**[2], ya que éstos eran los valores que sus padres le habían asignado. Durante los cincuenta, se esperaba que las mujeres mantuvieran buenos **modales**[3] en casa y en la comunidad donde vivían, y el papel de la mujer se limitaba a ser una buena madre y esposa. Estas expectativas crearon un tremendo conflicto para Triana, una mujer de primera generación española-estadounidense. Sus padres habían escapado de la Guerra Civil Española y la dictadura del general, Francisco Franco, el militar que resultó ganador de esta **sangrienta**[4] **batalla**[5]. Este hombre fue recordado en España por su control autoritario y su brutal **mano dura**[6] hasta que murió. Los padres de Triana **huyeron**[7] del país aterrorizados por la opresión que se vivía en Sevilla. Sin embargo, este **hecho**[8] no pudo impedir que ellos dejaran una **huella**[9] en la crianza de su hija. Triana no pudo escapar de la rigurosa y conservadora **conducta**[10] de la época. Sus padres habían **heredado**[11] las tradiciones que se **remontaban**[12] a la era de la Inquisición española, y como única hija, ella terminó absorbiendo el ideal **inalcanzable**[13] que sus padres le habían **engendrado**[14]. **Por consiguiente**[15], Triana luchó toda su vida por conseguir la libertad. Combatió, al igual que sus padres, la constante lucha que ellos habían vivido durante la guerra en España: guerra entre conservadores nacionalistas y liberales republicanos. Triana no comprendía cómo sus padres habían escapado de la opresión de un dictador como Franco; no obstante, habían encontrado la manera de aplicarle con fanatismo la misma doctrina a ella.

El problema era que Triana aplicaba con resentimiento los valores que

---

[1] **digna:** worthy
[2] **atenta:** thoughtful
[3] **modales:** manners
[4] **sangrienta:** bloody
[5] **batalla:** battle
[6] **mano dura:** to be tough
[7] **huir:** run away
[8] **hecho:** fact
[9] **huella:** print
[10] **conducta:** behavior
[11] **heredado:** inherited
[12] **remontar:** to go back to
[13] **inalcanzable:** unreachable
[14] **engendrar:** to engender/to lead to
[15] **por consiguiente:** thus

le habían asignado sus padres. Así que vivía reaccionando ante la autoridad, tratando de **desafiarla**[1], pero terminaba conformándose porque la crianza continuaba marcando su existencia. Trataba de probarles a los demás que era libre, **mas**[2] les atribuía a sus padres el fracaso de no poder liberarse. Triana no se daba cuenta de que el resentimiento era realmente la **fuente**[3] de su limitación.

En una ocasión, me dijo que ella **cargaba**[4] la frustración que sus padres habían acumulado por haber tenido que partir de Sevilla.

—**No veía la hora**[5] de **huir**[6] de casa, Marcelino. No quería vivir bajo el control de mis padres.

—¿Quieres verlos ahora? —le pregunté.

—Pienso en ellos con frecuencia, Marcelino. Siempre pienso en ellos.

Desafortunadamente, para ellos, Triana huyó de casa para casarse con mi padre adoptivo, Andrew Joseph Weber, un hombre revolucionario, que cultivaba y promovía la libertad de pensamiento. Así que para Triana, mi padre se convirtió en un liberador y un astuto y apasionado amante. Triana se enamoró locamente de él; la admiración que sentía por Andrew era extraordinaria.

Andy, como solía llamarlo mi madre, era un hombre progresista y de descendencia alemana occidental. Sus ancestros se habían **mudado**[7] a Pittsburg, Pensilvania, en busca de liberación política y religiosa, peculiaridad que marcó a Andrew **de por vida**[8]. Sus padres eran revolucionarios, abiertos y aventureros. También tenían un espíritu loco por descubrir el mundo. Así que Andrew vivió una vida sin preocuparse del *¿qué dirán?*[9] o de los **principios**[1] o

---
[1] **desafiar:** to challenge
[2] **mas:** but
[3] **fuente:** source
[4] **cargar:** to carry
[5] **no ver la hora:** can't wait to....
[6] **huir:** run away
[7] **mudarse:** to move
[8] **de por vida:** for life
[9] **el ¿qué dirán?:** what people might say

expectativas que la sociedad pudiera **imponerle**[2]. Era un **revoltoso**[3] cuando **se trataba de**[4] respetar las restricciones sociales porque pensaba que la libertad le permitía al ser humano descubrir la invención y la buena labor, las dos fuerzas que lo llevaron a convertirse en un quiropráctico innovador. Él quería curar a muchas personas, especialmente aquéllas que estaban **dispuestas**[5] a **sanar**[6] y aliviarse, pero no aquéllas que disfrutaban de ser víctimas. Creía que podía ajustar y corregir una columna vertebral, **siempre y cuando**[7] el paciente estuviera dispuesto a equilibrar su propia vida, armonizando así el resultado y la recuperación total. La gente a su alrededor consideraba que Andrew era un quiropráctico cautivador, y esto lo **llevó a convertirse**[8] en uno de los especialistas más distinguidos en la ciudad de San Francisco y Sonoma. Su éxito y reconocimiento fueron privilegios que él mismo **aplaudió**[9] con orgullo hasta su muerte.

    Entre las cualidades que Andrew tenía, la **confianza en sí mismo**[10] era la más **sobresaliente**[11] para mí. El reconocía su función y su lugar en la sociedad sin complicaciones, pero ignoraba que algunas personas no habían tenido el mismo **apoyo**[12] y libertad para poder reconocer su potencial a temprana edad. Para mi padre, era casi imposible creer que ellos no veían su propio valor. Muchos lo consideraban **jactancioso**[13] porque no todos comprendían que la autoestima venía del interior. Se dejaban **arrastrar**[14] por la sociedad, la cual les dictaba, con perseverancia y obsesión, que no eran valiosos si no seguían un ideal impuesto por la misma sociedad. Por eso, muchos se

---

[1] **principios:** principles/beliefs
[2] **imponer:** to impose
[3] **revoltoso:** rebellious
[4] **tratarse de:** to be about
[5] **dispuesto/a:** willing
[6] **sanar:** to heal
[7] **siempre y cuando:** as long as
[8] **llevar a convertirse:** to (eventually) become
[9] **aplaudir:** to applaud
[10] **confianza en sí mismo:** trust in oneself
[11] **sobresaliente:** outstanding
[12] **apoyo:** emotional support
[13] **jactancioso:** boastful
[14] **arrastrar:** to drag

sentían **rechazados**[1] y/o perdidos. Así que le recordábamos a Andrew que la gente necesitaba más tiempo para evolucionar, o que simplemente requerían menos de esta gratificación que él parecía necesitar. Yo siempre pensé que mi padre vivía en un mundo avanzado, y que había nacido antes de tiempo. Siempre caminaba con un aire de convicción que paralizaba a cualquiera. No obstante, debo confesar que esta autoestima, a veces, lo **cegaba**[2] porque tendía a frustrarse con los otros. Triana le daba una palmada en la frente, recordándole que aquéllos que habían alcanzado el éxito no debían olvidar el proceso por el que habían pasado para llegar a la **superación**[3] y el **triunfo**[4]. Después de todo, era siempre más fácil ver la "**debilidad**[5]" del vecino y no la nuestra.

Pero en su defensa, Andrew **predicaba**[6] algo extraordinario: encontrar nuestra propia originalidad en todo. Siempre tendía a venderle a la gente sus mejores tácticas para alcanzar la excelencia y la novedad en todo.

—Por alguna razón, todos hemos nacido diferentes, Marcelino. Nadie podrá copiarte tu originalidad. ¡Busca tu sendero!

En su opinión, ser único era el regalo más grande de la vida. Estaba convencido de que todos podían alcanzar el éxito si descubrían su capacidad. Por esta razón, siempre festejó sus logros, a pesar de que esto no fue bien visto por aquéllos que experimentaban el fracaso. Así que tuvo grandes amigos y crueles enemigos, pero nada detenía a este revolucionario. Andrew era como una de esas rocas indestructibles; siempre luchaba por la superación.

Al principio, casarse con mi padre fue la salida perfecta para todas las frustraciones de mi madre. Ella tenía un trabajo respetable como cardióloga, lo cual era irónico porque se especializaba en diagnosticar y tratar enfermedades del corazón, mas no podía curar el suyo. Estaba convencida de que, finalmente,

---

[1] **rechazado:** rejected
[2] **cegar:** to make someone become blind
[3] **superación:** self-improvement
[4] **triunfo:** success
[5] **debilidad:** weakness
[6] **predicar:** to preach

era libre con Andrew, pero con el tiempo, los **desafíos**[1] continuaron aparecieron en su vida. Durante sus primeros años de matrimonio, pensaba que ser madre era uno de los objetivos para que una mujer **alcanzara**[2] completo bienestar y felicidad. Formar una familia "ideal" era su objetivo porque pensaba que sus padres no habían hecho un buen trabajo; sin embargo, lo que no calculó fue el desafío que el futuro le tenía: no poder concebir un hijo. Así que gran parte de su vida matrimonial consistía en **enfrentamientos**[3] y apasionados encuentros con Andrew por esta obsesión. Con el tiempo, empezó a reconocer que su terquedad era una réplica de la mentalidad de sus padres, siempre obsesionados cuando las cosas no resultaban de la forma en que ellos esperaban. Su personalidad revolucionaria, **enmascarada**[4] de **enojo**[5] y resentimiento, siempre le traía conflicto.

—Déjalo libre, Triana. Relájate. Respeta la naturaleza —le decía mi padre.

Hubo muchas ocasiones en las que Andrew se sintió consumido en la **pelea**[6], tratando de convencerla de que ellos no tenían control sobre las circunstancias. Sin embargo, un día se le ocurrió que era una cuestión de tiempo para que Triana comprendiera que tenía que renunciar al ideal de ser madre y una buena esposa, porque ella ya era extraordinaria para él. Entonces, él decidió acompañarla para que visitara todo tipo de especialistas en fertilidad. Andrew quería demostrarle que su **apoyo**[7] era incondicional. Como resultado, visitaron doctores semanalmente, y en poco tiempo, Andrew se convirtió en un experto en métodos para la **fecundación**[8], lo cual era sarcástico, ya que él mismo no **fomentaba**[9] la idea de controlar o ir en contra de la naturaleza.

---

[1] **desafío:** challenge
[2] **alcanzar:** to reach
[3] **enfrentamiento:** confrontation
[4] **enmascarado/a:** masked
[5] **enojo:** anger
[6] **pelea:** fight
[7] **apoyo:** emotional support
[8] **fecundación:** fertilization
[9] **fomentar:** promote

No obstante, lo **inesperado**[1] ocurrió una noche mientras Andrew leía en su cama y Triana **se acercó**[2] para confesarle lo siguiente:

—Estoy cansada de luchar conmigo misma y de forzar este embarazo. También estoy cansada de sentir este resentimiento hacia mis padres.

Sorprendido por esta revelación, mi padre se levantó de la cama sin poder decir una palabra. Le abrió los brazos y le dijo en **voz baja**[3]:

—Cuenta con mi amor incondicional, Triana.

—Nada más quiero ser aceptada por mis padres, por la sociedad y por ti.

—Pues no tienes que hacer nada más. Hoy has sido aceptada para siempre.

En ese momento, mi padre comprendió que Triana había estado **atrapada**[4] en una **celda**[5] que ella misma había creado, pero también reconoció que él había contribuido, parcialmente, con esta obsesión. En suma, él siempre había tratado de convencerla de que ella podía vivir feliz sin un hijo, no comprendiendo que no era eso lo que ella quería. Esa noche, Triana lloró porque sintió que había descubierto la **raíz**[6] de su conflicto.

—¡Ya no puedo más conmigo misma! —se dijo.

Después de la conversación con Andrew, Triana salió para verificar si había correo postal en el **buzón**[7], y fue justamente ésa la noche cuando me encontró en un **cesto**[8] fuera de su casa en los **escalones**[9]. Mi madre me

---

[1] **inesperado:** unexpected
[2] **acercarse:** to approach
[3] **voz baja:** to speak in a low voice
[4] **atrapado/a:** trapped
[5] **celda:** cell
[6] **raíz:** root
[7] **buzón:** mailbox
[8] **cesto:** basket
[9] **escalón:** step

confesó que pasaron muchos años para que ella comprendiera que yo había aparecido en su casa porque ella había liberado el **sueño**[1] de ser madre biológica, permitiéndome a mí entrar en su mundo. La desaparición de ese ideal abrió la puerta para que la sabia naturaleza acomodara mi venida. Triana no reconoció el **milagro**[2] esa noche, **sino**[3] nueve años después cuando me visitaron en la agencia.

Comprensión de lectura

¿Cierto o falso? Corrija las afirmaciones falsas.

1. Triana y Andrew tenían personalidades muy diferentes. C o F
2. Triana siempre quiso ser madre biológica. C o F
3. Los padres de Triana eran muy estrictos y conservadores. C o F
4. Los padres de Triana vinieron a Estados Unidos específicamente para ganar mucho dinero. C o F
5. Triana escapó de casa para casarse con Andrew. C o F
6. Andrew era un hombre revolucionario. C o F
7. Andrew tenía descendencia irlandesa. C o F
8. Andrew era quiropráctico. C o F
9. Andrew tenía una mentalidad avanzada. C o F
10. Triana era quiropráctica como Andrew. C o F
11. Andrew no quería tener hijos. C o F
12. Triana tomó muchos tratamientos para tener un bebé. C o F
13. Andrew fue la persona que encontró a Marcelino en las gradas de su casa. C o F
14. Triana finalmente aceptó que no podía ser madre biológica. C o F

Preguntas de discusión:

1. Compare las personalidades de Triana y Andrew. ¿Cómo es cada uno?

---

[1] **sueño:** dream
[2] **milagro:** miracle
[3] **sino:** rather

2. En su opinión, ¿cómo afectó la crianza que le dieron los padres a Triana? ¿Cómo eran los padres de Triana? ¿Qué valoraban?
3. ¿Cómo son sus padres, estrictos (como los de Triana) o relajados? Explique.
4. ¿Cree usted que Triana estaba obsesionada por ser madre biológica? Explique.
5. ¿Por qué vinieron los padres de Triana a Estados Unidos? ¿Viviría usted en otro país? Explique su respuesta.
6. ¿Qué pasó cuando Triana salió de su casa para revisar si había correo en el buzón? Narre la escena.

Capítulo 6

Cuando Triana y Andrew me adoptaron, Andrew pensó que era importante que yo conociera a mis abuelos maternos, Felipe y Alejandrina. Andrew sentía una enorme compasión por ellos, especialmente después de haber compartido momentos especiales conmigo. La experiencia le había permitido comprender el profundo amor que un padre podía sentir por un hijo. Además, el **enojo**[1] y el resentimiento que Triana sentía hacia sus padres se habían convertido en una **especie**[2] de nostalgia, y su deseo de compartirme con el mundo era inmenso. Triana se había dado cuenta de que ser madre era una ocupación difícil, y que era casi imposible no imponerme sus propios valores a mí. La vida le había enseñado que dejar libre a un hijo no era una tarea tan sencilla como ella suponía. Poco a poco, empezó a cultivar la capacidad de ser abierta, y comenzó a comprender, con totalidad, los **desafíos**[3] que se presentaban durante la crianza de un hijo. Además, yo visitaba a mis abuelos

---

[1] **enojo:** anger
[2] **especie:** type
[3] **desafío:** challenge

paternos con frecuencia. Así que ella podía **presenciar**[1] la felicidad que un nieto podía traerles a sus abuelos. Los padres de Andrew siempre parecían disfrutar mucho de mi compañía.

  Felipe y Alejandrina tenían un restaurante llamado La Bodega Sevillana, situado en la calle Valencia en la ciudad de San Francisco. Ellos habían diseñado un menú para los amantes de las tapas y los vinos españoles. Servían **paella**[2], **gazpacho**[3], **jamón serrano**[4], **tortilla española**[5], **boquerones**[6], **croquetas**[7] y la mejor **sangría**[8] de la Bahía. El restaurante también era popular porque servían vino de los barriles. Entonces, la bodega atraía bebedores de vinos, no sólo de San Francisco, sino de todas partes del mundo. El factor extraordinario de todo esto era que los padres de Triana habían comenzado su negocio con solamente $75 en su bolsillo. Ésa fue la cantidad de dinero que habían traído de España. Inicialmente, para poder pagar las cuentas, Alejandrina cuidaba niños en una **guardería**[9] y limpiaba casas en la ciudad. Felipe, por su parte, tenía tres trabajos como guardia de seguridad. Estos fueron trabajos **pesados**[10] y **laboriosos**[11], pero transitorios porque ellos tenían un objetivo en mente: tener su propio negocio. Afortunadamente, Felipe y Alejandrina fueron lo suficientemente disciplinados para ahorrar dinero y tener buena **línea crediticia**[12], lo cual les permitió conseguir un **préstamo**[13] para abrir un restaurante español.

  Al principio, Alejandrina y Felipe les vendían comida solamente a los trabajadores de construcción en la ciudad porque el restaurante se encontraba en una zona industrial, pero la comida llegó a ser tan popular y valiosa que

---

[1] **presenciar:** to witness
[2] **paella:** dish from Spain (made of rice and meats)
[3] **gazpacho:** Spanish tomato soup
[4] **jamón serrano:** ham (dry-cured) popular in Spain
[5] **tortilla española:** Spanish omelette
[6] **boquerones:** Spanish tapa (anchovies)
[7] **croquetas**: Spanish tapa (breadcrumbed tapa with different fillings)
[8] **sangría:** Spanish drink made out of wine and fruit
[9] **guardería:** daycare
[10] **pesado:** rough
[11] **laborioso:** tough
[12] **línea crediticia:** credit line
[13] **préstamo:** loan

tuvieron que pasar su negocio a un sitio más elegante y distinguido. Con el tiempo, su cocina española y su **cava**[1] de vinos, La Bodeguita, se convirtió en un restaurante español de prestigio llamado La Bodega Sevillana. Este restaurante era particularmente popular por los músicos que tocaban melodías españolas. Con frecuencia, Alejandrina y Felipe empleaban artistas de España para compartir su festiva y expresiva cultura del sur: los bailarines de flamenco y sus virtuosos guitarristas. El restaurante **permanecía**[2] siempre abierto hasta altas horas de la noche, especialmente los fines de semana, donde grupos de amigos se reunían para **deleitarse**[3] con los nuevos platillos y las famosas tapas. Los residentes del barrio disfrutaban particularmente las sevillanas: la música y baile folclórico de Andalucía, donde Felipe y Alejandrina habían pasado su niñez y su juventud.

No era de sorprenderse que el negocio se convirtiera en un restaurante de éxito. Alejandrina y Felipe ofrecían lo mejor de Sevilla: una ciudad bohemia y famosa por sus celebraciones y su vitalidad. Sevilla contaba con el flamenco, la **tauromaquia**[4], los **gitanos**[5], las procesiones religiosas, las tapas, el **vino jerez**[6] y el legado de los moros. La presencia de estos exploradores había cambiado España para siempre. En esencia, los árabes modificaron la cocina, la lengua, la religión y las normas sociales del país porque permanecieron en el poder durante setecientos años. **No fue sino hasta**[7] el siglo XV cuando Fernando de Aragón e Isabel de Castilla (Reyes católicos) se casaron y reconquistaron España bajo el dominio y autoridad de la **Inquisición española**[8]. Para Alejandrina y Felipe, Sevilla era el producto de esta rica historia y **herencia**[9] cultural. Así que ellos querían ofrecerles esta vitalidad a sus clientes, trayéndoles exquisita comida, vino y música en La Bodega Sevillana.

---

[1] **cava:** wine cellar
[2] **permanecer:** to remain/to stay
[3] **deleitarse:** to enjoy/to take pleasure
[4] **tauromaquia**: bullfighting
[5] **gitano:** gypsy
[6] **vino jerez:** sherry wine
[7] **no fue sino hasta:** it was not until…
[8] **Inquisición española:** intolerance of other religions in Spain during XV-XIX centuries
[9] **herencia:** heritage

Todas estas tradiciones pesaban enormemente para Triana, ya que ella cargaba en sus hombros la responsabilidad de mantener vivos estos valores. Cuando era niña, sus padres la obligaban a participar en todos los eventos sociales relacionados con la cultura española. Ellos tenían amigos españoles en San Francisco, lo que les permitía rescatar algunas de sus tradiciones, pero para Triana, estos valores eran irrelevantes porque ella los vivía fuera del contexto cultural, ya que residía en Estados Unidos; no en España.

—Mamá yo no quiero ir a esa misa católica en español.

—No digas eso. Te vas a ir directico al **infierno**[1]. Prepárate porque vamos pa' la iglesia.

La iglesia católica no tenía sentido para Triana. Ella no sentía la devoción que sus **creyentes**[2] parecían tener; sin embargo, sus padres estaban convencidos de que su obligación era transmitirle y conservar las tradiciones y la disciplina. Así que Triana estaba atrapada y aislada del resto de los niños en el vecindario porque ellos no compartían sus mismas costumbres. Ése era el resentimiento que Triana cargaba en su corazón. No fue sino hasta después de muchos años que visitó Sevilla donde descubrió el valor que tenían estas tradiciones en la vida de Felipe y Alejandrina en Andalucía. Triana comprendió por qué los rituales de la iglesia católica y el creer en un Ser Superior eran tan importantes para ellos. Ser testigo de las procesiones de Semana Santa en Sevilla hizo que Triana reconociera que sus padres habían sido **criados**[3] católicos, y que eso era lo que identificaban y reconocían como normal. Además, comprendió que las prácticas de sus padres no tenían que tener necesariamente un valor **transcendental**[4] en su vida, y que tampoco tenía que **condenarlas**[5]. Con el tiempo, Andrew **aprovechó**[6] el estado emocional de Triana para convencerla de que debía buscar a su familia. Él consideraba que había llegado la hora de reconciliarse con su pasado.

---

[1] **infierno:** hell
[2] **creyente:** believer
[3] **criado:** brought up
[4] **transcendental:** significant/spiritual
[5] **condenar:** to condemn
[6] **aprovechar:** to take advantage of (to make the most of)

—Es hora de que busques a tus padres, Triana. También es importante que Marcelino conozca a sus abuelos —le dijo.

Triana no le respondió de inmediato, pero gradualmente, se dio cuenta de que no había otra salida si quería encontrar un equilibrio emocional. El deseo de compartir su vida con su familia se había convertido en una necesidad conforme **maduraba**[1] como mujer y como madre. Para los eventos importantes, como su cumpleaños o la navidad, sentía una tremenda nostalgia, y se veía **añorando**[2] el calor y el apoyo de sus padres. Se dio cuenta de que ella no tenía el poder ni el derecho de cambiarlos. Además, ya se había cansado de luchar contra ese **engañoso**[3] ideal que trataba de defender. Esa ambición realmente existía solamente en su mente. Así que un día decidió hacerle frente a su pasado y visitar a sus padres en el restaurante que, para entonces, era famoso en toda la ciudad.

—Marcelino, he decidido buscar a mis padres esta noche.

—¿Puedo ir contigo, Triana? Por favor, llévame contigo —insistí con **terquedad**[4].

—La próxima vez, Marcelino. Te lo prometo.

—Llévalo, Triana —le suplicó mi padre **giñándome el ojo**[5] para hacerme saber que él aprobaba mi deseo—. Sus abuelos merecen conocer a su nieto. Una vez que lo vean, todo cambiará. ¡Ya verás!

—Andrew, creo que no lo comprendes. Tengo que enfrentar a mis padres sola. Te prometo llevar a Marcelino la próxima vez —respondió Triana.

Y con estas palabras, comprendimos que ella tenía pendiente una conversación con ellos **a solas**[6], y que mi presencia tenía que esperar. Así que

---

[1] **madurar:** to mature
[2] **añorar:** to miss/to long for
[3] **engañoso:** misleading
[4] **terquedad:** stubbornness
[5] **giñar el ojo:** to wink
[6] **a solas:** alone

partió esa noche, dejándonos, a mi padre y a mí, con la **incógnita** [1] de lo que pasaría con mis futuros abuelos españoles.

Afortunadamente, Alejandrina y Felipe estaban en el restaurante la noche que Triana decidió aparecerse de sorpresa. Por una de esas intuiciones de madre, Alejandrina presintió que algo extraordinario iba a pasar. **De tal modo que**[2] se vistió de **sevillana**[3]…. con el **mantoncillo**[4], el **abanico**[5], el vestido **de lunares**[6], la flor, la **peineta**[7] en su cabeza y los zapatos de flamenco. Éstos eran los distintivos que caracterizaban a las bailarinas sevillanas. Alejandrina se miró al espejo y sintió una convicción poderosa, como si fuera a enfrentar una bestia en la plaza de toros. Su corazonada revelaba que algo **inesperado**[8] iba a suceder y debía prepararse.

Esa noche, se presentaba en el restaurante un guitarrista y cantante famoso, Abelardo Bartolomé, un discípulo del **célebre**[9] músico y artista de flamenco, Paco de Lucía. Abelardo venía acompañado por una bailarina y un grupo de "**cantaores**[10]" y músicos que interpretaban el flamenco de una forma única. El grupo se llamaba Creencias y Tradiciones, el cual ofrecía lo mejor de Andalucía: canto, baile y poesía. La "**bailaora**[11]" tenía solamente diecinueve años, pero hacía llorar a la audiencia por la belleza y pasión que transmitía. Para cuando Triana entró al restaurante, toda la audiencia formaba parte del espectáculo:

—¡Venga! ¡Olé! ¡Olé! —cantaba y gritaba todo el mundo.

Triana quedó paralizada, recordando y reviviendo su niñez. La música la detuvo en el tiempo. Era como regresar. Así que contempló e internalizó la

---

[1] **incógnita:** unknown
[2] **de tal modo que:** so that
[3] **sevillana:** native of Seville Spain (dressed as a flamenco dancer)
[4] **mantoncillo:** shawl
[5] **abanico:** fan
[6] **de lunares:** polka dots
[7] **peineta:** ornamental comb
[8] **inesperado:** unexpected
[9] **célebre:** famous
[10] **cantaores:** flamenco singers
[11] **bailaora:** flamenco dancer

nostalgia que sentía sin importarle lo mucho que había sufrido antes. Ya nada importaba. Era más importante encontrar la paz.

Unos minutos después, los cantantes anunciaron su próxima canción, *El Reencuentro*, una melodía dedicada a los hijos que regresaban a su **patria**[1] después del exilio causado por la Guerra Civil Española. La canción **conmovió**[2] a Triana porque en ese momento comprendió que ella regresaba de una guerra que ella había **sostenido**[3] contra sus padres. Así que después de escuchar la canción, se acercó lentamente a ellos y los abrazó en silencio, sintiendo una armonía que hacía mucho tiempo no sentía. Sin pensarlo, se conectó con ellos en una forma profunda, comprendiendo lo que yo había sentido el día que ella me rescató en la agencia de adopción. Sus padres la recibieron con los brazos abiertos, sin resistirse, de la misma forma en que ella me había recibido a mí. Triana reconocía el **milagro**[4], y sabía que no había palabras para expresar lo que sentía; la vida le había revelado el camino del **desahogo**[5]. Luego de besarse y abrazarse sin cesar, Triana les dijo:

—Tenéis que conocer a Marcelino y a Andrew. ¡Son muy **majos**[6]!

—¡Claro! Tenemos el resto de nuestras vidas para hacerlo —dijo Felipe.

Triana se abrió con espontaneidad, contándoles sobre la vida que llevaba con Andrew y conmigo. Por su parte, Alejandrina y Felipe escuchaban atentamente y maravillados por el crecimiento y la transformación de Triana y, como si el tiempo no hubiera pasado, todos los años de **enfrentamientos**[7] se evaporaron en un instante. Se abrazaban y besaban una y otra vez, llorando **a intervalos**[8] porque no podían creer que estaban juntos otra vez.

---

[1] **patria:** homeland
[2] **conmover:** to move/to touch
[3] **sostener:** to maintain
[4] **milagro:** miracle
[5] **desahogo:** relief
[6] **majo:** easy-going (in Spain)
[7] **enfrentamiento:** confrontation
[8] **a intervalos:** on and off

—Finalmente juntos —repetía Felipe, secándose las lágrimas con los **puños**[1] de su camisa.

Después de ese extraordinario encuentro, crecí visitando y compartiendo mi vida con mis cuatro abuelos. Naturalmente, siempre había una especie de **choque**[2] porque mis abuelos españoles querían convertirme al catolicismo con fanatismo, pero eso nunca sucedió porque mis abuelos paternos estaban siempre listos para recordarles que yo había venido a este mundo libre y sin religión. Sin embargo, Alejandrina no concebía la idea de que yo no fuera católico. Por eso, siempre sugería:

—Marcelino, ¿quieres ir con nosotros a la iglesia mañana?

—No, él quiere jugar en el parque, como los otros niños —respondía mi otra abuela.

Siempre había una rivalidad entre los abuelos que salía a la superficie constantemente. ¡Ja, ja! Todos intentaban influenciarme y convencerme de sus ideales, **acaparándome**[3] para venderme ideas opuestas. Así que aprendí a escuchar con diplomacia, tratando de encontrar un término medio, lo cual fue útil para mí. Esta práctica me dio la oportunidad de desarrollar una perspectiva más amplia. La vida me había dado abuelos que me ofrecían fuerzas contradictorias. Era como observar la coexistencia entre el yin y el yang, las dos energías que se complementan y se oponen a la vez. Me sentía en el medio de todo porque mis abuelos intervenían en mi vida continuamente, pero supongo que para eso son los abuelos. ¡Ja, ja! Así que tuve que aprender a decir: "que no" sin sentirme **culpable**[4]. Claro, ésta fue una labor difícil porque, en una forma egoísta, yo disfrutaba de la aprobación que ellos me ofrecían. Me encantaba verlos discutir por mí. Eso me traía una enorme satisfacción, ya que yo había **carecido**[5] de atención paternal durante mis primeros años, y el hueco emocional era siempre muy grande.

---

[1] **puño:** fist
[2] **choque:** clash
[3] **acaparar:** to control
[4] **culpable:** guilty
[5] **carecido:** to be lacking

Entonces, crecí observando y riéndome al ver competir a mis abuelos por mi atención. Con el tiempo, empecé a pensar que las ideologías e ideas que me vendían tenían un origen universal porque todas parecían predicar el mismo mensaje. Para mí no había una idea mejor que la otra, simplemente eran expresadas en una forma diversa. En poco tiempo, me convertí en una especie de equilibrio entre ellos porque no había resistencia de mi parte. No me importaba lo que pensaran o dijeran porque todos me ofrecían una aceptación y un amor incondicional, y eso era lo que yo necesitaba como niño.

Comprensión de lectura

¿Cierto o falso? Corrija las afirmaciones falsas.

1. Andrew quería que Marcelino conociera a sus abuelos españoles. C o F
2. Triana piensa que ser madre es una tarea fácil. C o F
3. Marcelino visitaba a sus abuelos paternos. C o F
4. Felipe y Alejandrina tenían un restaurante español. C o F
5. La salsa es el baile folclórico de Andalucía, España. C o F
6. Los árabes conquistaron España por aproximadamente 700 años. C o F
7. Los padres de Triana eran protestantes. C o F
8. Triana rechazaba la iglesia católica. C o F
9. Triana visitó el restaurante de sus padres para celebrar su cumpleaños con ellos. C o F
10. Alejandrina estaba vestida de sevillana el día que Triana fue a buscarlos al restaurante. C o F
11. Triana se reconcilió con sus padres inmediatamente después de que los vio. C o F
12. Marcelino conoció a sus nuevos abuelos españoles. C o F

Preguntas de discusión:

1. ¿Qué descubre Triana con respecto a ser madre? ¿Por qué empieza a sentir una nostalgia con respecto a sus padres?

2. En su opinión, ¿por qué es importante que un niño mantenga buenas relaciones con sus abuelos? ¿Cómo se benefició Marcelino de la interacción y la compañía de sus cuatro abuelos?
3. ¿Qué tipo de restaurante es La Bodega Sevillana? Descríbalo. ¿Por qué las personas lo visitan con frecuencia?
4. ¿Le gusta comer en restaurantes donde sirven comida de otros países como en La Bodega Sevillana? Explique.
5. ¿Cómo resolvió Triana el conflicto con sus padres, Felipe y Alejandrina? Sea específico. Narre la escena.

Capítulo 7

Debo admitir que una de las personas que marcó mi vida fue mi abuela española, Alejandrina, la cual **solía**[1] describir con gran detalle la vida que había vivido en Sevilla, España. Sus historias siempre me hipnotizaban porque todas manifestaban una nostalgia y un **anhelo**[2] por estar en ese lugar especial que ella llamaba hogar. Al escuchar sus anécdotas y sus aventuras, tuve la oportunidad de conocer y visitar Sevilla en una forma diferente. Tenía que imaginarme todo: la gente, los eventos, los **ruidos**[3], la comida, el tráfico —en suma— el lugar donde Alejandrina había crecido. Me fascinaba el entusiasmo con que contaba sus historias porque algo dentro de mí también anhelaba esta conexión con mis propias **raíces**[4]. Cuando la escuchaba, sentía que me transportaba a un mundo donde podía soñar con un pasado ideal.

Alejandrina estaba **dispuesta**[5] a contarme todas sus anécdotas, pero

---

[1] **soler:** to be accustomed to
[2] **anhelo:** a wish/a longing
[3] **ruido:** noice
[4] **raíz:** root
[5] **dispuesta:** willing

había una condición: siempre las narraba en español. ¡Jamás en inglés! Así que tuve que aprender a hablar y a escribir en esta lengua, la cual Alejandrina me enseñaba con gran dedicación. Ella tenía la paciencia y la habilidad de simplificar reglas gramaticales y listas de vocabulario como si el aprender una lengua fuera un juego. A los pocos meses, ya yo podía sostener una conversación con ella. Adicionalmente, me ayudaba con la tarea de la escuela, lo cual nos permitía aprender juntos sobre temas relevantes y de actualidad. A cambio, yo tenía que leerle la Biblia porque ella **padecía**[1] un poco de **ceguera**[2] debido a la **vejez**[3]; la pobre no podía leer por mucho tiempo. Y por supuesto, esta abuela **aprovechaba**[4] la ocasión —de que no estuviera presente mi otra abuela— para tratar de convertirme en un religioso católico mientras **compartíamos**[5] nuestra hora de lectura. Sin embargo, eso nunca **sucedió**[6] porque yo siempre le cuestionaba las contradicciones de los creyentes. Ella **se asustaba**[7] por la honestidad de mis preguntas y las observaciones **atrevidas**[8], pero se controlaba para no enojarse ni ofenderse. Sabía que no podía prohibirme ser yo mismo y tener mis **propias**[9] ideas. **Por sobre todo**[10], no quería perderme como nieto. Así que **gozábamos**[11] de nuestro tiempo juntos, y se reía descontroladamente de mis reacciones y opiniones de pasajes bíblicos porque finalmente comprendía que un niño veía el mundo sin restricciones.

De acuerdo con Alejandrina, su **ejemplar**[12] país —España— estaba viviendo una especie de transición en los años setenta. El país había sobrevivido, de alguna forma, a la dictadura de Francisco Franco por cuarenta años, pero después de la muerte de este general, mis abuelos concluyeron que España estaba políticamente más estable; no obstante, la realidad era otra. La

---

[1] **padecer:** to suffer
[2] **ceguera:** blindness
[3] **vejez:** old age
[4] **aprovechar:** to take advantage
[5] **compartir:** to share
[6] **suceder:** to happen
[7] **asustarse:** to get scared
[8] **atrevida:** daring/imprudent
[9] **propias:** own
[10] **por sobre todo:** above all
[11] **gozar:** to have fun
[12] **ejemplar:** ideal

transición hacia la democracia se extendió por varios años porque después de la dictadura, la implementación de esta constitución social-demócrata fue realmente gradual. La gente arrastró el trauma, la escasez humanitaria y la insuficiencia económica por años. Aun así, Alejandrina **guardaba**[1] una imagen ideal de su niñez en Sevilla.

—Cuando **ves** el **casco**[2] histórico de Santa Cruz en Sevilla, Marcelino, entiendes lo que el poeta, Luis de Peraza quiso decir cuando recitaba: 'Quien no ha visto Sevilla, no ha visto maravilla'.

Nada paraba a Alejandrina cuando empezaba a **jactarse**[3] de España. Hablaba del humor de los **andaluces**[4] y la visión revolucionaria que poseían hacia la vida. Vivían el momento y lo disfrutaban. No les importaba el mañana porque en su mente el futuro no existía. En retrospectiva, posiblemente los españoles habían desarrollado la capacidad de gozar los momentos agradables, ya que habían sufrido muchas guerras y conquistas. Parecían tener una perspectiva panorámica del mundo, y tenían muy claro que la paz podía acabarse en cualquier momento. Así que estos sevillanos aprendieron a adaptarse y a disfrutar del presente con muchas culturas que coexistieron por siglos.

Entre las anécdotas que Alejandrina compartió conmigo, la más cómica fue la de su última visita a Sevilla durante los años setenta. La primera cosa que ella y Felipe hicieron, después de que el avión **aterrizó**[5] en Sevilla, fue tomar el bus público del aeropuerto al distrito histórico. Alejandrina todavía tenía muchos **parientes**[6] que vivían allí; así que ése fue su primer destino.

Creo que Alejandrina y Felipe habían olvidado lo divertido que era tomar el autobús con los turistas y **oriundos**[7] de Sevilla. Por un lado, los

---

[1] **guardar:** to keep
[2] **casco:** historical center
[3] **jactarse:** to boast
[4] **andaluz:** Andalusian (native from Andalusia, Spain)
[5] **aterrizar:** to land
[6] **pariente:** relative
[7] **oriundos:** locals

sevillanos no dejaban de **empujar**[1] y **gritar**[2] para poder subirse al autobús. Por otro lado, los viajeros formaban una fila perfecta, y no comprendían la dinámica de empujar y gritar para poder entrar en el bus. "¡**Naa ha cambiao**[3]!" —pensaba Alejandrina. Todos usaban los codos y su equipaje para avanzar y llegar de primeros al autobús:

—Tú empujas, Marcelino, simplemente empujas.

—¿Por qué abuela?

—¡Porque así es, Marcelino! ¡Tú empujas y ya!

Cuando todo el mundo había podido finalmente subirse al autobús, el conductor continuaba pidiéndoles a los pasajeros que hicieran más espacio para el resto de los viajeros. En otras palabras, tenían que **estrujarse**[4] para acomodar a las demás personas. Sin embargo, llegó el momento en que el bus empezó a **llenarse**[5] tan rápidamente que todos empezaron a preguntarse dónde este chofer iba a **meter**[6] un pasajero más. **Con todo y eso**[7], el chofer insistió en que cooperaran.

—Entren **pa' entro**[8] —decía.

Básicamente, él quería que los pasajeros **entraran a la fuerza**[9] y que todos se hicieran invisibles. ¡Ja, ja!

En ese momento, todos los pasajeros empezaron a reírse porque no sabían dónde colocarse; ya todos parecían **sardinas enlatadas**[10]. Espontáneamente, un pasajero chistoso gritó:

---

[1] **empujar:** to push
[2] **gritar:** to shout
[3] **Naa ha cambiao:** Nada ha cambiado
[4] **estrujarse:** to squeeze together
[5] **llenarse:** to get full
[6] **meter:** to place
[7] **con todo y eso:** despite all that
[8] **pa'entro:** para dentro (get in)
[9] **entrar a la fuerza:** to enter by force
[10] **sardinas enlatadas:** canned sardines

—Asegúrese de que los pasajeros sean delgaditos y pequeñitos de **estatura**[1] porque aquí ya no cabe nadie.

—**Toavía**[2] hay mucho campo, señores y señoras —respondió el chofer.

De repente y en coro, todos los pasajeros se empezaron a estallar de risa. Cada vez que una persona tenía que bajarse del autobús, la mitad de los pasajeros tenía que hacerlo también para que la persona pudiera salir. Además, tenían que ayudar a pasar el equipaje por encima de todos como si estuvieran pasando platillos en un restaurante. Alejandrina pensó que la escena era una comedia perfecta para un teatro. Este incidente la marcó en una forma positiva por muchos años, y la hizo reír con placer, especialmente durante momentos difíciles en su vida.

Creo que la actividad favorita que disfruté más con mi abuela era ver y escuchar por tele a la lectora de cartas del Tarot, que siempre **se jactaba**[3] de su conocimiento, tirando e interpretando las cartas del **árbol de la vida**[4] y la **cruz mágica**[5]. Esta astuta mujer tenía un programa llamado *Tele-ayuda* donde invitaba a sus **televidentes**[6] y obtenía información esencial para hacer sus predicciones. Siempre empezaba su programa diciendo:

—Las cartas me dicen que **usté**[7] tiene un dilema. Cuénteme.

Seguidamente, uno de los participantes en la audiencia le revelaba sus problemas ofreciéndole información para que ella pudiera "leerle" las cartas. Usaba su sentido común para hacer predicciones calculadas, y aprovechaba la información **clave**[8] que las personas le habían ofrecido.

---

[1] **estatura:** height
[2] **toavía:** todavía (still)
[3] **jactarse:** to boast
[4] **árbol de la vida:** tree of life
[5] **cruz mágica:** magic cross
[6] **televidentes:** viewer
[7] **usté:** usted
[8] **clave:** key

Alejandrina siempre decía:

—Todos queremos que nos escuchen, Marcelino. ¡Así somos los humanos!

Claro, ése era el éxito del programa. La leedora sabía escuchar a sus televidentes, haciéndoles sentir bien. Era muy astuta. Alejandrina y yo veíamos su programa todas las noches. De tal manera que aprendimos a "predecir" el futuro como ella lo hacía. Veíamos el programa con atención, evaluando nuestros propios cálculos y riéndonos cuando esta hábil lectora nos sorprendía con una de sus predicciones brillantes e **inesperadas**[1]. Alejandrina siempre destacaba lo inigualables que eran los andaluces cuando escuchaba a esta mujer.

—Somos **ingeniosos**[2], cómicos, religiosos y muy supersticiosos, Marcelino.

Entre los suvenires que Alejandrina había traído de España la última vez que visitó Sevilla, había una colección de discos de la música del momento: Mari Trini, Serrat, Nino Bravo con su famosa canción *Un beso y una flor*, La Terremoto con su estreno *Achili pú* y Paco Paco que cantaba su famosa *Taka-Takata*, la canción favorita de Alejandrina. Esta canción llegó a estar en primer lugar y establecer un récord durante el verano que mis abuelos estuvieron en Sevilla y la Costa del Sol. Alejandrina cantaba esta canción todos los días sin parar. Era como su **himno nacional**[3]

Algunas veces sentía que me iba a volver loco. **De modo que**[4] paraba el **tocadiscos**[5] para prevenir que Alejandrina cantara con tanta pasión. Yo pensaba que ni los santos más **misericordiosos**[6] podían escucharla. ¡**Vaya voz**[7]! Alejandrina estaba convencida de que cantaba divinamente, pero no era el caso.

---

[1] **inesperada:** unexpected
[2] **ingenioso:** witty
[3] **himno nacional:** national anthem
[4] **de modo que:** so
[5] **tocadisco:** record player
[6] **misericordioso:** merciful
[7] **¡Vaya voz!:** What a voice!

Encima de todo[1], se enojaba si yo bajaba el volumen del tocadiscos o desconectaba su música, pero la verdad es que era imposible tolerar su voz. Bueno, debo confesar que era divertido escucharla cantar sin la música de fondo porque se podía apreciar el terrible talento que tenía. ¡Ja, ja! Siempre me miraba con **ojos de diabla**[2] si me acercaba al tocadiscos. Así que tenía que calcular mi estrategia para **apagar el aparato**[3].

Casi todos los momentos eran divertidos con Alejandrina, pero había algo en particular que la conmovía. Cuando Alejandrina escuchaba la canción *Mi querida España* de la cantante, Cecilia, Alejandrina lloraba en silencio, **añorando**[4] sus años dorados en Sevilla. Mi abuela era una **fiel**[5] española. En otras palabras, hablaba continuamente de sus amigos, su país, su cultura y la vida que había dejado atrás. En retrospectiva, creo que Alejandrina había salido de Sevilla, pero Sevilla nunca salió de ella. Con los años, me di cuenta de que compartir sus historias le permitió mantener vivos sus recuerdos. Ella apreciaba que yo la escuchara con tanto entusiasmo y, para mí, era **entretenido**[6] escuchar su música y sus anécdotas chistosas.

Esta abuela se alegró muchísimo durante su última visita a Sevilla porque vio a muchos andaluces y turistas regresar a su **tierra natal**[7] después de la dictadura. Eso quería decir que todo estaba regresando a la normalidad. Los **lugareños**[8] habían empezado a sentirse libres otra vez, como en los viejos tiempos. Alejandrina compartía, en forma de broma, que los turistas también regresaban y celebraban la **caída**[9] de la dictadura de Franco como la mayoría, pero que estos pobres viajeros no habían superado el maratón lingüístico que experimentaban cuando visitaban España. Todos parecían estar **extraviados**[10] porque no comprendían lo que los andaluces decían. Alejandrina misma ayudó

---

[1] **encima de todo:** on top of everything
[2] **ojos de diabla:** devil eyes
[3] **apagar el aparato:** turn off the appliance
[4] **añorar:** to long
[5] **fiel:** loyal
[6] **entretenido:** entertaining
[7] **tierra natal:** native land
[8] **lugareño:** local
[9] **caída:** fall
[10] **extraviado:** lost/confused

a muchos excursionistas que se sentían lingüísticamente perdidos por el dialecto andaluz. Ella pensaba que nada podía preparar a los viajeros para **enfrentar**[1] a estos **sureños**[2] que hablaban a la velocidad de la luz. Aspiraban y eliminaban la "s" al final de toda sílaba como en: *¿Cómo está*[h] *?* o *¿Cómo etá?*, lo cual era terrible para aquéllos que estaban aprendiendo la lengua y trataban de aplicar las reglas. Además, no pronunciaban la "d" entre vocales como en la palabra *nada*; la pronunicaban como *naa*. Yo soy **testigo**[3] de no haberles comprendido en muchas ocasiones a los amigos de Alejandrina y Felipe cuando venían a visitarnos. Ella les pedía constantemente que hablaran más despacio para que yo pudiera comprenderles, especialmente cuando usaban expresiones idiomáticas que sólo un genio podía descifrar: **¿A otro perro con ese hueso**?[4] Por Dios, "¿qué significa eso?" —pensaba yo.

Pero era **inútil**[5], el entusiasmo que sentían los amigos de Alejandrina y Felipe por contar sus anécdotas superaba el deseo de querer ayudarme con mi español. Así que tuve que aprender a tener paciencia y contar con mi abuela para las interpretaciones y explicaciones que siempre venían después de nuestras reuniones. Los encuentros con los amigos de Felipe y Alejandrina siempre concluían con las corridas de toros, las cuales me **mortificaban**[6] porque yo no comprendía cómo las personas podían sentir placer al matar un animal de la forma en que lo hacían. "¿Por qué hacer sufrir un animal?" —me preguntaba yo. Lo encontraba cruel y masoquista, pero sus conversaciones me hipnotizaban de igual forma. La curiosidad siempre controlaba mi apetito por saber lo desconocido y lo **debatido**[7] por los demás. No faltaban las pláticas sobre los toros **matones**[8] y cuántos habían visto morir cuando les **clavaban las lanzas**[9]. También se jactaban de haber conocido toreros famosos en Sevilla, quienes glorificaban la caminata que hacían desde su casa hasta la Maestranza, la

---

[1] **enfrentar:** to deal with
[2] **sureño:** southerner
[3] **testigo:** witness
[4] **a otro perro con el hueso:** go try that on somebody else
[5] **inútil:** useless
[6] **mortificar:** to be mortified
[7] **debatido:** debated
[8] **matón:** intimidating (aggressor)
[9] **clavar una lanza:** to spear

plaza de toros más antigua de España. Aparentemente, todos los toreros tenían que caminar de su casa hasta la plaza, haciendo un **recorrido**[1] solemne y **pomposo**[2]. Era parte del espectáculo y la tradición. Los amigos de Felipe y Alejandrina se rieron cuando Felipe compartió que en su último viaje descubrieron que los toreros modernos tomaban un taxi para ir a la Maestranza.

—¡Cómo han cambiao las cosas! La próxima vez que vayamos a Sevilla, vamos a ver a los toreros en motocicleta camino a la plaza —decían en forma de broma.

No cabía duda que todo había evolucionado, y que Sevilla ya no era la misma, pero estos amigos disfrutaban de la novedad y hacían chiste de todo. Uno de ellos siempre terminaba tosiendo de la risa ya que no podía controlarse por el **ahogo**[3]. ¡Ja, ja! Cada vez que visitaban a mis abuelos, yo encontraba la forma de estar presente durante sus conversaciones porque éstas revelaban lo inmenso que era el mundo cultural a mi alrededor. Me sentía fascinado por sus testimonios porque eran **novedosos**[4] y **atrevidos**[5]. Mi deseo por saber de dónde yo venía creció con fuerza conforme presenciaba el **papel**[6] que jugaba la cultura para estos españoles. Yo me preguntaba si algún día iba a encontrar mis raíces, y si ese día iba a sentir lo que ellos sentían por Sevilla.

Comprensión de lectura

¿Cierto o falso? Corrija las afirmaciones falsas.

1. Marcelino y Alejandrina son buenos amigos. C o F
2. Alejandrina le enseñó inglés a Marcelino. C o F
3. Alejandrina estaba un poco ciega. C o F
4. Marcelino siempre cuestionaba el catolicismo. C o F

---

[1] **recorrido:** a walk
[2] **pomposo:** extravagant
[3] **ahogo:** difficulty breathing
[4] **novedoso:** new
[5] **atrevido:** daring
[6] **papel:** role

5. España era un país económica y políticamente estable en los años 70. C o F
6. Marcelino pensaba que Alejandrina era una abuela cómica. C o F
7. Felipe y Alejandrina tomaron un taxi para ir al casco histórico de Sevilla durante su visita. C o F
8. La lectura de las cartas del Tarot era un aspecto cultural popular en Sevilla, España. C o F
9. Alejandrina cantaba muy bien. C o F
10. Alejandrina extrañaba España con frecuencia. C o F
11. Los sevillanos aspiran la "s" y tienden a no pronunciar la "d" entre vocales. C o F
12. Marcelino aprobaba la tauromaquia. C o F

Preguntas de discusión:

1. En su opinión, ¿por qué tienen una conexión tan especial Marcelino y Alejandrina? ¿Qué le gustaba a Marcelino de Alejandrina?
2. ¿Tiene usted una relación cercana con su abuela o abuelo como Marcelino? Explique.
3. Mencione las actividades que hacían Marcelino y Alejandrina para divertirse.
4. ¿Qué pasó en la estación de autobuses en el aeropuerto de Sevilla? Narre la anécdota que Alejandrina y Felipe tuvieron en el autobús.
5. Explique qué es la tauromaquia. ¿Está usted de acuerdo con esta práctica?
6. ¿Cómo son las personas de Sevilla de acuerdo con Alejandrina y sus amigos? Dé ejemplos específicos.

Capítulo 8

Como adolescente visitaba la ciudad de San Francisco con frecuencia porque siempre fue una metrópoli que ofrecía lo mejor de lo mejor: casas victorianas, **tranvías**[1] que recorrían las **colinas**[2] de la ciudad, la costa, la brisa del mar y el famoso Fisherman's Warf —el mejor sitio para comerse una sopa de **cangrejo**[3]. Podía pasar horas en el barrio chino, admirando su arte y comiendo dulces que en mi vida había probado. Me gustaba poder caminar sin tener que depender de un auto o un bus para trasladarme dentro de la ciudad, y claro, lo más atractivo de San Francisco era que siempre había sido un centro liberador: la **cuna**[4] de muchas revoluciones en Estados Unidos.

Era la época de los setenta, donde los cambios sociales y políticos **acontecían**[5] como **pan de cada día**[1]. Siempre había algún tipo de protesta en

---

[1] **tranvía:** streetcar
[2] **colina:** hill
[3] **cangrejo:** crab
[4] **cuna:** cradle
[5] **acontecer:** to happen

las calles, y la gente llevaba **pancartas**[2] que revelaban el descontento colectivo:

—¡No queremos guerra! ¡No a la discriminación racial! ¡Igualdad para las minorías! ¡Integración racial en las escuelas!

Era una lucha continua. La gente protestaba porque estaba cansada de ver que los seres humanos luchaban por el poder, la religión, sus ideologías y sus pertenencias materiales. Los jóvenes se sentían **indefensos**[3] e inseguros ante un mundo que parecía indiferente ante la violencia física mundial y la agresión interna de cada individuo.

En suma, la gente estaba desilusionada del gobierno, y los jóvenes —especialmente los negros— luchaban por sus derechos civiles. Las mujeres también empezaban a formar un movimiento que se solidificaba entre ellas: el feminismo, corriente que liberó a muchas, fortaleciendo su confianza en sí mismas. Todas parecían querer rescatar el derecho de **ser tratadas por igual**[4]. La propia Triana se identificó y se unió a esta gran lucha porque descubrió que era una causa universal entre todas las mujeres alrededor del mundo.

—Finalmente empezaremos a ver la autonomía de la mujer, Marcelino. Nos hemos unido para ser escuchadas.

La literatura del tiempo lo revelaba todo; se hablaba de una sociedad perdida y desilusionada moralmente. En particular, el movimiento contra la guerra de Vietnam en las universidades me impactó emocionalmente porque yo comprendía la causa: la guerra les había robado la juventud a estos jóvenes que no querían **pelear**[5] una guerra en Vietnam porque no la comprendían, y no la podían justificar. Posteriormente, los movimientos políticos —protestando sobre la guerra de Vietnam— cambiaron el país para siempre. Como resultado, la gente joven **se alejó**[6] de toda ideología con la esperanza de que esta nueva

---

[1] **pan de cada día:** everyday event
[2] **pancarta:** placard/sign
[3] **indefenso:** helpless
[4] **ser tratado por igual:** to be treated equally
[5] **pelear:** to fight
[6] **alejarse:** to get away from

liberación aliviara su conflicto y dolor interno. Ellos habían comprendido que estas instituciones políticas requerían del patriotismo y sacrificio de las personas. Era un sistema corrupto que no liberaba a los seres humanos de su conflicto interno. Así que la mayoría vivía en el limbo entre estos dos mundos: uno que prometía un ideal si la persona seguía una ideología, y el otro, donde las drogas y las distracciones contemplaban la idea de ser libre. Ésta era la historia de todo joven que yo conocía. Todos trataban de **callar**[1] el dolor y el conflicto que sentían en el presente. Conforme **presenciaba**[2] las protestas, pensaba en el Sr. Romero y sus **sabias**[3] palabras:

—Las personas se preguntan por qué las guerras externas existen, pero lo que no reconocen es la guerra interna que ellos mismos han creado, y cómo estas pequeñas luchas contribuyen a la destrucción total de la humanidad.

El deseo de sentirme **arrastrado**[4] por las **masas**[5] era **tentador**[6] porque el ambiente era pesimista y contagioso, pero por suerte, contaba con mi amigo, Alberto, quien me recordaba y me aseguraba que siempre había más bien que mal en la humanidad.

Como mecanismo de defensa —después del colegio— me iba de paseo en bicicleta para sentir la brisa y disfrutar el olor de los cultivos de uva. Soñaba con un país sin **ejército**[7], un país de libertad y sin guerras. Me preguntaba si un lugar así existía en la tierra.

Afortunadamente, la música, la literatura y la **vestimenta**[8] de la época me entretenían. Los **pantalones campana**[9] y los zapatos de plataforma me hacían reír. Solía sentarme en las escaleras de mi casa para ver a mis padres bailar música disco —estilo de baile que estuvo de moda en los setenta. Yo

---

[1] **callar:** to silence
[2] **presenciar:** to witness
[3] **sabia:** wise
[4] **arrastrado:** dragged
[5] **masas:** multitude/masses
[6] **tentador:** tempting
[7] **ejército:** army
[8] **vestimenta:** clothing
[9] **pantalones campana:** bell-bottom trousers

pensaba que mis padres se veían como lunáticos con esa ropa tan colorida y humorística. La extravagancia era mucha. ¡Ja, ja! También me entretenía con la arquitectura humanística que se observaba en algunos edificios de San Francisco. Por ejemplo, la Pirámide Transamérica fue construida para unir a la gente con la naturaleza. La nueva estructura permitía la entrada de luz natural en el edificio. Me parecía todo muy novedoso y moderno.

Igualmente me cautivaron algunas experiencias personales. Una de estas vivencias fue un viaje que mi padre planeó para que pudiéramos estar juntos (él y yo). Fuimos a Nueva York cuando tenía 13 años porque él quería exponerme a otra ciudad donde la mentalidad de las personas ofreciera un razonamiento distinto. Andrew pensaba que si la persona no hacía un esfuerzo por salirse de ella misma, ésta no podía comprender el mundo a su alrededor.

Al llegar a esta activa ciudad, noté de inmediato que el ritmo de vida era más acelerado. Era un sitio mucho más poblado que San Francisco y la gente corría con el único propósito de llegar a su destino. Los vendedores callejeros de comida —ofreciendo sus *hot dogs*— **enriquecían**[1] y **adornaban**[2] la ciudad con un aire vistoso, y los guías turísticos nos divertían con su acento neoyorquino, el cual lo reconocíamos desde lejos. Todos parecían vivir en el futuro sin darse cuenta de que el presente les pasaba por el frente, pero todo era estimulante y atractivo. ¡Ése era Nueva York!

Cuando llegamos a la famosa Quinta Avenida, notamos que había un **desfile**[3]. Al principio estábamos un poco confundidos porque no sabíamos en qué consistía la celebración. Así que pasaron unos minutos para que mi padre y yo comprendiéramos que esta fiesta era una marcha de homosexuales que llevaban **disfraces**[4] y cantaban en una forma excéntrica. Sin decir una palabra, mi padre me dio el espacio para prestar atención al evento; pero en poco tiempo, se dio cuenta de que yo comprendía la intención de este grupo: celebrar

---

[1] **enriquecer:** to enrich
[2] **adornar:** to embellish
[3] **desfile:** parade
[4] **disfraz:** costume

y defender su orientación y preferencia sexual. Entonces, él me **apretó**[1] el hombro en una forma calurosa —**en señal**[2] de que él respetaba esta celebración. Instantáneamente, su reacción me transmitió con claridad su filosofía porque el episodio ilustraba lo que mi padre siempre me había enseñado.

—Marcelino, asegúrate de manifestar siempre lo que tú piensas, especialmente si no te sientes escuchado o respetado.

Después de este episodio, mi padre y yo tuvimos varias conversaciones sobre la realidad que vivía un huérfano, una lesbiana, una persona negra —básicamente— lo que la sociedad consideraba en aquel momento como un **marginado**[3]. Hablamos sobre las ideas preconcebidas que las personas **heredaban**[4] sobre los grupos minoritarios, y cómo estas ideas establecían el **maltrato**[5] que algunos subgrupos recibían de la sociedad. En su opinión, todavía había una inseguridad de abandono que me visitaba y que vivía dentro de mí sin darme cuenta. Esta pequeña duda de abandono se activaba cuando la sociedad no aprobaba mi realidad, pero era yo quien tenía que comprenderla y aceptarla. Andrew quería que yo fuera testigo de que otros no habían sido tan afortunados como yo, y que el amor propio venía de otro sitio; no de la aprobación de los demás.

De regreso a California, hablamos de Rosa Parks, la mujer negra que se negó a darle su asiento a un hombre blanco en un autobús en Montgomery, Alabama, y como resultado, fue arrestada. Esta mujer llegó a ser una modelo de integridad y lucha para muchos negros durante los años cincuenta.

— Esa mujer encontró su **fortaleza**[6], Marcelino —me dijo Andrew.

La **esclavitud**[7] se había eliminado, pero la discriminación no había

---

[1] **apretar:** to squeeze
[2] **en señal:** as a sign of
[3] **marginado:** outcast
[4] **heredar:** to inherit
[5] **maltrato:** mistreatment
[6] **fortaleza:** strength
[7] **esclavitud:** slavery

desaparecido de las mentes de algunos porque todavía estaban convencidos de que los negros no **merecían**[1] el respeto y el reconocimiento de los blancos. Rosa Parks resistió la discriminación racial como Martin Luther King Jr. (otra figura **promotora**[2]) y muchos otros líderes negros que contribuyeron y murieron con el propósito de mejorar el mundo para las futuras generaciones.

De repente, empecé a ver el paralelismo en todas las luchas que observaba. Empezaba a reconocer que los años posteriores a la guerra de Vietnam se caracterizaron por el deseo de alcanzar la libertad y la justicia social. Siempre pensaba en el Sr. Romero y su esfuerzo por ayudar a los mexicanos desfavorecidos. Durante el viaje, comprendí por qué Andrew había planeado esta excursión a Nueva York. Él esperaba que yo encontrara mi propia vía para descartar un mundo conformista para mí. Quería que yo encontrara la forma de ser yo mismo y aceptara con dignidad el haber sido huérfano.

—Marcelino, —me dijo de regreso a casa— el espíritu de tu persona, si lo observas y lo escuchas, se puede convertir en tu guía para establecer tu nueva realidad. En otras palabras, tú puedes crear un escenario nuevo y una novela extraordinaria de tu vida, pero debes ser el autor de tu propia novela.

Comprensión de lectura

¿Cierto o falso? Corrija las afirmaciones falsas.

1. En San Francisco hay colinas y existe un barrio chino. C o F
2. En los años 70 no había protestas sociales. C o F
3. Las mujeres luchaban por conseguir los mismos derechos que tenían los hombres. C o F
4. A Marcelino le gustaba la **vestimenta**[3] de los 70. C o F
5. Marcelino y Andrew fueron a Nueva York para participar de un concierto. C o F

---

[1] **merecer:** to deserve
[2] **promotora:** advocate
[3] **vestimenta:** clothing

6. El estilo de vida de Nueva York parecía más lento que el estilo de vida de San Francisco. C o F
7. Marcelino presenció una marcha de homosexuales en la Avenida Quinta de Nueva York. C o F
8. Durante el viaje, Marcelino y Andrew hablaron sobre la discriminación de los grupos minoritarios. C o F

Preguntas de discusión:

1. Mencione tres características de la ciudad de San Francisco. ¿Cómo describe la ciudad Marcelino?
2. ¿Por qué protestaban las personas en los años setenta en San Francisco? ¿Cómo se sentían los jóvenes durante esa época?
3. ¿Qué hacía Marcelino para entretenerse y olvidar el pesimismo colectivo? ¿Qué hace usted cuando se siente triste?
4. En su opinión, ¿qué aprendió Marcelino durante su viaje en Nueva York? ¿De qué temas hablaron Andrew y Marcelino durante el viaje?
5. ¿Qué piensa usted sobre el desfile de los homosexuales? ¿Cree que las minorías deben tener el derecho de celebrar su individualidad?
6. De acuerdo con Andrew, ¿de dónde viene el amor propio? ¿Qué le recomienda a Marcelino?

Capítulo 9

Después de mi viaje a Nueva York, decidí ser el autor de mi propia novela, como lo había sugerido Andrew, pero en mi intento por **alcanzar**[1] este objetivo, algo inesperado ocurrió en mi adolescencia, un incidente que marcó mi juventud y parte de mi vida adulta, un incidente de otra naturaleza.

Cuando estaba en el colegio, solía salir con algunas de las chicas que conocía, pero estas relaciones nunca llegaban a nada. Las muchachas de mi edad literalmente me cansaban. Parecía que lo único que les importaba era emborracharse, consumir drogas y actuar como **títeres**[2] en las fiestas. La novedad de conocerlas y seducirlas se desaparecía en poco tiempo. Simplemente no podía identificarme con ellas. Estas mujeres se enfocaban en la vestimenta, en el *¿qué dirán?* y la presión de otras adolescentes que eran manipuladas de la misma forma por el ambiente y los medios de comunicación.

---

[1] **alcanzar:** to reach
[2] **títere:** puppet

Así que las **evitaba**[1] como podía para que me dejaran en paz. Prefería estar con Alberto o estar solo en casa, tocando la guitarra o leyendo alguna tira cómica para divertirme. No obstante, esta realidad cambió un día para mí.

    Durante uno de mis paseos en bicicleta, conocí a una mujer adulta que me hipnotizó desde el primer momento en que la vi. Para entonces, yo tenía diecisiete años y **cursaba**[2] mi último año de colegio. A lo mejor sería mi inexperiencia o inocencia de joven, pero con el simple hecho de ver a esta mujer, mi vida **se detuvo**[3] en un instante. Su energía magnética me hizo **frenar**[4] la bicicleta sin pensar, como si todo fuera parte de una experiencia extrasensorial. Yo quería absorber la belleza y el misterio que tenía ante mis ojos. Ella **aparentaba**[5] tener unos veintiocho años, tal vez treinta o treinta dos. Realmente no lo sé, **mas**[6] no me importó. La contemplé por varios minutos mientras ella trabajaba en su jardín, y me complací viendo cómo sus manos penetraban en la tierra haciendo espacio para **sembrar**[7] las nuevas flores. Quise tenerla entre mis brazos al instante y navegarla con pasión.

    Sin darme cuenta, mi vida dio vuelta en un abrir y cerrar de ojos porque su físico **se apoderó**[8] de mí por completo. De inmediato, percibí que mi adrenalina subía y bajada sin control, algo que nunca había experimentado ante la presencia de una mujer. Me sentí expuesto ante ella, pero maravillado por la emoción. A partir de ese día, me aseguré de pasar por su casa. Estaba completamente obsesionado con esta mujer. Soñaba con ella —día y noche—, asumiendo que ignoraba mi existencia; **por lo menos**[9], era lo que yo pensaba.

    No obstante, un día "de suerte" durante uno de mis paseos, esta exquisita mujer me saludó espontáneamente. Ella debió haberme reconocido por las tantas veces que yo quise hacer contacto visual con ella cuando pasaba

---

[1] **evitar:** to avoid
[2] **cursar:** to study
[3] **detenerse:** to stop
[4] **frenar:** to stop/to break suddenly
[5] **aparentar:** to pretend
[6] **más:** but
[7] **sembrar:** to plant
[8] **apoderarse:** to take control of
[9] **por lo menos:** at least

por su casa. Ese día se había **amarrado**[1] el pelo en una cola de caballo y llevaba una camiseta corta, lo cual la hacía verse más atractiva y joven. Cuando levantó su brazo para saludarme, su camiseta se subió y logré ver parte de su piel y **esbelto**[2] cuerpo. Inmediatamente, el corazón me empezó a **palpitar**[3] fuertemente. No pude respirar ni responderle el saludo. Creo que me paralizó su físico porque quedé sin uso de razón por un momento. Fue una de esas experiencias inexplicables donde el fuego **atraviesa**[4] tus venas haciéndote querer explotar de emoción y felicidad, pero me sentí estúpido y **abochornado**[5] al mismo tiempo por no haber podido saludarla. Así que regresé a casa con un **nudo**[6] emocional, pero **silbando**[7] y riéndome en una forma nerviosa porque disfrutaba, una y otra vez, del momento vivido con ella; me sentía como un niño en una tienda de caramelos. Creo que la emoción me invadió de euforia.

Después de este día no pude dormir más, ni pude concentrarme en el colegio. Pasaba mi tiempo imaginándomela y creando todos los posibles escenarios para poder conocerla, hablarle y seducirla. Luego de varios encuentros visuales durante mis paseos en bicicleta, finalmente me atreví a preguntarle si se había mudado recientemente al barrio porque nunca la había visto en la vecindad. En el momento en que empezó a hablarme, me sentí **mareado**[8] y desorientado otra vez. Pensé que me iba a **desmayar**[9], pero logré concentrarme y mantenerme de pie como pude. Traté de no revelar mucho mi pasión, pero su voz y su belleza me seducían en forma **arrebatadora**[10]. Ese día ella dijo muchas cosas, mas lo único que recuerdo fue el siguiente comentario:

—Vivo con mi novio ahora, pero nos vamos a casar pronto.

---

[1] **amarrado:** tied
[2] **esbelto:** slender
[3] **palpitar:** to beat
[4] **atravesar:** to go through
[5] **abochornado:** overwhelmed
[6] **nudo:** knot
[7] **silbar:** to whistle
[8] **mareado:** dizzy
[9] **desmayar:** to faint
[10] **arrebatadora:** breathtaking

Inmediatamente me **enfurecí**[1] como un toro listo para matar a su enemigo. Quería llorar de la **rabia**[2] y desaparecer a ese novio de alguna forma, pero escondí mi **enojo**[3] y decidí no **darme por vencido**.[4] De modo que seguí visitándola en su jardín y ofreciéndole las excusas más ridículas para poder estar cerca de ella. Yo había decidido seducirla. No había **vuelta atrás**[5].

Así que después de varios días y luego de haber practicado mi discurso perfecto, decidí llamar a su puerta y confesarle mi pasión por ella. Esta vez, cuando ella me vio en la entrada de su casa, me hizo una **señal**[6] para que entrara de inmediato. Parecía que ella había estado esperando este momento. Me ofreció un poco de agua y supongo que me la tomé. La verdad es que no recuerdo muy bien, pero inesperadamente, ella se acercó y empezó a besarme con pasión. Sin resistirme, yo respondí totalmente fascinado por sus besos y el descubrimiento de un mundo lleno de nuevos impulsos e instintos. Para entonces, yo ya había perdido la cabeza, y una cosa nos llevó a la otra, seduciéndonos y haciendo el amor desesperadamente una y otra vez. Me sentí el hombre más feliz del mundo porque había descubierto el éxtasis con ella. En unos días, me convertí en **esclavo**[7] de su cuerpo y la forma en que ella me hacía sentir. Mi felicidad dependía de los momentos fugaces que esta amante me ofrecía.

Al principio me sentía afortunado y **dichoso**[8], y ella parecía estar muy feliz también. Las emociones y la pasión eran mutuas. Por lo menos así parecía. No podíamos ver la hora de encontrarnos otra vez, y estar juntos para dejarnos llevar por el placer. Ya nada me importaba, sólo ella. De manera que dejé que mis emociones y el caprichoso deseo de esta mujer por estar conmigo me controlaran, pero esta aventura duró solamente tres meses. Con el tiempo, me convertí en un amante esporádico para ella. Nos encontrábamos una o dos

---

[1] **enfurecer:** to become furious
[2] **rabia:** rage/anger
[3] **enojo:** anger
[4] **darse por vencido:** to give up
[5] **vuelta atrás:** turning back
[6] **señal:** signal/gesture
[7] **esclavo:** slave
[8] **dichoso:** happy/lucky

veces por año, inclusive después de que ella decidió casarse con su novio, pero yo prefería tenerla un poco que no tenerla del todo. Me llamaba en las noches durante horas inconvenientes cuando su marido dormía, o nos veíamos cuando él no estaba presente y ella quería recordar el desenfreno de nuestros encuentros.

—Quiero verte ahora mismo, Marcelino —me ordenaba con autoridad.

Y con esta orden, yo corría como un idiota hipnotizado a sus pies. Esta mujer me marcó la vida en una forma patética por varios años. Nuestra dinámica me hizo perder el apetito y el deseo de estar con otras mujeres. Sufría todos los días porque una voz me decía que necesita su cuerpo. Era una voz que me pedía **gozo**[1] constante. Mi mente y mi cuerpo se habían convertido en adictos al ciclo del placer. Traté de salir con otras chicas, **mas**[2] sin darme cuenta, me veía buscando a esta mujer en cada una de ellas, tratando de encontrar aquello que vivía con ella. Entonces, traté de dejarla, pero entre más trataba de olvidarla, más me obsesionaba con su olor y su belleza que me **quemaban**[3] por dentro.

Pasaron varios años para que yo encontrara un balance otra vez. Descubrí que este tipo de placer tenía un precio: mi libertad emocional. Yo quería tener a esta mujer y el placer que ella me ofrecía. Quería repetir la experiencia porque los encuentros satisfacían el apetito temporalmente, nada más. Descubrí que este placer servía como una especie de escape que aliviaba o distraía el dolor que cargaba dentro de mí.

Sin embargo, yo realmente vivía en una constante angustia. Me sentía poseído por ella, especialmente cuando decidió no verme más. Fue entonces cuando caí en el fondo de la desgracia y me enfrenté con el terror de ser abandonado una vez más. Era como regresar en el tiempo. Traté de poner en práctica todos los consejos que Andrew y el Sr. Romero me habían dado, pero

---

[1] **gozar:** to enjoy
[2] **mas:** but
[3] **quemar:** to burn

era inútil. Mi **falta**[1] de autoestima era el producto de mi mente que estaba convencida de que yo no merecía o no era capaz de ser feliz. Mi experiencia con esta mujer me llevó a la adicción y a descubrir el potencial de autodestrucción que vivía dentro de mí. Mi mente estaba en un estado de locura y tenía que parar.

Posteriormente, descubrí que la vida me daba solamente opciones y que la libertad requería de mucha responsabilidad y atención. Andrew tenía razón. Todavía me acompañaba el miedo. Mi equilibrio regresó después de haber sufrido mucho, y después de haber dejado ir el ideal de estar con esta mujer. Afortunadamente, no tuve más contacto con ella. Tampoco compartí una sola palabra sobre lo que me había ocurrido. Este secreto me acompañó hasta la muerte.

Comprensión de lectura

¿Cierto o falso? Corrija las afirmaciones falsas.

1. Marcelino tiene muchas cosas en común con las chicas de su colegio. C o F
2. Las chicas del colegio fumaban drogas. C o F
3. Marcelino se obsesionó con una mujer casada mayor que él. C o F
4. La mujer casada se enamoró de Marcelino. C o F
5. Al principio de la relación, Marcelino estaba muy feliz con su amante. C o F
6. La vida de Marcelino cambió drásticamente mientras mantuvo la relación con la mujer casada. C o F
7. Marcelino descubrió que la relación con la mujer casada era **nociva**[2] para él. C o F

---

[1] **falta de:** lack of
[2] **nociva:** harmful

Preguntas de discusión:

1. ¿Qué pensaba Marcelino de las chicas jóvenes de su colegio? Explique. ¿Siente usted lo mismo con las personas de su edad?
2. Describa qué sintió Marcelino cuando vio por primera vez a la mujer casada. Narre la escena.
3. ¿Qué efecto empezó a tener esta mujer casada en Marcelino?
4. En su opinión, ¿por qué Marcelino se involucró con una mujer mayor que él? ¿Cree usted que Marcelino se enamoró de ella?
5. ¿Qué hizo Marcelino para poder encontrar un balance emocional otra vez?
6. ¿Qué piensa usted de la relación entre Marcelino y una mujer mucho mayor que él? ¿Importa la edad? ¿Cree usted que ella era una adicción? Explique su respuesta.

Capítulo 10

Los años ochenta se caracterizaron por una rápida evolución en California. La nueva generación de jóvenes ya no se identificaba con la guerra ni los derechos civiles o sociales. ¡Estaban **hartos**[1] de la lucha y el pesimismo! En lugar de eso, se identificaba con la tecnología y la nueva moda: los televisores, los hornos microondas, los teléfonos electrónicos y las computadoras que los nerdos del momento generaron en el *Silicon Valley* de California. ¡Fue una época de abundancia para muchos! Los *yuppies* o "yupis", como solían algunos llamarlos, consumían toda la tecnología que se proporcionara en el mercado.

Creo que esta revolución electrónica se extendió de forma masiva como respuesta al descontento de los años previos. La nueva generación quería dejar atrás los malos recuerdos de la guerra de Vietnam y vivir el presente con los nuevos cantantes de pop: Madonna, Michael Jackson y Cindy Lauper. Con el

---

[1] **harto/a:** fed up

tiempo y en una forma obsesiva, el adquirir **bienes**[1] materiales y proyectar una rica y feliz imagen eran los nuevos valores de la época. Un elemento que contribuyó a la explosión del materialismo fue la reformación o invención conocida como —Reagonomía— la cual el presidente, Ronald Reagan, estableció en Estados Unidos. Este presidente estimuló la economía reduciendo las tazas de impuestos, el **gasto**[2] del gobierno y controlando la inflación. Con los años, fue recordado como el líder que rescató Estados Unidos y lo hizo prosperar. Todo parecía muy avanzado y moderno.

A pesar de esta reforma provocadora, yo continuaba interesado en los derechos civiles. La justicia siempre me había intrigado. **Dichosamente**[3], me aceptaron en la Facultad de Leyes en la Universidad de Davis, California, donde escogí un programa que me ofrecía una **gama**[4] de cursos en derechos civiles y sociales. Entre las clases que cursé, hubo una que estableció mi carrera y mi camino como profesional: La ley de la Inmigración, una clase que requería que los estudiantes ofrecieran **asesoramiento**[5] legal y servicio a la comunidad de bajos recursos. Específicamente, los estudiantes trabajaban como voluntarios en regiones donde se concentraban los inmigrantes. Así que este medio me permitió apreciar **a fondo**[6] la realidad de estos trabajadores. Con el tiempo, nos convertimos en la voz para estas personas que dependían de sus niños para comunicarse, ya que la lengua era un impedimento para la comunicación. Debo confesar que, algunas veces, el ver la injusticia aplicada a estos inmigrantes me **agobiaba**[7]. Así que tenía que constantemente recordarme que, para ser efectivo en mi rol como **asesor**[8], tenía que ser objetivo y poner de un lado mi enojo. Afortunadamente, el entrenamiento que tuve con el padre de Alberto, el Sr. Romero, me dio las herramientas para enfrentar cada caso con profesionalismo, sabiendo que tenía que aplicar un método pacífico ante el desafío de la discriminación. Esta experiencia me dio un fortalecimiento nuevo:

---

[1] **bienes:** goods/assets
[2] **gasto:** expense
[3] **dichosamente:** luckily
[4] **gama:** range
[5] **asesoramiento:** advice
[6] **a fondo:** in depth/fully
[7] **agobiada:** overwhelmed
[8] **asesor:** advisor

me asignó autoridad, pero descubrí que para ser un buen defensor, la profesión requería de mucho equilibro, responsabilidad y objetividad.

    Mientras estudiaba en la universidad, conocí a Kayla, otra estudiante de **leyes**[1] que se convirtió en mi compañera de estudio y mejor amiga. Los dos estudiábamos derecho internacional (derecho comparado y transnacional), y para complementar nuestra **carrera**[2], estudiábamos lenguas. Kayla, al igual que yo, quería estudiar español en el extranjero. Por consiguiente, decidimos estudiar un semestre en Oaxaca, México durante nuestro tercer año universitario en 1983. Esta oportunidad era un gran complemento para nuestra profesión. Cuando les anuncié a mis abuelos, a Triana y a Andrew sobre mi viaje, estaban tremendamente emocionados, especialmente, Alejandrina, quien se sentía **complacida**[3] de saber que yo quería aprender la lengua a un nivel avanzado para ayudar a otros hispanos. Ella estaba convencida de que mi responsabilidad era ayudar a los demás y propagar el español y la cultura hispana en Estados Unidos. Esta abuela tenía razón porque desde muy temprana edad reconocí y comprendí la realidad de estos inmigrantes.

    Después de tomar mi decisión, visité a Alberto, quien también había sido aceptado en la Universidad de Davis con la ayuda económica de mi padre y el sacrificio de los suyos. Quería convencer a Alberto de que debía ir con nosotros a México. Alberto nunca había salido del país por dos razones: su familia contaba con un estilo de vida modesto; así que no tenían el dinero para enviarlo al extranjero. Además, habiendo sido inmigrantes ilegales por muchos años, Alberto y los miembros de su familia nunca pudieron visitar su país de origen. De manera que ir a México era una oportunidad única para Alberto, quien había, finalmente, recibido su tarjeta como residente permanente en Estados Unidos. Cuando le pregunté que si quería unirse a nuestra aventura en Oaxaca, felizmente me dijo:

---

[1] **ley:** law
[2] **carrera:** major
[3] **complacida:** pleased

—Sí, me encantaría ir, pero ¿**cómo le hago**[1], Marcelino?

—Pensemos en alternativas —le dije. ¿Recuerdas cuando pensabas que no ibas a poder pagar la matrícula de Universidad de Davis? ¡Ya ves! ¡Estás aquí!

Felizmente, Alberto cumplía con los requisitos para obtener una **beca**[2] para estudiar en el extranjero. Estas becas las ofrecían a grupos minoritarios como apoyo profesional y académico. De manera que con la ayuda que recibió de la beca, Alberto logró unirse a nuestra aventura. Por mi parte, yo usé el dinero que había ganado como tutor durante tres años para pagar el viaje. Me sentía orgulloso de poder pagar mis propias cuentas y el viaje que por tanto tiempo había planeado.

Después de habernos reunido con el asistente financiero del Centro Internacional de la Universidad de Davis, Alberto y yo visitamos a Kayla para compartir las buenas noticias. Ella no conocía a Alberto; así que me parecía importante que ella se familiarizara con él antes de ir a Oaxaca.

—Alberto, ésta es Kayla, una buena amiga de la Facultad de Leyes. Ésta es la chica que viajará con nosotros a Oaxaca.

—Pero yo no sabía que tus compañeras de clase eran tan **chulas**[3], Marcelino.

—Me estás avergonzando, comentó Kayla.

—Pues **ahora sí**[4] me **aviento**[5] y nos vamos a Oaxaca, Marcelino.

Alberto quedó fascinado con Kayla, y yo sabía exactamente qué era lo que él sentía por ella porque reconocí la nueva emoción en sus ojos. Ellos no se

---

[1] **¿cómo le hago?:** how do I do it?
[2] **beca:** scholarship
[3] **chula:** cute
[4] **ahora sí:** now
[5] **aventarse:** to throw yourself into (in Mexico)

habían conocido antes porque Kayla siempre estaba **agobiada**[1] por su novio que vivía celoso de mí y cualquier hombre que se le acercara a Kayla. A lo mejor no debo expresarme así de Rodrigo, pero este hombre me irritaba con facilidad. Yo presentía que él no tenía buenas intenciones con ella porque mi sexto sentido me lo confirmaba cada vez que lo veía. Kayla y yo **solíamos**[2] discutir sobre la actitud posesiva y protectora que él tenía, y que ella justificaba con el "amor" y los besos que él le ofrecía. Era un hombre absorbente y manipulador. Yo siempre apostaba con Kayla que esa relación se terminaría con el tiempo.

Afortunadamente, cuando Kayla vio a Alberto, ella sintió intriga y fascinación al igual que él. Yo noté que ella se sonrojó y no pudo ocultar su nerviosismo y el brillo que sus ojos irradiaban. Así que me inventé una excusa para salir al patio y dejarlos solos. Kayla tenía un perro, Tito, el cual fue la excusa perfecta para salir a la terraza.

—¿Tienes novio? —le pregunto Alberto a Kayla.

— Sí, pero no nos llevamos muy bien.

Y con esta respuesta, Alberto aprovechó la ocasión para conquistarla con **elogios**[3] y exageraciones. Después de nuestro encuentro, Kayla comprendió que lo que sentía por su novio no era realmente amor. Era una obsesión o dependencia emocional y, por una razón que ella desconocía, no podía encontrar la excusa perfecta para terminar esta relación tóxica que tenía. Sin embargo, ese día reconoció claramente que algo le **faltaba**[4] en su relación con Rodrigo, algo que Alberto le ofrecía. Esa misma noche, Kayla me llamó por teléfono para confesarme que había decidido terminar su relación de siete años. Yo no lo podía creer.

—Marcelino, **te saliste con la tuya**[5]. ¡Has ganado tu **apuesta**[1]!

---

[1] **agobiada:** overwhelmed
[2] **soler:** to be accustomed to
[3] **elogio:** compliment
[4] **faltar:** to lack
[5] **salirse con la suya:** to get away with it

Acabo de terminar mi relación con Rodrigo.

Yo estaba paralizado por la noticia, pero no pude ocultar mi satisfacción.

—¡En hora buena, Kayla! ¡Estoy tan orgulloso de ti!

Pero para terminar de sorprenderme y alegrarme, me reveló que había llamado a Alberto para confesarle lo que había sentido ese día. Para entonces, yo estaba en el suelo dando vueltas como un niño eufórico. Me sentía feliz por ellos. Después de ese día, Alberto y Kayla se convirtieron en una pareja inseparable.

Comprensión de lectura

¿Cierto o falso? Corrija las afirmaciones falsas.

1. La nueva generación de adolescentes de los años 80 se identificaba con la tecnología y el mundo material. C o F
2. Marcelino no valora el mundo material. C o F
3. Marcelino estudia informática. C o F
4. Marcelino ayudó a muchos inmigrantes como voluntario con su conocimiento en leyes. C o F
5. Kayla era la novia de Marcelino. C o F
6. Marcelino, Kayla y Alberto decidieron estudiar en Oaxaca, México. C o F
7. Alberto obtuvo una **beca**[2] para pagar sus estudios en Oaxaca, México. C o F
8. Alberto y Kayla se enamoraron desde el primer día que se conocieron. C o F

---

[1] **apuesta:** bet
[2] **beca:** scholarship

Preguntas de discusión:

1. ¿Cómo era la generación de los 80 en California? ¿Hubo un cambio en la sociedad? ¿Qué valoraban las personas?
2. ¿Cuáles eran los intereses y los objetivos profesionales de Marcelino cuando estaba en la universidad?
3. ¿Cuáles son sus intereses? ¿Qué estudia usted y qué quiere hacer en un futuro?
4. ¿Por qué Marcelino decidió estudiar español en Oaxaca, México? ¿Cree usted que aprender lenguas debe ser un requisito del programa de carrera (especialidad) en las universidades?
5. ¿Por qué era importante para Alberto vivir en Oaxaca?
6. Narre el encuentro entre Kayla y Alberto. En su opinión, ¿fue amor a primera vista?

Capítulo 11

Kayla, Alberto y yo llegamos a Oaxaca, México en 1983. Oaxaca era una ciudad colonial situada en la parte sudeste del país. Este estado ofrecía un clima subtropical que atraía todo tipo de gente: vecinos de otros estados cercanos, celebridades, inversionistas, turistas, investigadores y estudiantes extranjeros. El coordinador de nuestro programa nos explicó que la palabra *Oaxaca* venía del grupo de lenguas náhuatl que se derivaba del yute-azteca (la lengua azteca de Mesoamérica). Oaxaca quería decir: la **cima**[1] o punta de un *guaje*, un tipo de árbol que era propio de la zona y contenía **vainas comestibles**[2] que ofrecían rica proteína. Este sitio estaba **repleto**[3] de árboles guajes. Crecían rápidamente porque se propagaban con facilidad.

Oaxaca era famoso por su arquitectura colonial barroca, la variedad de comidas y su arte. Algunas de sus atracciones naturales eran las playas —Puerto

---

[1] **cima:** top/peak
[2] **vaina comestible:** edible produce
[3] **repleto:** full

Escondido, Puerto Ángel y Huatulco—, donde Kayla, Alberto y yo pasábamos muchos fines de semana **bronceándonos**[1] y jugando al voleibol. También visitábamos las **cataratas**[2] de Hierve el Agua y la Guacamaya y los sitios arqueológicos: Monte Albán, Mitla, Yagul y Dainzú. Este lugar estaba rodeado de belleza natural.

La Universidad Autónoma Benito Juárez de Oaxaca nos había **hospedado**[3] con familias **anfitrionas**[4] que nos trataban como si fuéramos miembros de la familia. La mayoría de estas familias vivía cerca del campus, así que podíamos ir a pie o tomar el autobús para ir a clases. Algunas vivían parcialmente del pago que recibían del programa porque la vida era dura para muchas. Casi todas dependían de la agricultura y del arte que producían. Estas familias nos ofrecían un dormitorio, dos comidas al día y servicio de lavandería. El programa específicamente contrataba a familias que no hablaran inglés, **puesto que**[5] la idea era que nosotros practicáramos el español. Así que para sobrevivir, nosotros teníamos que hablar en español, y bueno, ése era el objetivo: practicarlo y mejorarlo mientras estuviéramos en Oaxaca.

Durante nuestra **estadía**,[6] frecuentábamos el Zócalo, la plaza o centro histórico de Oaxaca, donde los eventos sociales y religiosos se celebraban. Había restaurantes, cafés y tiendas de todo tipo. El Zócalo era un lugar de reunión para todos. En las noches Alberto me llamaba para reunirnos allí.

—¿**Qué onda**[7], Marcelino? ¿Qué quieres hacer esta noche? Kayla y yo vamos pal' Zócalo. ¿**Te avientas**[8]?

—¡Claro! ¡**Estupendo**[9]! Nos vemos entonces.

---

[1] **broncearse: to** get a tan
[2] **catarata:** waterfall
[3] **hospedar:** to lodge/to place
[4] **anfitriona:** hostess
[5] **puesto que:** since/given that
[6] **estadía:** stay
[7] ¿**Qué ondita?:** What's up?
[8] ¿**Te avientas?:** Do you want to go?
[9] **estupendo:** great

—¡**Órale, güey**[1]! —solía decir Alberto antes de cortar la llamada.

Un mariachi o un trío de guitarras siempre aparecían de la nada; todos dispuestos a darnos una serenata a cambio de un pago que nosotros considerárampos justo. De vez en cuando, teníamos el placer de escuchar una **marimba**[2] que nos alegraba la noche. La vida era simple en el Zócalo porque la gente se reunía para hablar, tomarse un refresco o un café con el deseo de compartir. Las personas no tenían que gastar mucho dinero o **pertenecer**[3] a un grupo social en particular para disfrutarlo.

La gastronomía de Oaxaca era posiblemente lo más impresionante de este lugar. El maíz era su principal producto y se usaba en varios platillos, como los **tamales** envueltos en hojas de plátano y los 7 famosos moles: **mancha manteles**[4], amarillo, **chichilo**[5], coloradito, rojo, verde y negro. El **mole**[6] era una salsa preparada con chiles, variadas especies, algunos con chocolate y un poco de masa de maíz para **espesar**[7]. Nosotros considerábamos que los moles eran exquisitos y variados, ya que cada uno tenía su personalidad y sabor particular. Normalmente, se acompañaban de pollo, puerco, arroz y otras verduras. Podíamos adquirir todos los tipos de mole en el mercado de los agricultores. Este mercado era un sitio de reunión; siempre había gente hablando, riendo y comprando **artículos**[8]. Para empezar, se podía encontrar de todo: **hierbas**[9] frescas, especies, carnes, sandalias artesanales, ropa, etc. Además, se podía disfrutar de comer lo inimaginable: **chapulines**[10] y hormigas fritas. ¡Ja! Nos divertíamos **regateando**[11] con los vendedores del pueblo para obtener los mejores descuentos. Con el tiempo, nos volvimos unos expertos.

---

[1] **¡Órale güey!:** Right on! Cool!
[2] **marimba:** musical instrument of African origin (xylophone)
[3] **pertenecer:** to belong
[4] **mancha manteles:** tablecloth stainer
[5] **chichilo:** yellow monkey
[6] **mole:** sause made in Mexican cuisine
[7] **espesar:** to thicken
[8] **artículo:** item
[9] **hierbas:** herbs
[10] **chapulín:** grasshopper
[11] **regatear:** to bargain

Esta fue una **destreza**[1] útil que aprendimos a utilizar mientras estábamos en Oaxaca.

Oaxaca tenía aproximadamente 15 grupos indígenas acompañados de sus respectivas lenguas, lo cual hacía este sitio un crisol multicultural. Ir al mercado era toda una experiencia educativa porque la diversidad era el pan de cada día. Cada persona llevaba un traje con colores llamativos de algodón o satín, **bordados**[2] a mano y representativos de su grupo indígena. Inclusive los bebés iban vestidos de forma folclórica; las madres normalmente los cargaban en sus espaldas, **envueltos**[3] en mantas de colores vistosos, donde podíamos ver sus caritas **dóciles**[4] y humildes.

Habitualmente, almorzábamos en el mercado porque era más barato allí. Así que teníamos la oportunidad de probar y admirar la variedad culinaria. Los sábados solíamos comer el famoso pescadito frito hecho por uno de los pescadores que traía pescado fresco de Veracruz, la costa cerca del Golfo de México. Su pescado era el mejor del mercado. El único desafío era ignorar la **mirada fija**[5] del pescado mientras uno se lo comía, ya que éste se servía entero y con los ojos expuestos. Kayla solía **taparle**[6] los ojos al pescado con una servilleta para **evitar**[7] el contacto visual con el animal. Nosotros le levantábamos la servilleta para que ella pudiera ver el esqueleto con los ojos expuestos. La gente del mercado solía reírse de ella.

—Ándale **güerita**[8], no te va a **picar**[9] ni a **morder**[10]. ¡Cómetelo!

Pero de nada servían las bromas porque nadie podía convencerla. Kayla no comprendía por qué servían el animal con ojos expuestos. En una de

---

[1] **destreza:** skill
[2] **bordado:** embroidered
[3] **envuelto:** wrapped
[4] **dócil:** sweet/obedient
[5] **mirada fija:** stare
[6] **tapar:** to cover
[7] **evitar:** to avoid
[8] **güera:** white girl (in Mexico)
[9] **picar:** to sting
[10] **morder:** to bite

nuestras visitas al mercado, Alberto y yo le compramos, como suvenir, un pescado hecho de madera con los ojos grandes. Fue entonces cuando descubrimos los *alebrijes*, los famosos animales imaginarios tallados en madera copal y decorados con pintura acrílica. Estos animales eran extraordinarios.

Pedro Linares, un artesano famoso, fue el creador de este fascinante invento. Aparentemente, cuando él tenía 30 años, se enfermó gravemente a tal punto que empezó a tener ataques de delirio donde veía alucinaciones descritas como mágicas y místicas. Mientras estaba en este estado inconsciente, soñó con un lugar que semejaba a un bosque con animales que le traían paz y felicidad. Sin embargo, conforme el sueño avanzaba, los animales se convirtieron en criaturas extrañas que le gritaban: "¡alebrijes!" En su sueño, buscó refugio mientras corría, y en el camino, encontró a un hombre que le confirmó que el bosque no era un lugar seguro para él. Así que buscó una salida. Posteriormente, vio una ventana y finalmente logró despertarse de su sueño. Sorprendido por las imágenes que vio, decidió **dibujarlas**[1] en papel y luego construirlas en madera. Con el tiempo, esta creación se propagó, y el arte llegó a conseguir un lugar prestigioso en el Instituto de Arte en Chicago. Hoy hay cerca de cuatrocientas familias que se dedican a hacer alebrijes en Oaxaca.

Para Kayla y Alberto, Oaxaca fue el sitio ideal para enamorarse. Con el tiempo, estos dos amigos llegaron a apreciar y entender la lengua y la cultura del otro. Se encontraban en las tardes para estudiar español en el Zócalo. Este cotidiano encuentro les permitió descubrir que ellos se complementaban de muchas maneras. Lingüísticamente, la comunicación oral de Alberto era bastante avanzada, ya que él había crecido con sus hermanos y padres mexicanos hablando español. De alguna forma era su lengua materna, pero por falta de instrucción formal, Alberto no desarrolló la destreza que Kayla tenía: la destreza escrita. Ella creció hablando inglés, pero aprendió a escribir en una escuela bilingüe, desarrollado así una habilidad tremenda para escribir en español. Así que se ayudaban, y en el proceso, perfeccionaron y elevaron la conexión que tenían como amigos y amantes. Además, Alberto contaba con una personalidad extrovertida, la cual complementaba a Kayla, ya que era tímida

---

[1] **dibujar:** to draw

y pacífica. Esta conexión era evidente para los habitantes de Oaxaca que solían llamarlos *los **cholitos**[1] enamorados*. En poco tiempo, se convirtieron en la pareja favorita del Zócalo, donde los **chavos**[2], como solían llamarles a los niños, le vendían rosas a Alberto para Kayla, y donde los músicos seguían a la pareja para ofrecerles una serenata. Esta dinámica se convirtió en un evento diario para los amantes.

Asimismo, había niños que siempre estaban dispuestos a limpiarnos los zapatos. Esto nos **entristecía**[3] porque pensábamos que los niños debían estar en casa con su familia o en la escuela, pero no todos contaban con ese privilegio. Muchos tenían que trabajar para ayudar a sus familias con el **sostén**[4] económico, algo que Alberto comprendía en persona porque él tuvo que ayudar a su familia del mismo modo.

Algunas veces, cuando Kayla y Alberto querían estar juntos, yo me iba de fiesta con mis **cuates**[5] mexicanos. Ellos tomaban la bebida de los dioses: el **mezcal**[6] con el **gusanito**[7] frito, la bebida alcohólica más popular de Oaxaca. Para ser honesto, yo pensaba que era la mejor bebida alcohólica del mundo. Eso sí, estos mexicanos se sentían libres a la hora de beber, especialmente los hombres. Yo acababa de cumplir veintiún años; así que tenía edad para tomar alcohol en Estados Unidos, pero en México solamente necesitaba tener dieciocho. Pero había un desafío: la sociedad esperaba que los hombres bebieran en exceso para probar su hombría y fortaleza, pero mi cuerpo no podía seguir el ritmo y la cantidad de alcohol que tomaban estos machos.

—No nos **chingues**[8], Marcelino. ¡Tómate otro, hombre!

La primera noche que me fui de fiesta con estos *cuates*, no logré llegar a casa. Tuve que dormir en el parque, y no me di cuenta. No sé que tenían esos

---

[1] **cholito:** term used with kids for endearment (a person of mixed race American/Hispanic)
[2] **chavo:** young boy (in Mexico)
[3] **entristecer:** to sadden
[4] **sostén:** support
[5] **cuate:** buddy (in Mexico)
[6] **mezcal:** distilled alcoholic drink made out of the agave plant
[7] **gusano:** worm
[8] **chingar:** to annoy

mezcales, pero me **noquearon**[1]. Al día siguiente, unos niños me despertaron mientras jugaban con un *papalote* (mariposa en náhuatl) sobre mi cara. La cabeza me daba vueltas y me dolía todo el cuerpo. ¡Ay! Así que tuve que aprender a calcular para no emborracharme otra vez. Lo más humillante fue enfrentar a mis amigos mexicanos para explicarles cómo cuatro tragos de mezcal pudieron haberme **atontado**[2] de esta forma, pero uno de ellos me aclaró que ellos habían doblado la cantidad de licor en cada bebida. "¡Caramba! ¡Qué traicioneros!" —pensaba yo. También me confesaron que habían puesto todos los gusanos del mezcal en mis bebidas para que me los tomara.

Había unas historias increíbles. Yo sabía de un estudiante que se había quebrado los dientes en el concreto cuando iba de regreso a su casa por haber tomado tanto. Aparentemente, había perdido el balance por la borrachera y se cayó en la acera. Después de acordarme, me prometí tener cuidado. Luego me contaron en el Zócalo que a otros, por puro descuido, les robaron dinero mientras estaban en el bar. Así que decidí abrir los ojos y tomar con moderación y prudencia.

Probablemente el día más **escalofriante**[3] en Oaxaca fue la noche del terremoto. Yo acababa de regresar del Zócalo y estaba muy asustado, pero recuerdo que me sentí extraño de camino a casa porque los animales estaban haciendo ruidos raros y había un **sosiego**[4] **aterrador**[5] en el ambiente. Así que caminé rápido porque sentía que algo me seguía. Mi intuición me decía que **apresurara**[6] el paso. Me puse la pijama y me fui a la cama, pero no me podía dormir. De repente, todo empezó a moverse y me di cuenta que la velocidad del movimiento aceleraba con rapidez.

—Está temblando, está temblando. ¡Corran! ¡Corran pa'l patio! —

---

[1] **noquear:** to knock out
[2] **atontar:** to stupefy
[3] **escalofriante:** spooky
[4] **sosiego:** stillness
[5] **aterrador:** frightening
[6] **apresurar:** to hurry up

gritó mi madre **anfitriona**[1].

Yo no sabía que significaba *templar*[2], pero el grito me hizo **saltar**[3] sin pensarlo y correr al patio donde estaba toda la familia reunida buscando protección. Un **terremoto**[4] de magnitud 6.1 había **sacudido**[5] la ciudad de Oaxaca, sacándonos a todos de la cama. Nuestras caras reflejaban el **susto**[6] que todos sentíamos. Aparentemente, solía temblar con frecuencia en este sitio, pero los **lugareños**[7] nunca se acostumbraron a las sacudidas que la naturaleza les imponía. Una vez que nos recuperamos del **sobresalto**[8], el terremoto se convirtió en el evento social perfecto para tomarse un café, un chocolate caliente o un tequila.

Muchos se reunieron en el Zócalo y otros se quedaron en casa discutiendo las razones por las cuales había temblado en una forma tan violenta. Todos querían hablar con alguien sobre el temblor porque era una forma de canalizar el miedo que habíamos sentido. Yo llamé a Kayla y Alberto para ver cómo estaban.

—**¿Quiúbole, güey?**[9] —dijo Alberto.

—¡Voy para el Zócalo, Alberto! Todo el mundo va para allá. ¿Queréis venir? ¿Cómo está Kayla?

—Voy pa' donde Kayla. Ya sabes los miedos que le dan. Debe estar **achicopalada**[10] después del terremoto. Nos vemos en otra, mano —respondió Alberto.

Me sentí tranquilo una vez que supe que estaban bien y que iban a

---

[1] **anfitriona:** hostess
[2] **temblar:** to tremble/shake
[3] **saltar:** to jump
[4] **terremoto:** earthquake
[5] **sacudir:** to shake
[6] **susto:** fear
[7] **lugareños:** locals
[8] **sobresalto:** shock
[9] **¿Quiúbole, güey?:** What's up?
[10] **achicopalada:** gloomy/anxious (in Mexico)

estar juntos. Así que me dirigí al Zócalo y me di cuenta de que había una discusión cautivadora sobre el temblor. Los nativos de la zona hablaban sobre el dios de los terremotos en la mitología azteca. La civilización azteca contaba con una visión politeísta: varios dioses y seres sobrenaturales, los cuales ofrecían una explicación específica para los desastres naturales. Según ellos, había una serie de ciclos y cada uno finalizaba con un terremoto y el dios llamado *Tepeyollotl*, quien personificaba o representaba el corazón de las montañas. Esta perspectiva me apasionó, ya que era una visión completamente diferente a la perspectiva de los mexicanos católicos. Estos otros nativos sentían una devoción y un tremendo respeto por los dioses aztecas. Yo no lo podía creer porque me habían convencido de que los conquistadores españoles habían impuesto su catolicismo romano por 300 años, y habían acabado con muchas de las tradiciones y creencias indígenas. Sin embargo, el catolicismo no era la única respuesta para estos oaxaqueños, y eso fue muy revelador para mí.

Pasada la discusión, regresé a casa, pero no lograba conciliar el sueño. Entonces, llamé a Alberto otra vez.

—¿Cómo estás?

—Aquí estamos, Marcelino. Kayla está más **alivianada**[1].

—Te perdiste una buena discusión en el Zócalo.

—**¿A poco?**[2] —dijo Alberto.

—Ya te contaré. Estos oaxaqueños continúan sorprendiéndome con esta cultura tan diversa que tienen.

—Así es, Marcelino. La riqueza es muy grande.

El escuchar la voz de Alberto me hizo sentir bien porque me di cuenta que estaba lejos de casa, y que la familiaridad de su voz me traía tranquilidad y

---

[1] **alivianada**: relieved
[2] **¿a poco?**: really?

confianza. **Extrañaba**[1] a Alejandrina y a Triana en particular porque siempre se aseguraban de que yo estuviera bien cuando algo **desafiante**[2] ocurría. Me sentía solo y no sabía por qué.

Afortunadamente, el susto del terremoto esa noche fue reemplazado unos días después por una de las celebraciones más populares en Oaxaca: *el Día de los muertos*. Este evento fue culturalmente intrigante para Kayla y para mí porque, de acuerdo con los creyentes, los muertos venían al mundo mortal para visitar a sus familiares y amigos por dos días. El enfoque de la celebración era darles la bienvenida a los muertos en una forma especial, haciendo comida exquisita para ofrecérsela. De modo que la gente se **esforzaba**[3] por hacer platillos y dulces típicos, como las **calaveras**[4] de azúcar, los tamales, las enchiladas, mole amarillo y el pan de muerto. Una vez preparada la comida, se colocaba en un altar con flores amarillas cempasúchil, **incienso**[5], una foto del muerto, variadas **ofrendas**[6] y la bebida preferida del muerto. Las flores despedían un olor aromático que perfumaba toda la casa. Y claro, no faltaba una piñata, **títeres**[7], la música para festejar y las **velas**[8] en el camino para guiar al muerto hasta su casa. Adicionalmente, la gente visitaba el cementerio donde se decoraban las **fosas**[9] y se celebraba la muerte escuchando las **comparsas**[10] y los mariachis o tríos de guitarras. Oaxaca se convertía en un lugar mágico donde los adultos y los niños se vestían de esqueletos, compraban **marionetas**[11] y comían dulces hasta más no poder. Al contemplar esta celebración, me di cuenta de que Alberto pertenecía a este mundo, y que sus tradiciones lo definían de alguna forma. Cuando lo vi disfrutando la ceremonia con tanta espontaneidad y familiaridad, reconocí que él se había encontrado en todas estas personas porque ellos compartían sus valores.

---

[1] **extrañar:** to miss
[2] **desafiante:** challenging
[3] **esforzarse:** to make an effort
[4] **calavera:** skull
[5] **incienso:** incense (burned material that is burned to obtain a nice fragrance)
[6] **ofrenda:** offering/gift
[7] **títere:** puppet
[8] **vela:** candle
[9] **fosa:** grave
[10] **comparsa:** carnival troupe
[11] **marioneta:** puppet/marionette

Después del día de los muertos, Kayla, Alberto y yo teníamos un mes más de estadía en Oaxaca, y Alberto pensó que era una buena idea hacer una fiesta de despedida con nuestros amigos en el restaurante Hostería de Alcalá. Originalmente, la idea era reservar unas mesas para tomarnos unas copas con nuestros amigos más cercanos. Sin embargo, la voz se corrió y el dueño del restaurante terminó llamando a Alberto porque la gente del pueblo quería participar del evento.

—Alberto, aquí están tus **cuates**[1] que quieren venir a la fiesta.

—**Pos**[2], eso me pasa por **bocón**[3] y **lengua larga**[4] —dijo Alberto.

—No te preocupes —dijo el dueño—. Hay espacio para todos.

Para el día de la fiesta, la comunidad oaxaqueña se había organizado. Unos habían traído música; otros contribuyeron con comida y diferentes tipos de licores y regalos. Nunca comprendimos por qué el dueño del restaurante aceptó que le invadiéramos su local de esta forma. La única manera de justificar su generosidad fue admitir que nosotros éramos parte de la comunidad y que eso excusaba todo. Para rematar, Alberto se atrevió a cantarle una canción a Kayla con el mariachi, y de rodillas, enfrente de todos los invitados, le propuso matrimonio a Kayla. Ahí fue donde todo el mundo se volvió loco. De repente, levantaron a la novia para que todos pudieran sacarle fotografías, luego la bajaron para unirla con su amante quien la esperaba con los brazos abiertos. Felizmente, Kayla aceptó casarse con él. Así que su respuesta le dio un cierre mágico a la fiesta. Alberto y Kayla se casaron al año siguiente en la Catedral de Oaxaca y su recepción fue en el mismo restaurante y con los mismos cuates mexicanos que vinieron a la despedida.

Cuando vi la conexión entre Kayla y Alberto, comprendí que yo nunca había experimentado una conexión de este tipo con ninguna mujer. Las mujeres me encontraban atractivo. Por lo menos era lo que yo pensaba. De

---

[1] **cuate:** buddy (in Mexico)
[2] **pos:** pues (well....)
[3] **bocón:** big-mouthed
[4] **lengua larga:** gossiper

hecho, tuve algunos encuentros **fugaces**[1] con algunas oaxaqueñas durante el semestre, pero la pasión y el entusiasmo por ellas siempre se desaparecían y no sabía por qué. Pensaba en mi amante, la mujer casada que tanto deseaba, pero **bastaba**[2] recordar el dolor que me causaba para **desistir**[3] de la idea. La deseaba con locura, pero el sufrimiento me hacía recordar que no estaba dispuesto a pagar el precio. Pensaba que Alberto y Kayla tenían mucha suerte. Encontrar el amor era un desafío, pero un verdadero regalo una vez **hallado**[4].

Comprensión de lectura

¿Cierto o falso? Corrija las afirmaciones falsas.

1. Oaxaca tiene un clima frío. C o F
2. La palabra Oaxaca viene de la lengua azteca náhuatl de Mesoamérica. C o F
3. Marcelino, Kayla y Alberto se hospedaron en los dormitorios de la Universidad Autónoma Benito Juárez. C o F
4. El Zócalo es un centro histórico y un lugar de reunión donde hay restaurantes y tiendas. C o F
5. En Oaxaca se comen varios tipos de moles. C o F
6. En el mercado se podía encontrar todo tipo de artículos. C o F
7. La diversidad indígena era muy rica en Oaxaca. C o F
8. A Kayla le daba miedo comer el pescado entero porque no quería ver los ojos del animal. C o F
9. Los alebrijes son animales hechos de plástico. C o F
10. Muchos niños jóvenes limpiaban zapatos para ayudar a sus familias en Oaxaca. C o F
11. En Oaxaca no hay terremotos. C o F
12. El día de los muertos es un día triste en Oaxaca. C o F
13. Alberto y Kayla se casaron en Oaxaca un año después. C o F

---

[1] **fugaz:** brief
[2] **bastar:** to be enough
[3] **desistir:** to give up
[4] **hallado:** found

Preguntas de discusión:

1. Describa qué hacen las personas en el Zócalo y en el mercado en Oaxaca, México. ¿Por qué son importantes estos lugares? ¿Tiene Estados Unidos un lugar como éste? ¿Dónde se reúne la gente en Estados Unidos?
2. ¿Qué descubrió Marcelino sobre la cultura de Oaxaca durante la conversación del **sismo**[1] en el Zócalo? Narre la reacción de la gente cuando tembló en Oaxaca. ¿Qué hizo Marcelino después del terremoto? ¿Son los oaxaqueños **monoteístas**[2]?
3. ¿Qué es el Día de los muertos? ¿Qué hacen las personas para celebrar ese día? En su opinión, ¿cuáles celebraciones son importantes en Estados Unidos?
4. Explique la invención de los alebrijes. ¿Quién los inventó y cómo surgió la idea?
5. De acuerdo con Marcelino, los hombres mexicanos tomaban demasiado licor para demostrar su masculinidad. ¿Qué piensa usted sobre este aspecto cultural?
6. Narre qué pasó en la fiesta (despedida) en el restaurante Hostelería de Alcalá. ¿Qué hizo Alberto?

---

[1] **sismo:** earthquake
[2] **monoteísta:** belief that there is only one God

Capítulo 12

La vida ya no era igual para mí después de haber vivido en Oaxaca. Sentí que había vivido un sueño. Mi deseo por ver el mundo se aceleró más que nunca. Había visitado Cancún y Puerto Vallarta con mis padres y abuelos por unos días cuando era un adolescente, pero nunca había tenido la oportunidad de vivir por un tiempo prolongado con los habitantes de otro país. Descubrí que había una gran diferencia entre visitar un país cuando se iba de vacaciones y visitar un país con la intención de vivir para aprender una lengua y ajustarse a la cultura. El desafío era mucho más grande y rico cuando la **estadía**[1] se prolongaba. Durante el viaje, me olvidé de mis propios valores para integrarme y comprender la cultura de los **oaxaqueños**[2]. El viajar también despertó mi interés por aprender más del mundo y de mi pasado en una manera más abierta. Empecé a ver las universalidades entre las personas, pero también noté el nacionalismo o identificación que la gente sentía por su patria. Supongo que yo no experimentaba este patriotismo por Estados Unidos porque era huérfano y

---

[1] **estadía:** stay
[2] **oaxaqueño:** from Oaxaca, Mexico

realmente no sabía cuál era mi origen.

    Una vez de regreso, tuve que pasar por una especie de ajustamiento cultural porque yo había cambiado. Comencé a notar que los estadounidenses, sin importar su crianza y herencia cultural, veían la vida por medio del filtro norteamericano, el cual era creado por los medios de comunicación y la mentalidad colectiva del país. La gente se preocupaba por acumular riqueza, proyectar una imagen más grande de sí mismo y tener éxito económico y profesional. El ser rico y popular constituían la nueva religión, y como nadie parecía cuestionarlo, la tendencia se consideraba una ambición natural. Yo había observado esta obsesión **desmedida**[1] antes de irme, pero pensaba que era una evolución normal puesto que el progreso económico siempre se había visto como algo ejemplar. Sin embargo, la experiencia de haber vivido en Oaxaca revolucionó el concepto de tener éxito para mí, ya que yo había convivido con personas que tenían poco o nada material, pero acumulaban riqueza humanitaria. Eran ricos en otra manera porque necesitaban más el calor humano que lo material. Realmente era lo que tenían.

    Cuando regresé a la universidad, **solicité**[2] el puesto de tutor en el Facultad de Leyes una vez más y, por suerte, me lo ofrecieron. Esta vez, el supervisor era un **madrileño**[3]. Así que pensé que había **topado con suerte**[4] porque podría continuar practicando el español con él. En Oaxaca, nos habían recomendado que buscáramos oportunidades para practicar el idioma y mantener o mejorar nuestro nivel de competencia lingüística. Entonces, **aproveché**[5] la ocasión para acercarme y pedirle que habláramos en español. Desafortunadamente, este madrileño estaba convencido de que el dialecto español que él hablaba era superior al dialecto que me habían enseñado en Oaxaca. Yo había adquirido una especie de combinación de dialectos (con mi abuela, en la universidad y en Oaxaca). Así que aplicaba una **mezcla**[6] de todo.

---

[1] **desmedida:** excessive
[2] **solicitar:** to apply
[3] **madrileño:** from Madrid, Spain
[4] **topar con suerte:** to be lucky
[5] **aprovechar:** to take advantage
[6] **mezcla:** combination

Sin embargo, este madrileño pasaba corrigiéndome porque ignoraba que había otros dialectos además del madrileño. Yo creía que era un concepto básico para aquéllos que habían aprendido una lengua extranjera sin importar cuál, pero no era el caso para este hombre que solía defender su dialecto como la única versión pura del español. "Nuestro español es la lengua madre" —solía decir. Pero, "¿quién se cree éste?" —pensaba yo. Con el tiempo empecé a reconocer el patrón: la necesidad que tenían muchos de sentir que sus raíces eran las más puras. Entonces, me di cuenta de que no tenía que ver con una cultura en particular, sino con el individuo mismo que necesitaba siempre sentir que era un ser superior. En forma de **broma**[1], yo molestaba a Alberto por su acento mexicano.

—Alberto, tú no sabes hablar español. Deja de decir: ¡**ándale**[2]!

—Tu supervisor debe visitar Oaxaca pa' que se le abran los ojos y los oídos de una buena vez, ja, ja.

Posteriormente, concluí que la experiencia de aprender una lengua realmente era única para cada persona porque **entraban en juego**[3] muchos factores. En mi caso, tuve la **dicha**[4] de tener a mi abuela que me expuso a la lengua a muy temprana edad. También tomé clases que me permitieron comprender la lengua en un contexto más formal. Finalmente, la estadía en Oaxaca me permitió poner todo en práctica. Fue un proceso continuo donde todo contribuyó a la formación de un dialecto único porque la experiencia había sido única para mí. Empecé a observar cómo mi cerebro analizaba la información nueva, y cómo empezaba a formar oraciones en una forma distinta y más compleja **conforme**[5] mi nivel avanzaba. No podía acelerar el proceso porque tenía que respetar la forma en que mi **cerebro**[6] digería y aplicaba la información. Así que llegué a comprender que necesitaba tiempo para aprender y formar estructuras nuevas. Muchas veces, terminaba con un poco de dolor

---

[1] **broma:** joke
[2] **¡Ándale!:** come on (in Mexico)
[3] **entrar en juego:** to come into play
[4] **dicha:** good luck
[5] **conforme:** as....
[6] **cerebro:** brain

de cabeza porque sentía que tenía que hacer un esfuerzo enorme para poder comprenderles a personas que hablaban diferentes dialectos del español, pero como todo, llegué a acostumbrarme.

Unos meses después de haber regresado de Oaxaca, Kayla me propuso que fuéramos a clases de baile porque quería sorprender a Alberto el día de la boda con algunos pasos de salsa. Este baile era uno de los pasatiempos favoritos de Alberto. Sin embargo, Kayla no quería ir sola a clases porque le parecía intimidante **enfrentarse**[1] al desafío de bailar con otros bailarines, así que me pidió que la acompañara.

—Tienes que venir conmigo, Marcelino. No podré hacer esto sola; ya me conoces.

—Pero yo no tengo ni la más mínima idea de cómo bailar, Kayla.

—Pues ésta es tu oportunidad —me respondió—. Yo fui a Oaxaca contigo. Ahora es tu turno acompañarme como amigo.

"¡Vaya, vaya!" —pensé. Realmente tenía razón; no podía decirle que no. De manera que después de unos días y contra mi voluntad, acepté acompañarla. Al principio, consideré que era una **locura**[2] aprender cualquier tipo de baile porque yo creía que tenía dos pies izquierdos, pero después de unas semanas en el club *El Güiro*, la salsa empezó a ser mi nuevo entretenimiento. Con unos meses de práctica, ya había empezado a divertirme con los primeros pasos, y sin darme cuenta, *El Güiro* se convirtió en el lugar de reunión para mí y todos los latinos de Sacramento. Por lo tanto, Kayla no tuvo que **rogarme**[3] más para que la acompañara; **bastó**[4] que yo viera el ambiente y la energía del lugar para convencerme de que yo iba a pasarla bien. Eso sí, debo admitir que pasaron varios años para que yo pudiera desarrollar una técnica profesional, pero la **pista de baile**[5] **se llenaba**[1] hasta más no poder porque lo

---

[1] **enfrentarse:** to face/to confront
[2] **locura:** madness
[3] **rogar:** to beg
[4] **bastar:** to be enough
[5] **pista de baile:** dance floor

que importaba era gozar del baile. La salsa se convirtió en la mejor terapia recreativa para mí.

 ¿Qué sabía yo de la salsa? Absolutamente nada; así que tuve que instruirme. La salsa se originó de la fusión de varios géneros musicales como el *guaguancó*, el *cha, cha, chá*, la *guaracha* y el *mambo* (populares en algunos países de Latinoamérica, especialmente en el Caribe). Con el tiempo, éstos y otros géneros musicales se combinaron para convertirse en lo que hoy llamamos la salsa. Esta creación fue elaborada en Nueva York con la intención de ofrecer un tipo de música y baile que incluyera diferentes géneros de música: *danzón* (heredado de los franceses e ingleses de su contradanza), las rumbas africanas, el *son* y el *mambo* de la isla de Cuba. Lo innovador de todo esto es que la salsa representaba la mezcla de todas estas culturas y ritmos. Así que no se le podría atribuir el origen solamente a los ritmos afro-caribeños porque realmente la salsa era un **crisol**[2] de elementos. De acuerdo con nuestro instructor, la corriente de salsa explotó en los setenta cuando la compañía Fania Records lanzó la música de los conocidos cantantes: Héctor Lavoe, Celia Cruz, Willie Colón, Rubén Blades, Tito Puente y muchos otros en Nueva York. Su música y su baile tuvieron un éxito de inmediato en la ciudad. Con el tiempo, la **fiebre**[3] de la salsa se extendió a otras ciudades de Estados Unidos, y posteriormente, llegó a Sacramento.

 Posiblemente, lo que más impresionaba del club era la energía que irradiaban las personas. Todos parecían estar conectados por una pasión universal que los unía en la pista de baile, permitiéndoles liberar su espíritu por medio del baile. La actividad les permitía olvidarse de sus problemas temporalmente, dejándoles **cargar**[4] baterías para seguir adelante. Venían al club para conversar, **ejercitarse**[5] y tomarse el famoso té frío *Long Island* que los hacía **girar**[6] **con soltura**[7]. La salsa realmente era una forma de canalizar la energía en

---

[1] **llenarse:** to fill up
[2] **crisol:** melting pot
[3] **fiebre:** fever (frenzy)
[4] **cargar:** to charge
[5] **ejercitarse:** to work out
[6] **girar:** to turn
[7] **con soltura:** with ease

una forma positiva.

Kayla y yo pronto nos unimos al grupo de baile *Rumba y Bongo*, cuyo instructor se llamaba Atif, un chico del Medio Oriente que bailaba salsa como ninguno. Este hombre tenía el carisma y el encanto de todo un caballero porque todas las mujeres del club se enamoraban de él en un instante. ¡Vaya suerte! Su grupo se presentaba *el Día de la familia*, un festival popular en Sacramento, donde todos los artistas latinoamericanos de la región tocaban su música o vendían su arte. Atif **animaba**[1] la audiencia enseñándole su famosa *Rueda*, un tipo de salsa donde los bailarines intercambiábamos compañera de baile cuando Atif se levantaba el sombrero y nos daba la orden con alguna de sus famosas expresiones: "¡**enchufa**[2] doble y dile que no!"

La idea de sorprender a Alberto el día de la boda con algunos pasos de salsa no **duró**[3] mucho tiempo porque Alberto frecuentaba *El Güiro*, y muchos de los bailarines eran sus amigos. Así que pronto se dio cuenta de que Kayla y yo estábamos tomando clases de salsa y que queríamos sorprenderlo. Realmente lo que le sorprendió fue que el baile nos hubiera cautivado en tan poco tiempo, y que hiciéramos amigos con tanta facilidad. Él personalmente nos presentó a un grupo de bailarines que transformaron nuestras vidas en una forma positiva. Este grupo **se acercó**[4] para hacernos reír con intensidad. Todos los miembros eran de diferentes partes del mundo, formando un modelo de una sociedad multicultural. Adicionalmente tenían ocupaciones diferentes, por lo tanto, nuestras conversaciones eran variadas y ricas en contenido. Cuando **nos juntábamos**[5], sentíamos que teníamos un lugar que nos ofrecía apoyo, cariño incondicional y mucha diversión. Algunos de los amigos estaban solos en Estados Unidos porque tenían a sus familias en sus respectivos países. Por consiguiente, este grupo de amigos en el club se había convertido en un refugio o una especie de hogar. Todos sabíamos que podíamos ofrecer críticas

---

[1] **animar:** to cheer up
[2] **enchufar:** plug in
[3] **durar:** to last
[4] **acercarse:** to approach
[5] **juntarse:** to get together

constructivas cuando la situación lo **ameritaba**[1], pero tratábamos de hacerlo sin atacar la mentalidad o los valores de la otra persona. El ser de otra cultura nos obligó a desarrollar la habilidad de considerar otras perspectivas y tener más paciencia con los demás. Nuestra intención era crecer juntos y complementarnos. Entonces, siempre tratábamos de sacar lo mejor del otro. Personalmente, debo confesar que yo necesitaba este grupo de apoyo, especialmente cuando el deseo de estar con mi ex amante me consumía. Mis amigos me ofrecían una manera temporal, pero efectiva para dejar mi pasado y mis **lesiones**[2] atrás.

Comprensión de lectura

¿Cierto o falso? Corrija las afirmaciones falsas.

1. Marcelino aprendió a valorar otra cultura cuando vivió en Oaxaca, México. C o F
2. Marcelino no tuvo problemas para ajustarse de vuelta a la cultura estadounidense cuando regresó de Oaxaca. C o F
3. Marcelino piensa que la mayoría de los estadounidenses se interesa en la adquisición de bienes materiales. C o F
4. Marcelino cree que el supervisor español tiene una mentalidad muy abierta con respecto a los dialectos. C o F
5. La idea de aprender a bailar salsa fue de Marcelino y no de Kayla. C o F
6. Bailar salsa es un tipo de terapia para Marcelino. C o F
7. La salsa se originó en San Francisco en los años 70. C o F
8. Kayla quería bailar salsa el día de su boda con Alberto. C o F
9. Marcelino tenía un grupo de amigos salseros con una diversidad cultural amplia. C o F
10. Marcelino utilizó la salsa para poder contrarrestar el deseo de regresar con su ex amante. C o F

---

[1] **ameritar:** to merit
[2] **lesión:** wound

Preguntas de discusión:

1. De acuerdo con Marcelino, ¿cuál es la diferencia más notoria entre vivir por un tiempo en un país extranjero y visitar un país como turista?
2. ¿Qué quiere decir Marcelino cuando dice que él empezó a notar las universalidades entre las personas mientras estaba en Oaxaca?
3. En su opinión, ¿cuáles son las ventajas de vivir en un país extranjero por un largo tiempo? Explique.
4. ¿Por qué cree usted que el tutor madrileño se rehúsa a aceptar otros dialectos del español?
5. ¿Qué pensaba Marcelino sobre el proceso de aprender una segunda lengua?
6. ¿Por qué quiere aprender a bailar salsa Kayla?
7. ¿Qué es la salsa? Narre su origen. ¿Por qué es importante la salsa para Marcelino?
8. ¿Tiene usted un grupo de amigos similar al grupo de amigos que tiene Marcelino? ¿Cuál es el rol de ese grupo de amigos para Marcelino? Explique con detalle.
9. ¿Cómo revolucionó el concepto de tener éxito para Marcelino después de viajar a Oaxaca?

Capítulo 13

Fue en 1986 —durante mi último año de universidad—cuando opté por estudiar en Beijing, en la Universidad China de Ciencias Políticas y Derecho. Decidí estudiar en este país porque descubrí que, de todos los países y sistemas que habíamos analizado en nuestras clases, el sistema chino parecía oponerse al sistema estadounidense. Me preguntaba si yo podía llegar a comprender un sistema tan distinto como el chino. El programa de derecho en la Universidad de Davis ofrecía programas de intercambio en la China, Copenhague, e Irlanda con la idea de ofrecerles la oportunidad a los estudiantes de conocer un sistema legal más global, pero el sistema chino me pareció el más **desafiante**[1]. Así que **solicité**[2] la oportunidad de estudiar en Beijing donde pasé 6 meses con una familia **anfitriona**[3].

Sabiendo de **antemano**[4] que mi **estadía**[1] sería **retadora**[2], me preparé

---

[1] **desafiante:** challenging
[2] **solicitar:** to apply
[3] **anfitriona:** host
[4] **antemano:** beforehand

lo mejor que pude antes de partir. Esta vez mi experiencia iba a ser un poco más compleja que la experiencia vivida en Oaxaca, México años anteriores. Para empezar, como parte de mi entrenamiento, tuve que tomar clases intensivas de mandarín durante tres cuatrimestres. Estos cursos fueron esenciales para sobrevivir en esta nueva cultura. Adicionalmente, asistí a varias orientaciones sobre la cultura oriental, específicamente la china que ofrecía información sobre su gastronomía, política, economía, educación y el sistema de vida en general. De momento, consideré sus prácticas un poco **extrañas**[3] y, de alguna forma, contradictorias con respecto a las creencias que nosotros los estudiantes estábamos acostumbrados a poner en práctica. Por ejemplo, me parecía raro que hicieran ruido al tomar sopa y que no pudieran poner los **palillos**[4] (que se usan para comer) dentro del plato al final de una comida. El sistema de valores parecía verdaderamente desafiante para la población estudiantil de la Universidad de California, Davis. Este hecho me cautivó aún más porque me preguntaba si yo tenía la capacidad para acomodarme a esta nueva cultura. Además, siempre esperaba encontrar a mis ancestros en el camino. Cada lugar que visitaba siempre se convertía en una posibilidad, aunque pareciera difícil de creer.

Durante las orientaciones, escuchaba con atención los testimonios de los estudiantes que habían participado en el programa en los años anteriores. Algunos explicaron con detalle cómo la experiencia parecía haber transformado su pensamiento; no obstante, otros parecían haber resistido el cambio con **firmeza**[5] e intensidad. A pesar de tener diferentes perspectivas, todos nos dieron recomendaciones en cuanto a cómo y qué **empacar**[6], instrucciones con respecto a la salud, técnicas para ajustarnos a la cultura, expectativas de los profesores y las familias anfitrionas e información general sobre Beijing como ciudad. Muchos manifestaron haber pasado por un proceso frustrante mientras

---

[1] **estadía:** stay
[2] **retadora:** challenging
[3] **extraño/a:** strange
[4] **palillos:** chopsticks
[5] **firmeza:** determination
[6] **empacar:** to pack

alcanzaban[1] el **ajuste**[2] y resolvían problemas para tratar de reintegrarse a la cultura estadounidense una vez que habían regresado. ¡Todo parecía muy complicado! ¡Ja, ja! Yo me preguntaba, "¿qué será más difícil para mí: ajustarme a la cultura china o reajustarme a la cultura estadounidense?" Supongo que no lo podía saber hasta que lo experimentara, pero yo tenía un plan: iba a encontrar una forma de ajustarme aunque tuviera que inventar mi propia técnica. Iba a darme tiempo para apreciar la cultura y no cometer el error de usar mis primeras impresiones o ideas preconcebidas que podían potencialmente influir en mi percepción. El tiempo me permitiría hacer los ajustes necesarios para realmente observar e interpretar la cultura en una forma más objetiva. En mi opinión, todo tenía que apreciarse en contexto, usando el conjunto de valores que correspondían a las diferentes prácticas observadas.

大家早上好。

—¡Buenos días a todos! —dijo el coordinador del programa de intercambio el primer día de nuestra orientación en la Universidad de Davis.

Todos quedamos paralizados porque en ese momento nos dimos cuenta de que el viaje **se aproximaba**[3]. Éramos cinco estudiantes y todos estábamos inquietos por el viaje. Ese día veníamos preparados con una lista específica de preguntas con respecto al itinerario. Estábamos muy decididos a partir. El coordinador nos dio unas fotocopias con expresiones básicas que serían de gran ayuda los primeros días de nuestra estadía.

我只会讲一点中文。

—Hablo solamente un poco de mandarín.

对不起。

—Disculpe, perdóneme.

---

[1] **alcanzar:** to reach
[2] **ajuste:** adjustment
[3] **aproximarse:** to approach

Me sentí intranquilo, pero contento al mismo tiempo. Nuestro coordinador nos recordó que la estadía y el ajuste serían **retadores**[1], y que sería difícil comprenderles el mandarín a los habitantes, ya que el dialecto usado por ellos parecería distinto, especialmente al principio. Así que tendríamos que acostumbrar el oído con el tiempo. Nos recordó que ellos hablarían rápidamente, mucho más rápido que nuestros profesores de chino en la Universidad de Davis, los cuales estaban acostumbrados a **dictar clase**[2] y a tenernos paciencia. Por lo tanto, nos refrescaba la memoria, constantemente, recordándonos que debíamos usar la siguiente expresión:

我听不懂。请再说一遍。

—No comprendo. ¿Podría repetir más despacio, por favor?

De golpe[3], todos nos empezamos a reír. En mi opinión, nuestro coordinador sabía que algunos de nosotros nos regresaríamos antes del **debido**[4] tiempo por el contraste cultural y la **falta de**[5] **aguante**[6] y habilidad para adaptarse. Él sabía que era imposible saber quién pasaría la prueba. Por esta razón era realista cuando hacía comentarios y, abiertamente, nos explicaba qué esperar. Me pareció honesto y entretenedor.

Conforme[7] asistía a las orientaciones y a clases de mandarín, mi conocimiento en chino era cada vez mejor. Aprendí el sistema escrito estandarizado: el chino mandarín. Éste era básicamente el sistema de lengua oficial de la China. Siendo una lengua tonal, tuve que memorizar todos los sonidos que iban con los símbolos escritos. Esto requería de mucho tiempo y dedicación. Después de unos meses, empecé a comprender por qué los chinos eran tan disciplinados. Solamente poder interpretar su lengua era un desafío. El chino era una lengua difícil de aprender, pero fascinante porque, de alguna

---

[1] **retador:** challenging
[2] **dictar clase:** to teach
[3] **de golpe:** suddenly
[4] **debido:** due to
[5] **falta de:** lack of
[6] **aguante:** endurance
[7] **conforme:** as

manera, manifestaba la forma de vida de los chinos: una vida diversa y rica. Luego de mucho **esfuerzo**[1] y preparación intensiva, me sentí preparado para hacerle frente a mi nuevo **reto**[2]. Logré alcanzar un nivel intermedio en chino antes de partir.

    Cuando llegué a Beijing, la capital de la República de China —ciudad también conocida como Pekín— tuve mi primera experiencia desagradable con la cultura china en el aeropuerto. Toda la gente estaba desesperada después de haber estado sentada durante muchas horas en el avión, así que los chinos empezaron a usar sus **codos**[3] para bloquear a la gente y poder salir primero del avión. Parecía no importarles si tenían que **pasarles a los demás por encima**[4]. Me ofendí de inmediato porque me parecía una falta de respeto, pero rápidamente, recordé que no podía tomarme las cosas personalmente, y que estaba cometiendo el primer error: interpretando una acción fuera de contexto y utilizando otro sistema de valores para interpretarla. ¡Ja, ja! Fue realmente una fortuna que me hubieran puesto **sobre aviso**[5] durante mis orientaciones. Así que decidí poner mi **orgullo**[6] a un lado y observar. En unos minutos me sentí mejor y decidí esperar mi turno para salir del avión.

    China era una cultura llena de contrastes. Por un lado, contaban con una rica y diversa herencia cultural que los hacía famosos mundialmente por su elaborado conocimiento en muchos **campos**[7] y por sus preciadas invenciones. La **seda**[8], las pastas y la **pólvora**[9] fueron algunas de estas creaciones que los chinos le ofrecieron al mundo. Sin embargo, los extranjeros que visitaban esta nación percibían al chino como un ser poco receptivo. Los chinos **empujaban**[10] y **escupían**[11] delante de los otros en lugares públicos, y había una

---

[1] **esfuerzo:** effort
[2] **reto:** challenge
[3] **codo:** elbow
[4] **pasarles a los demás por encima:** to step on people
[5] **sobre aviso:** advanced warning
[6] **orgullo:** pride
[7] **campos:** fields/disciplines
[8] **seda:** silk
[9] **pólvora:** gunpowder
[10] **empujar:** to push
[11] **escupir:** to spit

falta de higiene personal y ambiental que parecía poner en duda la integridad de este país. No obstante, había que ver el otro lado de la **moneda**[1]. Aprendí rápidamente que los chinos eran **devotos**[2] a la familia y a sus amigos, y que la responsabilidad era recíproca. De hecho, nunca me sentí solo mientras viví allí, pero tuve que apreciar sus prácticas primero. Había mucho que aprender sobre China.

Cuando llegué al país, China enfrentaba serios problemas sociales y económicos: inflación, desigualdad económica, prostitución y una tremenda corrupción política. Adicionalmente, muchas personas de **bajos recursos**[3] se habían mudado a la ciudad con la esperanza de encontrar un mejor estándar de vida, pero la realidad era otra; su condición era precaria. Debido a la propagación demográfica y a la **escasez**[4] de recursos, las familias podían tener solamente un hijo. Así que muchas injusticias fueron implementadas por el gobierno para poder cumplir con la nueva misión de disminuir la población: forzaban a las mujeres para que tuvieran un aborto o las **despedían**[5] de sus trabajos si quedaban embarazaban. Muchas familias tenían que pagar **multas**[6] si insistían en tener más hijos. Algunas mujeres eran esterilizadas a la fuerza. Fue todo un caos social.

Al mismo tiempo, la nueva generación había comenzado a exigir libertad de expresión. Estos jóvenes querían manifestar su desilusión y su inconformidad con el sistema. Los estudiantes e intelectuales pedían reformación política y económica.

China había sido gobernada por un marxista y brutal opresor —el dictador y líder del Partido Comunista Chino, Mao Zedong. Este hombre estuvo en el poder por aproximadamente cuarenta años hasta su muerte en 1976. **Bajo su mando**[7], muchos vivieron bajo presión, hambre y degradación

---

[1] **moneda:** coin
[2] **devoto:** devotee
[3] **bajos recursos:** low resources
[4] **escasez:** shortage
[5] **despedir:** to fire
[6] **multa:** fine
[7] **bajo su mando:** under his command

porque este hombre estimuló una economía industrial más que un sistema agrario. Consecuentemente, millones de campesinos murieron de hambre. Por eso, los jóvenes estaban dispuestos a luchar y retar el nuevo sistema de Deng Xiaoping, el seguidor y sucesor de Mao Zedong que, a pesar de su reforma económica, la desigualdad continuaba. Las nuevas reformas económicas condujeron al país a la inflación que **se disparó**[1] como un proyectil, y no había manera de pararla. La posibilidad de conseguir un empleo para los estudiantes era básicamente inexistente.

De modo que la generación de los ochenta cambió China por completo. Estas mentes jóvenes finalmente cuestionaban —con furor— el comunismo y la corrupción política. El profundo **grado**[2] de conciencia se manifestó en una demostración en diciembre de 1986. Yo fui testigo de esta protesta porque vi —con mis propios ojos— llevar **pancartas**[3]:

要法制，不要专制。民主万岁。

¡Justicia! ¡No al **despotismo**[4]! ¡Viva la democracia!

El Partido Comunista Chino finalmente enfrentaba un serio desafío después de haber estado en el poder durante cuarenta años. Mi opinión personal coincidía con la de los jóvenes luchadores, especialmente después de haber visto el nivel de pobreza en las calles. Las escenas que **presencié**[5] me transportaron a mi **infancia**[6] donde vi la realidad de muchos **granjeros**[7] mexicanos en California. Por eso, me unía a las protestas que demandaban justicia social. Yo me identificaba con el **desengaño**[8] y la desilusión que sentían los chinos; así que también luché y **grité**[9]: "¡Sí se puede!" como el Sr.

---

[1] **dispararse:** to go off
[2] **grado:** level
[3] **pancarta:** banner
[4] **despotismo:** abuse of power
[5] **presenciar:** to witness
[6] **infancia:** childhood
[7] **granjero:** farmer
[8] **desengaño:** disappointment
[9] **gritar:** to shout

Romero y Alberto lo hacían. Las demostraciones eran las mismas; la gente luchaba por sus derechos. Cuando pensaba en los granjeros, sentía que la lucha **valía la pena**[1] y que la reformación era inevitable para los chinos también. "¿Quién no quiere ser libre y ser apreciado?" —pensaba yo.

    La energía en las calles de Beijing era irresistible. Nadie podía detener las masas de intelectuales y jóvenes que s**e aglomeraban**[2] con entusiasmo en las plazas. Era como una explosión de voces manejada por una energía colectiva que los unía a todos. Desafortunadamente, las protestas tuvieron ramificaciones horroríficas. Los soldados parecían no apreciar las demostraciones. De hecho, algunos de ellos nos detuvieron y nos pusieron en una **celda**[3] por varios días por nuestro "mal comportamiento social". ¡Fue **espantoso**[4]! Pensé que me iba a morir de la angustia. Posiblemente, esos días fueron los más **aterradores**[5] de mi vida, pensando en cómo me iban a torturar o matar. Para empezar, no entendía la mitad de lo que me decían los soldados; no sabía si era porque yo no comprendía o porque ellos **hablaban en código**[6]. Lo cierto es que no pude dormir durante mi arresto. Pensaba en Triana y el **trastorno**[7] que esto le iba a causar, pero por fortuna, un verdadero **milagro**[8] me salvó. Después de unos días, el coordinador de intercambio de la universidad se apareció en la cárcel, ya que mis profesores empezaron a **quejarse**[9] de mi ausencia. Así fue como dieron con mi **paradero**[10]. El coordinador, quien era un buen amigo mío, hizo lo imposible para convencer a los soldados de que me dejaran libre. Él astutamente les vendió la idea de que mi nivel de competencia lingüística en chino era limitado —lo cual era parcialmente cierto—, y que por eso, yo no comprendía las "reglas del juego".

---

[1] **valer la pena:** to be worth it
[2] **aglomerarse:** to form a mass
[3] **celda:** cell
[4] **espantoso:** frightening
[5] **aterrador:** terrifying
[6] **hablar en código:** to speak in code
[7] **trastorno:** suffering
[8] **milagro:** miracle
[9] **quejarse:** to complain
[10] **paradero:** origin/descent

我的学生的中文不太好。而且他也不懂我们的制度。请把他放了。

—Mi estudiante no habla bien chino. Él tampoco comprende bien nuestro sistema. Por favor, libérenlo —le dijo el coordinador al oficial.

告诉他不要上街。

—Dígale a su estudiante que **permanezca**[1] fuera de las calles —dijo el oficial.

Así que después de varias horas de diálogo y razonamiento, el coordinador logró convencer al soldado para que me **sacaran**[2] de la **cárcel**[3], pero este buen amigo y mentor temía por mi seguridad. Los chinos no **se prestaban para juegos**[4], y él comprendía muy bien cuál era mi intención: luchar por la justicia como el resto de las personas en las calles. La preocupación que él sentía era evidente, pero mi **enojo**[5] era aún más poderoso.

为什么这个制度如此以自我为中心，如此不公平。

—¿Cómo puede un sistema apoyar valores tan egoístas y ser tan injusto? —le pregunté al coordinador.

马斯里诺，世界正在变化。你要等待。有些事你不能超前，因为人们对此还未准备好。你要做的就是等待和观察。有的时候，变化要等上几代人的时间才能实现。变化就是渐进，人们对此要有准备。我的朋友，要有耐心。

—El mundo está cambiando, Marcelino. Debes esperar. No puedes anticipar eventos cuando el mundo no está listo para enfrentarlos. Espera y

---

[1] **permanecer**: to stay
[2] **sacar**: to help someone get out/ to release
[3] **cárcel**: jail
[4] **prestarse para juegos**: to play games
[5] **enojo**: anger

observa. Algunas veces varias generaciones tienen que tomar conciencia para que el cambio se dé. La trasformación es parte de la evolución, pero debemos prepararnos para ello. Ten paciencia amigo.

¿Paciencia? Con todo, ¿cómo voy a esperar y presenciar estas injusticias? "¿Qué clase de ciudadano eres?" —le pregunté. Yo estaba furioso y no quería escuchar sus excusas. Pero, con los días, me di cuenta de que el coordinador tenía razón. Yo tenía que esperar porque no tenía control sobre el sistema. Descubrí que la nueva generación china tenía que luchar por su causa. También descubrí que yo estaba poniendo en peligro mi seguridad y la de los otros estudiantes estadounidenses, y podía arruinar el programa por tratar de imponer mi punto de vista. Así que decidí dar un paso atrás y calmarme. Me sentí **indefenso**[1], pero me prometí respetar el caos.

Desafortunadamente, esta protesta que presencié se convirtió en el comienzo de muchas otras que terminaron en la masacre de los estudiantes en la Plaza de Tiananmén en 1989, donde muchos fueron asesinados. Varios de estos estudiantes sacrificados eran mis amigos y compañeros de clase en China. Sentí náuseas el día que supe de la **matanza**[2] cuando estaba de regreso en Estados Unidos. Me lamenté y estuve enfermo durante varios meses, recordando las reuniones en los cafés donde discutíamos ideas para contribuir con la reforma social y económica que —Hu Yaobang— el revolucionario del sistema, nos había **inculcado**[3] como estudiantes. Yo era uno de estos **aprendices**[4].

胡耀邦说过，共产主义不能解决人类的所有问题。

—El comunismo no puede resolver todos los problemas del hombre— —solía decir Hu Yaobang.

Este hombre llegó a comprender que la libertad de expresión era un

---

[1] **indefenso:** helpless
[2] **matanza:** slaughter
[3] **inculcar:** to instill/to teach
[4] **aprendiz:** learner/apprentice

derecho del hombre. Esa fue la ideología que impulsó a la nueva generación. Durante el resto de mi estadía en China, traté de mantenerme tranquilo porque había comprendido que era prudente para un extranjero **permanecer**[1] calmado, especialmente después de haber estado en la cárcel por varios días. Ya tenían mi nombre y no **cesaban**[2] de **marcarme el paso**[3] donde estuviera. No obstante, debo confesar que era imposible ignorar la reformación cuando veía a los pobres agricultores luchar para subsistir. No podía comprender cómo una civilización tan rica podía justificar el nivel de pobreza y **desigualdad**[4]. Me sentí frustrado e indefenso porque veía un mundo controlado por hombres ricos y de mentalidad cerrada, quienes disfrutaban de su poder y su dominio económico.

Para colmo[5], el Departamento de Ciencias Políticas y Derecho en China me envió una carta, **exigiéndome**[6] que no participara en las protestas públicas porque —de lo contrario— tendrían que **mandarme de vuelta**[7] a California. "¡Qué hipocresía!" —pensaba yo. Justamente había venido a Beijing para estudiar leyes. Así que no comprendía su posición. En la carta también me pedían que me presentara en la oficina del **decano**[8] porque él quería hablar conmigo en persona. Entonces, al día siguiente me presenté **dispuesto**[9] a decirle lo que pensaba en la cara aunque me mandara de vuelta, pero para sorpresa mía, el decano me dio una cordial bienvenida y me escuchó con atención e intriga. Cuando terminé de decirle lo que pensaba me dijo:

—Escriba, Marcelino. Debe escribir. Sus ideas serán escuchadas algún día, pero **aléjese**[10] de las calles. ¿Qué podría yo decirles a sus padres si algo le pasara? Sea consciente de que las personas responden a su propio sistema de

---

[1] **permanecer:** to remain
[2] **cesar:** to stop
[3] **marcar el paso:** to follow
[4] **desigualdad:** inequality
[5] **para colmo:** to make matters worse
[6] **exigir:** to demand
[7] **mandar de vuelta:** to send back
[8] **decano:** dean
[9] **dispuesto:** willing
[10] **alejarse:** to stay away

valores. Los soldados harán lo que se les pida, y ya se lo han **advertido**[1]. Yo no tengo poder sobre ellos.

Me quedé **inmóvil**[2] y sin poder pronunciar una palabra ante esta sugerencia. Este hombre realmente pensaba como yo, pero quería que yo comprendiera su posición. Él simplemente estaba preocupado y proponía una **medida**[3] de seguridad para mí y los otros estudiantes. No obstante, él quería que yo **alzara**[4] mi voz. Eso fue posiblemente lo que más me impactó del sermón. Él estaba convencido de que había otras formas de despertar conciencia en una sociedad. Complacido por su reacción y sugerencia, me puse de pie en un instante, y decidí en ese momento hacer algo positivo con mi enojo. En seguida, empecé a escribir todo lo que observaba: las injusticias y desigualdades a las que las masas eran **sometidas**[5], y poco a poco, comencé a comprender el caos. Posteriormente, mis ensayos fueron leídos por muchos profesores y estudiantes, quienes reconocían la falta de **liderazgo**[6] en el país, y estaban dispuestos a luchar por esta causa también. En poco tiempo descubrí que mi contribución tenía un impacto valioso si usaba una plataforma académica. Ésta me permitía conectarme con el sector intelectual de la sociedad que estaba dispuesto a cuestionar la desproporción económica y los derechos sociales.

Me sentí útil ya que las circunstancias me habían **otorgado**[7], una vez más, el poder que yo necesita para tener una voz y unirme con aquéllos que compartían mi visión del mundo. Sin embargo, le había prometido al decano ser responsable con esta nueva fortaleza. Así que para contrarrestar mi impulso de querer luchar en las calles, canalizaba mi energía enfocándome en las cosas positivas que ofrecía China.

---

[1] **advertir:** to warn
[2] **inmóvil:** still
[3] **medida:** measure
[4] **alzar:** to raise
[5] **someter:** to subdue
[6] **liderazgo:** leadership
[7] **otorgar:** to grant

A los pocos meses de mi estadía, adquirí un conocimiento **hondo**[1] sobre el sistema político de China, su cultura, su lengua, su arte y su arquitectura. Asimismo descubrí el respeto que muchos sentían por Confucio, el maestro chino y modelo de honestidad y rectitud. Beijing se consideraba el centro de la buena educación y el zócalo de la cultura y las ideas políticas revolucionarias, lo cual me dio la oportunidad de estar expuesto a la sección más cultivada y avanzada del país. Beijing era famoso por sus palacios antiguos, sus templos, su famosa **muralla**[2] y sus portones de entrada chinos. Era verdaderamente un Disneylandia para los amantes de la arquitectura.

Mis lugares favoritos eran el parque Beihai situado en el centro de la ciudad y la famosa Muralla China. El parque había sido construido durante el siglo X de acuerdo con una tradición legendaria. Aparentemente, había tres montañas mágicas—Penglai, Yingzhou, and Fangzhang—cuyos dioses poseían hierbas que tenían, a la vez, el poder de convertir a los humanos en seres inmortales. Durante la época feudal, los emperadores buscaban estas tres montañas para poder obtener una vida eterna. Sin embargo, era crucial tener la combinación perfecta entre las montañas y el agua que las circulaba. Por lo tanto, los emperadores se preocupaban por construir jardines y algún tipo de fuente de agua, esperando tener los resultados precisos. Y, a pesar de que era simplemente una leyenda, esta superstición reflejaba que todos los seres humanos **cargaban**[3] el conflicto universal de dejar atrás su identidad y todo aquello con lo que se identificaban los seres humanos. En otras palabras, los emperadores se resistían a la muerte al igual que todos porque querían y creían ser inmortales, mas el dinero y la posición de poder con la que contaban, no les otorgaban el estar **exento**[4] a la muerte o al miedo de dejar este planeta. Al final, "todos somos iguales." —pensaba yo.

De acuerdo con la historia, la famosa Muralla China fue construida para proteger la parte norte del país de invasiones. Cuando la vi, no podía

---

[1] **hondo:** deep
[2] **muralla:** wall
[3] **cargar:** to carry
[4] **exento:** free of

comprender cómo había podido construirse **semejante**[1] obra de arte simplemente para bloquear invasores. Parecía un capricho o una decisión **paradójica**[2], ya que yo asociaba las invasiones y las guerras con escenarios hostiles, no con una **obra maestra**[3] como ésta. Era uno de los sitios más visitados del mundo porque la gente **se conmovía**[4] y se impresionaba presenciando la complejidad de su construcción. La muralla fue construida durante los siglos III y XVII a.C. (antes de Cristo), pero mayoritariamente durante la Dinastía Ming, durante los siglos XIV-XVII. La muralla se extendía de Shanhaiguan, localizado en la parte este del país hasta Lop Nur, localizado en la parte oeste. Como la muralla seguía la forma natural de las montañas, algunos puntos tenían vistas panorámicas **asombrosas**[5]. Afortunadamente tuve la oportunidad de escalar algunas partes y presenciar estos escenarios arquitectónicos.

Durante los fines de semana, visitaba Wangfujing, una de las calles más **recorridas**[6] de Beijing, donde la gente podía encontrar descuentos o **rebajas**[7] de cualquier tipo de **artículo**[8]. Era una especie de mercado abierto. También solía visitar la librería Wangfujing Xinhua y la Librería de Lenguas Extranjeras de Beijing para conseguir libros a buen precio. Todo se podía negociar en China. Me encantaba **regatear**[9] con los vendedores que solían pedirme que les hiciera una oferta para empezar el regateo. Poder negociar algo era una **destreza**[10] para subsistir en China. Mi hora favorita era cuando caía la noche y los vendedores ofrecían escorpiones e insectos fritos o animales del mar que en mi vida había visto. Esta gente se podía comer cualquier cosa que se moviera o tuviera vida. La primera vez que probé algunos de estos animalitos vomité varias veces, pero con el tiempo me acostumbré a **digerirlos**[11]. Al poco tiempo

---

[1] **semejante:** similar
[2] **paradójica:** contradictory
[3] **obra maestra:** masterpiece
[4] **conmoverse:** to be moved/touched
[5] **asombroso/a:** amazing
[6] **recorrido/a:** visited
[7] **rebaja:** discount
[8] **artículo:** item
[9] **regatear:** to bargain
[10] **destreza:** skill
[11] **digerir:** to digest

se convirtieron en mi **merienda**[1] diaria y favorita.

Otro aspecto de la cultura que aprendí a respetar fue la costumbre de cancelar una cita, una clase o una reunión a última hora; o sea, en el último momento. **De modo que**[2] tuve que aprender a ajustarme a la idea de que los planes podían cambiar en cualquier momento. Los chinos también parecían ser **groseros**[3] cuando **escupían**[4] o **empujaban**[5] para poder pasar; creo que lo mencioné antes, pero era mi percepción, sin duda. Lo importante era **estar atento**[6] para no interpretar las acciones fuera de contexto. Me parecía divertido cuando la gente me preguntaba cosas personales sin conocerme; hacían preguntas que habrían sido inapropiadas en Estados Unidos: ¿cuánto dinero ganas?, ¿cuántos años tienes?, ¿eres soltero?, etc. No eran groseros; simplemente empleaban lo que era aceptable para ellos. Con el tiempo, mi conocimiento cultural y mi tolerancia empezaron a ampliarse porque yo simplemente observaba, no llegaba a ninguna conclusión. Me daba cuenta de que los chinos parecían desconsiderados si yo interpretaba sus acciones aplicando el pensamiento que se me había impuesto, pero si no aplicaba ningún **prejuicio**[7], lograba comprender y apreciar la práctica por lo que era.

Así que **interiorizaba**[8] lo que podía sobre la cultura y la forma de vida de los chinos. Por ejemplo, usaba su transporte al igual que el 80% de la población: la bicicleta y las motocicletas eran los medios de transporte más utilizados para **trasladarse**[9]. Me di cuenta de que era algo que yo tenía en común con ellos porque yo había utilizado la bicicleta para ir al colegio y a la universidad en California. Era fascinante ir de compras y ver a todos transportar sus alimentos y sus artículos en bicicleta. Todo parecía muy sencillo y original. Con el tiempo, los medios de transporte evolucionaron

---

[1] **merienda:** snack
[2] **de modo que:** thus
[3] **grosero:** rude
[4] **escupir:** to spit
[5] **empujar:** to push
[6] **estar atento:** to be alert
[7] **prejuicio:** prejudice
[8] **interiorizar:** internalize
[9] **trasladarse:** to move

tremendamente en Beijing, pero tuvieron una **repercusión**[1] **dañina**[2] porque todos los avances contribuyeron para que esta hermosa ciudad se convirtiera en uno de los sitios más **contaminados**[3] del mundo.

Pero bueno, no todo tuvo un efecto negativo. La cocina china fue uno de los aspectos culturales más enriquecedores para mí como extranjero. Aprendí a cocinar algunos platillos con mi madre anfitriona, Ai ☐, quien con mucha **voluntad**[4], me enseñaba todos los trucos para que la comida tuviera un efecto saludable y satisfactorio en las personas. Ai ☐ —amor en la lengua mandarín— era del sur de China, lo cual era valioso porque ella modificaba la dieta y la dinámica de la familia cuando cocinaba. En el sur, la gente consumía más arroz y la comida era más picante porque solían ponerle diferentes tipos de **pimientos**[5] a la comida. En el norte, se consumían más harinas en general: **tallarines**[6] y las famosas bolas o panes de masa **hervidas**[7] que podían ser dulces o **saladas**[8]. De modo que si Ai ☐ cocinaba, el arroz y las especies picantes eran parte del platillo, pero si mi padre Gui ☐ —el respetado en mandarín— preparaba la cena, comíamos tallarines, bolitas de pan hervidas y **rellenas**[9] de alguna carne, y la comida tendía a ser sabrosa, pero no picante. Era realmente fácil adivinar quién había cocinado porque los olores revelaban quién había preparado la cena. Bueno, y debo aclarar que, Gui ☐, siendo de Beijing, **se jactaba**[10] de la comida del norte, especialmente si preparaba el pato asado que era una de las comidas populares de la ciudad. Este hombre **se esmeraba**[11] cocinando las bolas de masa rellenas de **cordero**[12], pato, cerdo o vegetales. Cuando cocinaba, me enseñaba a cómo combinar el aceite de

---

[1] **repercusión:** effect
[2] **dañina:** harmful
[3] **contaminado:** polluted
[4] **voluntad:** will
[5] **pimientos:** red peppers
[6] **tallarín:** noodles
[7] **hervida:** boiled
[8] **salada:** salty
[9] **rellena:** stuffed
[10] **jactarse:** to show off
[11] **esmerarse:** to do one's best
[12] **cordero:** lamb

ajonjolí[1], la salsa de soya y el vinagre de arroz, los cuales eran ingredientes esenciales en la dieta china. Ai 口 también me enseñaba sobre los beneficios medicinales de algunos platillos que contenían ingredientes curativos como: **ginsen**[2] para nutrir el espíritu y regular la presión sanguínea; el jengibre para la digestión, especialmente si la persona estaba **intoxicada**[3] por algún alimento, y consumían la **canela**[4] para estimular la circulación y prevenir las alergias. ¡Estos chinos lo **aprovechaban**[5] todo! Debo confesar que me gustaba tanto la comida del sur como la del norte; eran simplemente diferentes. Yo pensaba que se complementaban y coexistían en armonía como Ali 口 y Gui 口, quienes habían estado casados durante cuarenta y cinco años.

   Mis padres anfitriones chinos eran muy amables, pero a la vez, extremadamente estrictos con sus hijos, incluyéndome a mí. Su hijo, Bingwen 炳文 —refinado e inteligente en mandarín— tenía veintidós años. La hija, Bao 麻袋 —precioso tesoro en mandarín— tenía veinte. Los dos eran gentiles y educados en una forma disciplinada y rigurosa. Nunca había conocido hijos tan respetuosos como ellos. Al principio, me parecieron un poco tímidos y reservados. Bao y Bingwen tenían que respetar la voluntad de sus padres y el tener buenos modales era fundamental. Criar a los hijos con mucha disciplina era un valor fuertemente establecido por los padres chinos, y en Beijing, ofrecerles una buena educación a los hijos era uno de los objetivos más importantes de los padres, especialmente si lograban **enviar**[6] a sus hijos a instituciones prestigiosas. Por lo tanto, la presión, para que Bao 麻袋 y Bingwen 炳文 tuvieran una vida con éxito, era pan de cada día. Ai 口 y Gui 口 siempre estaban evaluando las **destrezas**[7] de sus hijos para explotarlas al máximo. Por fortuna, yo ya venía preparado para aceptar estas expectativas, y sabía que iba a ser difícil no sentirme presionado y **agobiado**[8] por ellos,

---

[1] **ajonjolí:** sesame seeds
[2] **ginsen:** ginseng
[3] **intoxicada:** poisoned
[4] **canela:** cinnamon
[5] **aprovechar:** to take advantage of
[6] **enviar:** to send
[7] **destreza:** skill
[8] **agobiado:** overwhelmed

especialmente cuando se trataba de informarle a la familia cuáles eran mis planes del día: si llegaba tarde o si visitaba otro pueblo, etc. En resumen, yo me convertí en su responsabilidad. Esta forma de criar a los hijos fue bastante nueva para mí porque estaba acostumbrado a explorar y tomar mis propias decisiones. Ya podrán imaginarse lo que sintieron Ai ☐ y Gui ☐ durante los días que pasé en la cárcel en Beijing. ¡Casi se mueren del susto!

    Desde mi punto de vista, pensaba que la presión que los padres ponían sobre sus hijos era excesiva porque Bao 麻袋 y Bingwen 炳文 pasaban muy estresados, pero decidí seguir las reglas y respetarlas al igual que ellos porque no quería insultar a nadie, ni ser irrespetuoso. Pensaba que parte del proceso de ajustarme era poner a un lado mi propia mentalidad. Curiosamente, Bao 麻袋 y Bingwen 炳文 nunca **se quejaban**[1] del sistema; por el contrario, seguían las reglas como si todo fuera completamente normal. Estaban convencidos de que ésta era la única manera para subsistir y tener éxito, y creo que tenían razón, porque no había otra opción. Era la manera o la táctica china de hacer las cosas.

    Hubo otros desafíos que tuve que **afrontar**[2] durante mi **estadía**.[3] A pesar de haber alcanzado un nivel razonable en mandarín, la velocidad con la que hablaban estos chinos y las expresiones idiomáticas que utilizaban me dieron mucho trabajo. A veces terminaba con un poco de dolor de cabeza tratando de explicar muchas confusiones. Había tomado tres cursos intensivos de chino en California y dos en Beijing, pero realmente pasé siete años estudiando esta lengua después de mi estadía en China. ¡Qué lengua tan difícil de aprender! ¡Caramba! Las expresiones idiomáticas, conocidas como *Chengyu*, fueron las más difíciles de asimilar porque tuve que aprender detalles sobre la cultura para poder utilizarlas en contexto. Creo que es el caso con todas las lenguas, pero supongo que pensamos en eso cuando estamos aprendiendo las expresiones de otros. El desafío era que estas expresiones estaban escritas en chino clásico, y éstas normalmente incluían cuatro símbolos. Para mí era como

---

[1] **quejarse:** to complain
[2] **afrontar:** to face
[3] **estadía:** stay

aprender una lengua dentro de otra. Todas las noches, memorizaba dos o tres expresiones cuando estudiaba con Gui ☐, quien con mucha dedicación y paciencia, me enseñaba el significado de éstas:

你要像中国人一样认真学习努力工作。

—Debe estudiar y trabajar duro de la manera en que lo hacen los chinos, decía Gui 贵.

Yo escuchaba a este hombre con respeto y entrega:

未雨绸缪

—El que **guarda**[1] para un día lluvioso, está preparado para la tormenta.

Yo repetía como una lora, ya que este hombre insistía con **rigidez**[2]. Una vez que Gui ☐ se aseguraba de que yo manejara bien las expresiones, me dejaba descansar.

Marcelino, 你中国话说得很好。

—Marcelino, usted habla muy bien mandarín.

Yo **solía**[3] ir a la cama con dolores de cabeza, pero agradecido porque el chino me abrió las puertas en el mundo profesional. Yo llegué a pensar que todo estudiante universitario debía aprender una segunda lengua y vivir en otro país hasta que la persona lograra adaptarse. "¿Cómo algo tan esencial no era parte de todo programa de carrera en las universidades?" —pensaba yo. Con el tiempo, descubrí que mi familia anfitriona quería compartir su cultura y deseaba que yo me beneficiara de sus ideas y costumbres. Se sentían orgullosos de sus creencias y era un honor enseñármelas. Estos valores estaban conectados con el orgullo y el prestigio de toda una cultura. Me di cuenta de que todo sistema

---

[1] **guardar:** to save
[2] **rigidez:** rigid/enforcement
[3] **soler:** to be accustomed to

tenía ideales similares, a pesar de que su método para obtenerlos fuera diferente. Todos contaban con una guía y prácticas que posteriormente guiaban a la persona para obtener esos ideales.

Pero claro, nunca **faltaban**[1] los **malentendidos**[2]. El primer día que llegué a la casa de mi familia anfitriona, ellos me dieron un regalo, y yo lo abrí inmediatamente en frente de ellos. De repente, todos parecían **pálidos**[3] y en estado de asombro, lo cual me hizo pensar que yo había hecho algo imprudente o inapropiado. Sabía que algo pasaba porque ninguno se **sobreponía**[4] de la sorpresa. Me disculpé como pude, y les dije que estaba muy contento de estar con ellos. De la misma manera, les di un regalo —un té inglés— de mi parte porque sabía que era una costumbre traerle un **obsequio**[5] a la familia anfitriona. Creo que esto me ayudó a resolver el malentendido porque ellos se inclinaron, haciendo una especie de **reverencia**[6] para agradecerme el regalo. Inmediatamente, noté que no lo abrían; fue entonces cuando comprendí lo que yo había hecho. Todos sonrieron de vuelta y me dijeron que todo estaba bien, pero esa misma noche, mi padre anfitrión Gui ☐ me explicó que la costumbre era no abrir el regalo delante de las personas. Rápidamente me di cuenta de que los chinos solían no ser directos, dado que la discreción era un valor de su formación.

Algunas veces, yo olvidaba quitarme los zapatos antes de entrar a la casa, y esto le molestaba a Ai ☐ porque su casa era impecable. Los zapatos sucios tenían que estar afuera. Normalmente, les permitían a los huéspedes entrar a la casa con zapatos, pero yo era parte de la familia y tenía que respetar las reglas. Así que tuve que poner un **letrero**[7] en la entrada de mi casa para no olvidar quitármelos, especialmente al principio porque olvidaba hacerlo. La familia apreciaba mucho que yo hiciera el intento, especialmente la madre. Yo

---

[1] **faltar:** to lack
[2] **malentendidos:** misunderstandings
[3] **pálido:** pale
[4] **sobreponerse:** to get over
[5] **obsequio:** gift
[6] **reverencia:** reverence/respect
[7] **letrero:** sign

le compraba flores y té verde cuando olvidaba hacerlo porque ella **se agobiaba**[1] cuando veía mis zapatos "sucios", pero siempre me perdonaba y parecía ser flexible. Creo que ella también se tenía que recordar a sí misma que yo venía de otra cultura, y no acostumbraba quitarme los zapatos como ella.

你进来时没脱鞋，没关系，可以原谅。

—Cuando entres, no tienes que quitarte los zapatos. Puedo perdonarte —me decía.

Pero yo hacía el mejor de los esfuerzos para no olvidarlo. Con el tiempo, adopté la costumbre. Una vez más, era la manera en que los chinos hacían las cosas.

Una vez en el supermercado, traté de usar el dedo índice para llamar a uno de los vendedores, pero él inmediatamente se asustó y, entonces, supe que mi gesto con el dedo índice no era apropiado. Afortunadamente, Bao 麻袋 estaba conmigo para clarificar el malentendido. Me explicó que yo debía usar la mano completa con los dedos en dirección al **suelo**[2] si quería la atención de una persona, no importaba quién fuera (un taxista, un camarero, un niño, etc.) El dedo índice podía ofender a una persona.

马斯里诺 Marcelino，不要做这样的动作，不雅观。

—No hagas ese gesto con el dedo, Marcelino. Se considera una falta de respeto —me decía Bao 麻袋

Los dedos siempre tenían que ir en dirección al suelo. Así que lo asimilé cuanto antes porque no quería ofender a nadie. Sin embargo, Bao 麻袋 y yo nos reímos muchísimo cuando íbamos de vuelta a casa, recordando la cara de asombro del vendedor. "¿Qué habría pensado de mí?" —me preguntaba.

---

[1] **agobiarse:** to be overwhelmed
[2] **suelo:** floor

Inclusive Ai □ y Gui □ pensaron que era gracioso el que yo usara el dedo para llamar la atención de alguien de esta otra forma. No era una costumbre, pero parecía que ellos también habían empezado a abrirse a mi forma "**occidentalizada**[1]" de hacer las cosas.

Durante mi estadía, Triana decidió visitarme, pero en todo momento lo mantuvo en secreto. Solamente el coordinador del programa y mi familia anfitriona sabían de su venida. Aún hoy, me pregunto cómo organizó todo para el viaje. Triana siempre era impaciente y se preocupaba por todo, pero ni la cultura ni el idioma le impidieron visitarme. Lo cierto es que logró sorprenderme un día cuando llegué de la universidad, y estaba tomando té con mi familia china. ¡No lo podía creer!

—¿Qué haces aquí, Triana?

—¡Ya ves! Tú no eres el único que se atreve a hacer cosas **inesperadas**[2] y arriesgadas.

La alcé **de golpe**[3] por la emoción, y ella me abrazó con cariño. ¡Qué poder tienen las madres cuando logran sorprender a sus hijos! Cuando la **estreché**[4], sentí que ella me había traído un **pedacito**[5] de la cultura estadounidense. A veces no sabemos que extrañamos algo hasta que lo tenemos lejos; su visita me trajo mucha alegría.

Los primeros días conversamos hasta altas horas de la noche, tratando de ponernos al día, y claro, no era de sorprenderse que Triana pasara por un choque cultural. Sin embargo, ella no sabía lo que le aguardaba. ¡Ja, ja! Me explicó, con gran detalle, lo **abrumada**[6] que se sintió cuando llegó al aeropuerto y vio tremenda cantidad de gente saliendo. Todos parecían salir al mismo tiempo. No importaba dónde fuéramos durante su visita; siempre nos

---

[1] **occidentalizada:** influenced by the West (United States)
[2] **inesperada:** unexpected
[3] **de golpe:** suddenly
[4] **estrechar:** to embrace
[5] **pedacito:** a bit
[6] **abrumada:** overwhelmed

acompañaban multitudes, **empujando**[1] y algunas veces escupiendo. Obviamente, esto **incomodaba**[2] a Triana porque ella estaba acostumbrada a tener su **espacio corporal**[3]. Mi escenario favorito era cuando tomábamos los buses y la gente la empujaba y la **prensaba**[4]. El contacto físico era inevitable porque los buses siempre estaban **repletos**.[5] ¡Ja, ja! En algunas ocasiones Triana quería reportar algunos incidentes a las autoridades, pero yo le decía que no perdiera su tiempo porque la gente no estaba tratando de **faltarle el respeto**[6]. Ellos simplemente aplicaban la costumbre china de hacer las cosas.

Los baños públicos eran el escenario más desafiante para Triana. Ella esperaba tener papel higiénico disponible, **agua potable**[7] y jabón para lavarse las manos, pero éste no era el caso en los baños públicos de Beijing. El **olor**[8] era desagradable y las condiciones de los **inodoros**[9] eran **pésimas**[10]. Mi familia anfitriona le había advertido que trajera desinfectante de manos y papel higiénico cada vez que íbamos de paseo, pero creo que Triana no pensaba que era necesario hasta que descubrió que ellos **estaban en lo cierto**[11].

Por supuesto, hubo aspectos de la cultura que le fascinaron. Su sitio favorito fue el zoológico de Beijing donde pudo contemplar los osos pandas gigantes. Creo que se enamoró de estos animales. Allí logramos ver cómo los alimentaban con palos de bambú, y cómo los pequeños pandas eran incubados hasta que pudieran vivir en su habitat. El zoológico era un centro de investigación que se dedicaba a preservar y proteger animales, como los osos pandas, las plantas y los árboles en peligro de extinción.

Durante la visita, Triana y yo visitamos la famosa calle Wangfujing y el

---

[1] **empujar:** to push
[2] **incomodar:** to make uncomfortable
[3] **espacio corporal:** personal space (physical)
[4] **prensar:** to press
[5] **repleto:** full
[6] **faltar el respeto:** to be disrespectful
[7] **agua potable:** drinking water
[8] **olor:** smell
[9] **inodoro:** toilet
[10] **pésima:** appalling
[11] **estar en lo cierto:** to be right

Mercado de las Pulgas[1] más grande de Beijing, donde Triana descubrió todo tipo de cerámicas, artesanías y **joyas**[2] mientras hicimos la caminata que duraba aproximadamente treinta minutos. Las tiendas eran modernas e infinitas; Triana estaba confundida y **abrumada**[3] por tener tantas opciones. Después de las compras, mientras recorríamos la calle Wangfujing, decidí comer unos **saltamontes**[4], unos escorpiones y unos **gusanos**[5] de **merienda**[6], pero olvidé que Triana no sabía de mi nuevo hábito. De modo que casi **se desmaya**[7] cuando me vio comer los **bichos**[8]. ¡Ja, ja! Sintió náuseas y **asco**[9] al verme comerlos; no podía comprender cómo podía comer insectos. Entonces fue cuando pensé en aclararle que realmente había vomitado un par de veces hasta que adquirí el gusto por los animales. ¡Ja, ja! Debo confesar que nunca había visto a Triana tan sorprendida. Su cara lo revelaba todo, y claro, ella **se rehusó**[10] a probar los animalitos, por supuesto.

Tener a Triana de visita en Beijing me obligó a reconocer el proceso por el que pasaba una persona cuando se ajustaba a una cultura nueva, especialmente una cultura tan diferente como la de China. Presencié cómo ella **se rehusaba** a aceptar aspectos de la cultura al principio del viaje porque realmente no estaba acostumbrada a ver el mundo de esta forma. Reconocí que yo mismo había pasado por ese proceso durante mi estadía. Así que no podía juzgarla; sentí una empatía cuando me puse en su lugar.

—Así que esto es lo que te gusta de China, Marcelino —me decía Triana durante su visita.

—Sí, Triana. Me encanta esta cultura. Quizás debes traerle un par de escorpiones a Andrew. A él le encantarían fritos.

---

[1] **mercado de las pulgas:** flea market
[2] **joyas:** jewelry
[3] **abrumada:** overwhelmed
[4] **saltamontes:** grasshopper
[5] **gusano:** worm
[6] **merienda:** snack
[7] **desmayarse:** to faint
[8] **bicho:** insect
[9] **asco:** disgust
[10] **rehusarse:** to refuse

—Creo que no, Marcelino. ¡Qué **ocurrente**[1] eres algunas veces!

—Creo que no conoces a Andrew —le respondí riendo.

Yo estaba convencido de que Andrew comería insectos fritos como yo. ¡Ja, ja! Para **complacerla**[2] y concederle su deseo de visitar algunos templos sagrados, Gui ☐ y yo planeamos un recorrido turístico. Triana estaba muy intrigada por conocer la perspectiva espiritual de este país. Habitualmente, los chinos implementaban en su práctica espiritual una combinación de tradiciones populares y antiguas creencias religiosas. Se practicaban básicamente dos filosofías: el budismo y el taoísmo (conocida también como daoísmo). Sin embargo, la cultura era influenciada por el confucianismo, el cual promovía la moral (la rectitud) y los buenos principios sociales y éticos. El islam y el cristianismo se practicaban también por las minorías, pero en **menor escala**[3]. Específicamente, mi familia anfitriona era budista; era muy tradicional y espiritual. Gui ☐ nos explicó, con detalle, cómo el budismo había llegado a China de la India durante el primer siglo d.C. y cómo había transformado a la población. Ya que Triana estaba interesada en la filosofía espiritual del país, seleccionamos algunos templos budistas donde presenciamos varias representaciones del buda Gautama, quien, de acuerdo al budismo, fue un hombre y no un dios quien le dejó sabias **enseñanzas**[4] a la humanidad. Gui ☐ explicó con claridad cómo los budistas jugaban con la noción del **desapego**[5] como forma de eliminar el sufrimiento humano. Ésta era la principal **finalidad**[6] del budismo.

Claro, Gui ☐ se complacía predicando los principios éticos del budismo: no matar a nadie, no mentir, no robar, tener control sobre el impulso sexual y no consumir sustancias tóxicas. Enfatizaba el vivir en armonía; esto le traía mucha satisfacción. Así que mientras tomábamos su té verde favorito —

---

[1] **ocurrente:** witty/clever
[2] **complacer:** to please
[3] **menos escala:** lower scale
[4] **enseñanzas:** teachings
[5] **desapego:** detachment
[6] **finalidad:** purpose

Zhejiang longjing o *tieguanyin*— él me explicaba que, mientras yo viviera bajo su **techo**[1], yo era un hijo suyo. Por lo tanto, era su responsabilidad compartir su conocimiento. Esto me hacía sentir parte de la familia Wu ☐.

Para ser honesto, de todos los valores discutidos con Gui ☐, el principio de nirvana —el **desprenderse**[2] del sufrimiento— me pareció el ideal más elevado y admirable de todos porque, de alguna forma, fortalecía la capacidad que yo había desarrollado de aceptar las circunstancias que no podía cambiar. Por necesidad, tuve que aceptar muchos **desprecios**[3], ya que de niño, no tenía otra opción, pero el arte de abandonar el dolor, me parecía el arma más preciada cuando tenía que aceptar el mundo tal cual. Nunca me había sentido atraído a una religión en particular, ni había sentido la necesidad de **comprobar**[4] si había un dios o no; simplemente, **anhelaba**[5] una libertad interna para poder extinguir mi dolor.

En cuanto a mi madre, el budismo se convirtió en la respuesta espiritual que siempre había buscado. Yo pensaba que era irónico que Triana hubiera tenido que cruzar todo un océano y **rechazar**[6] varios aspectos de la cultura china para llegar a la conclusión de que ellos le ofrecían una alternativa espiritual que ella no había considerado. Después de su visita, Triana se convirtió en una devota budista. Su transformación fue realmente impresionante.

Después de unos días de visitas turísticas y cenas abundantes, Triana tenía que partir, y fue entonces cuando me di cuenta de que su visita había sido muy importante para mí mientras estaba en China, ya que pude compartir con ella mis intereses y fascinaciones. En el aeropuerto, mi estado emocional reveló el impacto que su viaje tuvo en mí.

—Nos vemos en casa, Triana.

---

[1] **techo:** roof
[2] **desprenderse:** to detach oneself
[3] **desprecio:** contempt
[4] **comprobar:** to verify
[5] **anhelar:** to long
[6] **rechazar:** to reject

—Ahora entiendo por qué te gusta viajar y abrirte a otras culturas, Marcelino. Ya comprendo por qué aprecias tanto la cultura china.

—Me alegra saber que lo ves con claridad, mami.

—¿Mami? Tú nunca me dices: "mami".

—Pues, ya ves. Te lo has ganado, mami. ¡Ja, ja!

Ella me sonrió, me abrazó y me dio un beso en la frente con cariño. Me sentía amado y apreciado por ella. No quería que se fuera; sentía una nostalgia tremenda. Conforme pasaron los días en China, me di cuenta de que la quería más de lo que yo pensaba. Esta mujer me había cambiado la vida, y yo le había alterado la suya profundamente. Estábamos conectados para siempre, y nos dábamos cuenta de que este **vínculo**[1] entre nosotros era una cortesía del universo.

Por fortuna, conocí a una trabajadora social que me alegró los siguientes días después de que Triana se fue. Parece que la vida siempre **se encarga de**[2] ponerte en el camino a personas que te **animan**[3] para que puedas seguir adelante. Su nombre era Diem Chia (Victoria en mandarín). La conocí en *Wudaokou*, un lugar popular donde los estudiantes se reunían para estudiar, hacer investigación y practicar el mandarín. Básicamente era un distrito de intelectuales. Muchos asistían o trabajaban en las universidades y centros de investigación que se encontraban cerca. Diem trabajaba para una agencia **ligada**[4] con la Universidad de Shanghái. Ella se encargaba de colocar y transportar a niños huérfanos del Sudeste de Asia, Polonia, Bulgaria y Ucrania a Estados Unidos para ser adoptados mayoritariamente por familias estadounidenses. Con el tiempo, Diem diseñó un sistema **eficaz**[5] y **de confianza**[6] para transportar a los niños. Adicionalmente, buscó la **manera**[7]

---

[1] **vínculo**: bond
[2] **encargarse de**: to take care of
[3] **animar**: to cheer up
[4] **ligada**: tied
[5] **eficaz**: effective
[6] **confianza**: confidence
[7] **manera**: way

más segura y razonable para encontrar familias dispuestas a responsabilizarse por un niño. Afortunadamente, contaba con el apoyo y el **respaldo**[1] económico de organizaciones sin fines de lucro y la Universidad de Shanghái que se encargaba de **vigilar**[2] la progresión y evolución de su trabajo. Cuando Diem no lograba encontrar un hogar para los niños, usaba parte del **presupuesto**[3] para educarlos en sus países de origen. De modo que cuando supo que yo estaba terminando mi Bachillerato en Derecho Internacional, se interesó en que yo la acompañara a Laos. Era la primera vez que ella visitaba este sitio. Así que estaba **contratando**[4] personal para que la acompañara. Particularmente, necesitaba un experto que pudiera interpretar las leyes de ese país y yo podía ayudarla.

Por lo tanto, después de analizarlo un poco y pesar todos los **gastos**[5], decidí unirme a la aventura de cuatro semanas. Era el verano en China y el Gran Canal estaba caliente y húmedo. Habíamos tenido algunas **tormentas**[6] de arena debido a la erosión de los desiertos en las regiones del noroeste del país. Por consiguiente, pensé que sería una buena oportunidad visitar Laos durante la época tropical y lluviosa. Además, como oportunidad profesional, esta experiencia me abriría muchas puertas en un futuro. Sin embargo, había solamente un inconveniente que me preocupaba.

—Quiero ayudarte, Diem, pero no sé hablar lao —le dije.

—Yo hablo francés y las leyes están escritas en francés porque Laos fue una colonia francesa, Marcelino. Las cuestiones del gobierno y los negocios se **llevan a cabo**[7] en francés. No te preocupes. ¡Ya verás que todo saldrá bien!

Después de su explicación, yo estaba convencido de que tenía que unirme a la misión. Diem y yo nos hicimos amigos sin obstáculo alguno; la

---

[1] **respaldo:** backup/support
[2] **vigilar:** to keep an eye on it
[3] **presupuesto:** budget
[4] **contratar:** to hire
[5] **gasto:** expense
[6] **tormenta:** storm
[7] **llevar a cabo:** to carry out

energía de esta mujer era **envidiable**[1]. Diem pensaba que en la vida cualquier cosa era posible. Así que cuando estaba con ella, queríamos hacer mil cosas a la vez. Discutíamos de política, religión, educación, boxeo, historia, deportes, inmigración y demás. También visitábamos sitios turísticos, bares y jugábamos a las cartas. ¡Era una dinamita! Entre los pasatiempos que tenía, uno de ellos era la pintura. Este aspecto de Diem me permitía apreciar la visión interior que tenía del mundo. Sus pinturas eran famosas en Beijing porque Diem le **añadía**[2] movimiento a todo **contorno**[3] con **pinceladas goyescas**[4]. Los niños en las pinturas tenían **rostros**[5] y cuerpos alargados; eran los niños que había conocido y ayudado a lo largo de su carrera como trabajadora social y agente. Cuando yo observaba su arte, sentía que los objetos en movimiento representaban las emociones ocultas que arrastraban todos los niños huérfanos: el **anhelo**[6] de ser querido y **atendido**[7]. La técnica de Diem detenía a todos los fanáticos del arte que se **deleitaban**[8] discutiendo sobre los colores, los temas, las emociones que las pinturas evocaban, el simbolismo, el estilo, la luz, etc. Diem vendía sus pinturas como pan caliente en la calle Wangfujing los fines de semana. Siempre regresaba **complacida**[9] de saber que, en una forma indirecta, todos estos fanáticos del arte contribuían con el financiamiento de sus proyectos para poder pagar parcialmente el acomodamiento de los niños hasta que llegaran a su nuevo destino.

Yo, por mi parte, estaba muy emocionado de visitar otra parte de Asia, pero dejar China fue tremendamente difícil porque la experiencia había revolucionado todo dentro de mí; había cambiado la forma en que veía el mundo una vez más. Parecía que mi perspectiva progresaba y evolucionaba **conforme**[10] me abría a otras culturas, especialmente a aquéllas que se oponían a mis ideas preconcebidas que había adquirido en Estados Unidos. La

---

[1] **envidiable:** enviable
[2] **añadir:** to add
[3] **contorno:** outline
[4] **pinceladas goyescas:** Goya's brushstrokes (Francisco Goya, Spanish painter, XVIII-XIX)
[5] **rostro:** face
[6] **anhelo:** wish/longing
[7] **atendido:** taken care of
[8] **deleitarse:** to take pleasure in
[9] **complacida:** pleased
[10] **conforme:** as

experiencia me había obligado a ser más paciente, cooperador y abierto a otras creencias políticas y religiosas. China me había cambiado sin que yo me diera cuenta. Cuando partí, me llevé conmigo el respeto y la apreciación que había recibido por parte de Ai □ and Gui □, quienes me enseñaron a escuchar atentamente y a valorar la cultura como un todo, y no a enfocarme en lo que yo quería cambiar o lo que yo no quería aceptar como desconocido. A primera vista, era tentador **juzgar**[1] la cultura china como **patriarcal**[2] y/o tradicional, pero había mucho más sobre la China que tenía que descubrir. Como resultado, me convertí en una persona consciente de cómo las culturas se complementan unas a otras. Reconocí la universalidad en la humanidad y lo mucho que nos necesitamos para poder evolucionar. De igual forma, aprendí el valor que tienen los ancestros en una cultura. Sin su **huella**[3], no podríamos comprender quiénes somos y de dónde venimos.

Comprensión de lectura

¿Cierto o falso? Corrija las afirmaciones falsas.

1. Marcelino decidió estudiar en China porque se sentía atraído a un sistema básicamente opuesto al que estaba acostumbrado en Estados Unidos. C o F
2. Marcelino asistió a orientaciones en Estados Unidos para poder comprender la cultura china. C o F
3. Todos los estudiantes de la Universidad de California que visitaron Beijing lograron adaptarse al sistema chino. C o F
4. El nivel de Marcelino en mandarín era muy avanzado antes de partir a Beijing. C o F
5. El mandarín no es una lengua tonal. C o F
6. Al principio de su estadía, Marcelino pensaba que los habitantes en Beijing eran un poco irrespetuosos. C o F
7. Los amigos y la familia juegan un rol importante para los chinos. C o F

---

[1] **juzgar**: to judge
[2] **patriarcal**: chauvinistic
[3] **huella**: footprint

8. De acuerdo con Marcelino, en Beijing había una distribución de **bienes**[1] injustificable. El poder económico y político estaba en manos de pocas personas. C o F
9. Marcelino estuvo en la cárcel por participar en las protestas. C o F
10. La familia anfitriona en Beijing es muy tradicional y estricta con Marcelino. C o F
11. Los **artículos**[2] en China tienen precios **fijos**[3]. C o F
12. Los ciudadanos chinos usaban la bicicleta como uno de los medios de transporte. C o F
13. En China no se abre un regalo inmediatamente después de que se **entrega**[4]. Se considera una falta de respeto. C o F
14. Los baños públicos estaban limpios en China. C o F
15. Marcelino aprendió a comer insectos como **merienda**[5] en China. C o F
16. Triana se convirtió en budista. C o F
17. Marcelino siente un gran aprecio por los ancestros después de haber vivido en China. C o F
18. Marcelino decidió no ir a Laos con Diem. C o F

Preguntas de discusión:

1. ¿Cómo es Beijing o Pekín? Descríbalo. ¿Le gustaría vivir en una ciudad como ésta? ¿Por qué sí o por qué no?
2. Explique la reacción de la gente en el avión cuando Marcelino llegó a Beijing.
3. Usando la información del capítulo, compare la cultura de Beijing o Pekín con la cultura de Estados Unidos.
4. Mencione dos aspectos culturales de Beijing que son difíciles de comprender para la madre de Marcelino. ¿Cuáles aspectos culturales son interesantes para usted?

---

[1] **bienes:** goods
[2] **artículo:** item
[3] **fijo:** fixed
[4] **entregar:** to hand over
[5] **merienda:** snack

5. ¿Hay un paralelismo entre las protestas que vio Marcelino en Estados Unidos y las protestas que vio en la Plaza de Tiananmén en Beijing? ¿Por qué se sentía frustrado Marcelino? ¿Por qué fue a la cárcel?
6. ¿Por qué obligaban a las mujeres a tener solamente un hijo?
7. Explique que hizo la nueva generación de jóvenes universitarios para desafiar el sistema político durante los 80 en China.
8. Compare la dieta del norte con la dieta del sur en la China.
9. ¿Cuál fue el malentendido que tuvo Marcelino en el mercado por usar el dedo índice? Narre la escena.
10. ¿Cómo impactó a Triana el viaje a China? ¿Hubo alguna transformación en ella?
11. ¿Qué pensaba Marcelino del budismo?
12. ¿Quién era Diem y a qué se dedicaba? ¿Por qué son ella y Marcelino tan buenos amigos?
13. Explique la reflexión que hace Marcelino cuando parte de China. ¿Qué piensa de este país al final de su estadía?

Capítulo 14

Visitar el Sudeste de Asia durante los ochenta no era un propósito sin complicaciones. Los recuerdos de la Guerra de Vietnam estaban todavía frescos y muchos estadounidenses continuaban **desaparecidos**[1]. Todo había quedado en la ruina. El **destrozo**[2] era extenso y devastador.

Para poder entrar legalmente a Laos, tuve que obtener un permiso del gobierno de China, **haciendo constar**[3] que mi trabajo de campo había sido verdaderamente autorizado por la Universidad de Shanghái. El gobierno **laosiano**[4] tenía que verificar que mi viaje no era una misión de espía —una de ésas que se ven en las películas de espionaje. ¡No, no, no, no! El permiso **otorgado**[5] era lo más cercano a una visa diplomática para **aquel entonces**[6]. El

---

[1] **desaparecidos:** lost
[2] **destrozo:** devastation
[3] **hacer constar:** to verify/to be sure that..
[4] **laosiano:** from Laos, Asia
[5] **otorgar:** to give/to grant
[6] **aquel entonces:** back then

padre de Diem fue el que nos ayudó a conseguirla, ya que trabajaba para el gobierno chino. Así que Diem fue apoyada y **respaldada**[1] por la Universidad de Shanghái y el gobierno chino. Por eso, yo pude visitar Laos. Ésta era una oportunidad realmente única para mí. Claro, tuve que inscribirme oficialmente con la Secretaria Auxiliar de Relaciones Exteriores del Departamento de Estado Federal estadounidense, en caso de que yo desapareciera. Cuando se lo comuniqué a Triana, se alarmó tremendamente porque sabía que era un gran riesgo, pero reconocía que lo desconocido siempre me había atraído y me invitaba a descubrir una parte nueva de mí y del mundo. Por otro lado, mi padre se sentía muy orgulloso de haberme inculcado el ser valiente, **atrevido**[2] y luchador. Ésos siempre habían sido los valores estimulantes en su vida. En retrospectiva, creo que la decisión de ir a Laos le confirmaba a mi padre que yo había finalmente decidido tomar control sobre mi vida, y que estaba **dispuesto**[3] a **arriesgar**[4].

Debo admitir que algo dentro de mí reconoció que debía visitar este país. El gobierno acababa de introducir un modelo económico nuevo: estimulaba el turismo y promovía la inversión extranjera —algo que había sido imposible durante los últimos diez años de comunismo extremo, pero el país estaba en estado de ruina. De modo que el gobierno se vio obligado a privatizar negocios y fomentar la inversión extranjera. Los campesinos podían ser dueños de la tierra y vender sus cultivos en un mercado libre. Este nuevo cambio económico cautivó a muchos **sembradores**[5] y campesinos, especialmente inmigrantes de China que abandonaban su país porque ellos también querían salir de su miseria. No obstante, el progreso en Laos era realmente una misión interminable. Diem y yo pudimos presenciar que el nivel de pobreza en el país era verdaderamente alarmante.

A pocos días de nuestra llegada, Diem me presentó a la mujer más linda que yo había visto en mi vida —Leefa Dao— (estrella en lao), la mujer que

---

[1] **respaldada:** backed up
[2] **atrevido:** daring
[3] **dispuesto:** willing
[4] **arriesgar:** to risk
[5] **sembrador:** farmer

transformó mi vida por completo desde el momento en que la conocí. **Con el simple hecho de**[1] verla, **quedé**[2] invadido de felicidad porque su mirada honesta y calurosa me conmovió en un instante, y sus gestos dulces me hicieron observarla y apreciarla con atención.

« Je suis très heureuse de faire votre connaissance, Marcelino. Je m'appelle Leefa.»

—Encantada de conocerlo, Marcelino. Me llamo Leefa —me dijo en francés.

Cautivado por su belleza natural, ni siquiera pude responderle con un **humilde**[3] "oui" o uno de esos "merci" que se te vienen a la mente cuando piensas en francés. Me **temblaba**[4] el cuerpo porque esta mujer despertaba mi **lujuria**[5], mi pureza y belleza interna (todo al mismo tiempo). Era una especie de **hechizo**[6] sobrenatural. En seguida, me di cuenta de que estaba contemplando mi **alma gemela**[7].

« Il este ravi de faire votre connaissance aussi, Leefa. »

—Él también se alegra de conocerla, Leefa —respondió Diem por mí en francés, tratando de **ocultar**[8] mi estado eufórico.

Pero, por más que Diem tratara de contrarrestar mi emoción, yo no pude **disimularla**[9]. No podía pronunciar una sola palabra; el francés básico que había aprendido en la escuela secundaria se desapareció de mi mapa cerebral. Yo estaba observando a Leefa por primera vez, y la alegría era mucha. Su compasión intensificaba su autenticidad y carisma por ayudar a la humanidad, y su tremendo deseo por educar a los niños pobres de su pueblo

---

[1] **con el simple hecho de:** by the simple fact that
[2] **quedar:** to remain
[3] **humilde:** humble
[4] **temblar:** to shake
[5] **lujuria:** lust/desire
[6] **hechizo:** spell
[7] **alma gemela:** soul mate
[8] **ocultar:** to hide
[9] **disimular:** to hide

me **flechó**[1] de inmediato. Mi encuentro con Leefa reveló que mi destino iba a cambiar, porque era como si —de repente— hubiera visto mi otra mitad, y algo dentro de mí lo reconocía sin dificultad. Leefa se expresaba con tal aire de **confianza**[2] e integridad, que su energía tenía un efecto de fuerza magnética sobre mí. Me enamoré locamente de ella. Es por esto que quería saber todo sobre ella.

Leefa era una maestra de escuela primaria en un área rural de la provincia de Salavan —también conocida como Muang Saravane. Este sitio estaba localizado en la parte sur de Laos. Leefa, con la ayuda de su familia y amigos, logró reunir a varios líderes del gobierno local en Salavan para solicitar fondos y construir una escuela en su comunidad. Estos líderes buscaron organizaciones **sin fines de lucro**[3] para ayudar a Leefa con el proyecto. Fue así como consiguieron contactar a Diem después de varios meses de perseverancia y firmeza. Conseguir ayuda financiera en Laos era básicamente **irrealizable**[4], pero una vez que Diem leyó la propuesta de Leefa, no dudó en ayudar a la comunidad porque Leefa logró probar que Salavan era una de las regiones más **empobrecidas**[5] de Laos. Así fue como conocimos a esta **bondadosa**[6] y compasiva mujer.

Debo enfatizar que era realmente **conmovedor**[7] presenciar lo mucho que Leefa deseaba la prosperidad de su comunidad y el bienestar de sus estudiantes. Yo podía ver su interior por la forma en que ella interactuaba y trataba a los demás porque —en una forma genuina y reveladora —ella manifestaba su estado interno. Les enseñaba a sus estudiantes a imaginar un futuro prometedor para ellos y para el mundo que los **rodeaba**[8]. Los niños aprendían a tratar los animales y la naturaleza con respeto y aprecio. Todos parecían tener una actitud positiva ante de la vida. "¿Cómo era eso posible si lo

---

[1] **flechar:** to hit
[2] **confianza:** cofidence
[3] **sin fines de lucro:** nonprofit
[4] **irrealizable:** unrealistic/unworkable
[5] **empobrecida:** poor
[6] **bondadosa:** kind
[7] **conmovedor:** moving
[8] **rodear:** to surround

que los rodeaba era el caos?" —pensaba yo. Me sentí dichoso por estar ahí y descubrir que los seres humanos podían ser felices en circunstancias tan extremas. Unos días después de conocer a Leefa, logré llamar a Alberto de uno de los pocos teléfonos públicos con los que contaba la provincia de Salavan. Yo tenía que compartir lo que sentía con alguien.

—La encontré, Alberto. He encontrado mi alma gemela.

—¿A poco, Marcelino? ¡A ver si se te hace esta vez!

—Esta vez tiene que funcionar, Alberto. ¡Esta vez sí!

Hipnotizado, escuchaba a Leefa explicarle a Diem cómo las escuelas habían sido establecidas en el siglo XVII para educar a los niños sobre el budismo. Originalmente, la educación era solamente para los niños, no las niñas. **No fue sino hasta**[1] que los franceses colonizaron Laos (a principios del siglo XX) que las escuelas se hicieron mixtas. Sin embargo, el esfuerzo por educar a la población por parte de los franceses era insignificante. Para empezar, usaban el francés como medio de instrucción, ignorando la realidad y las necesidades de los laosianos. La falta de recursos, maestros mal entrenados y un programa inadecuado hacían que la educación fuera mediocre. Si las personas querían un sistema de educación superior, tenían que salir del país.

«Qui pourrait aller à l'école?»

—¿Quiénes tenían la oportunidad de estudiar? —le preguntó Diem a Leefa.

«Les gens riches. L'élite!»

—La gente rica. ¡La élite! —respondió Leefa.

Solamente el 30% de la población sabía leer y escribir; las masas vivían de la agricultura. **De modo que**[2] el 70% trabajaba en el campo cultivando

---

[1] **no fue sino hasta:** it was not until...
[2] **de modo que:** thus

arroz, té, **algodón**[1], tabaco y otros productos; o vivía del **ganado**[2] que producía leche. Esta realidad favorecía la alta tasa de **analfabetismo**[3] en Laos. Leefa tenía razón; el país estaba **atrasado**[4] y abandonado.

Adicionalmente, el país contaba con una diversidad significativa de grupos étnicos, y no todos tenían un sistema escrito. Eso complicaba aún más las cosas. Así que era esencial comprender la cultura étnica y la actitud hostil hacia las niñas y lo que se esperaba de ellas. Ésta era la motivación detrás del plan de Leefa. Para ella, la educación era la única forma de combatir la miseria y la ignorancia en la que vivían los niños en Salavan. Yo me sorprendí cuando supe que solamente el 45% de la **población infantil**[5] —que comenzaba la escuela primaria— lograba **alcanzar**[6] el quinto grado. Muchos de estos niños duraban de diez a doce años cursando el programa porque sus maestros tenían que dedicarse a otros trabajos para complementar su bajo salario. Por lo tanto, las clases se cancelaban con frecuencia.

—Diem, dile a Leefa que siento mucho saber que ésta es la realidad de su país. Dile que yo quiero ayudarla.

Y así se lo dijo:

«Leefa, Marcelino est vraiment désolé de la réalité de votre pays. Il veut vous aider.»

Leefa me sonrió y me dio las gracias con un amable **gesto**[7]. Yo quería besarla y abrazarla, pero me **aguanté**[8] y dominé las **ganas**[9] de hacerlo como pude. Quería protegerla y defenderla también. Conocerla fue una experiencia de mucha introspección porque tenía que aprender mucho de ella. Leefa

---

[1] **algodón:** cotton
[2] **ganado:** cattle
[3] **analfabetismo:** illiteracy
[4] **atrasado:** behind
[5] **población infantil:** child population
[6] **alcanzar:** to reach
[7] **gesto:** gesture
[8] **aguantar:** to hold back
[9] **ganas:** desire

parecía contar con una **madurez**[1] que yo desconocía. Algunas veces, me desesperaba por no poder hablarle y comunicarle lo que pensaba, ya que estaba completamente limitado por la lengua. Afortunadamente, Diem era nuestra traductora e intérprete, y percibía claramente que yo quería estar cerca de Leefa, y que mi corazón no se iba a **dar por vencido**[2]. Por lo tanto, Diem hizo todo lo posible para transmitirle a Leefa el cariño y el entusiasmo que yo sentía por su comunidad.

Después de haber analizado los detalles del plan que Leefa proponía para su comunidad, decidí **involucrarme**[3] por completo en el proyecto, a pesar de que yo había sido **contratado**[4] solamente para ofrecer **asesoría legal**[5]. En el proceso, descubrí —una vez más— la sensación de satisfacción y simpatía que había experimentado cuando ayudaba a los inmigrantes ilegales de México en California. La diferencia era que, esta vez, yo no estaba lleno de enojo por las injusticias que **presenciaba**[6]. Por el contrario, quería usar mi energía para combatir la negligencia mundial con respecto a los niños. Yo notaba una especie de voluntad humanitaria en mí que se había reactivado para asistir a los otros. Como resultado, me sentía más compasivo y más humilde. Ver la realidad de estos niños pobres me hizo descubrir que yo había sido un niño realmente privilegiado.

Afortunadamente para Leefa, su padre le había enseñado a leer y a escribir en **lao**[7] y en francés. Ella **cursó**[8] la escuela cuando era niña, pero su padre **contrarrestaba**[9], con su conocimiento, la mediocre y escasa formación que Leefa y sus hermanos habían recibido. Él fue uno de esos pocos afortunados que el sistema francés educó. Así fue como Leefa se convirtió en una maestra de escuela. En casa, la educación era el valor más importante. Su

---

[1] **madurez:** maturity
[2] **darse por vencido:** to give up
[3] **involucrarse:** to get involved
[4] **contratado:** hired
[5] **asesoría legal:** legal advice
[6] **presenciar:** to witness
[7] **lao:** official language spoken in Laos, Asia
[8] **cursar:** estudiar
[9] **contrarrestar:** counteract

padre siempre le repetía:

«Voilà votre patrimoine, Leefa. L'éducation est votre fortune.»

—Éste es tu patrimonio, Leefa. La educación es tu fortuna.

Leefa reconocía y admitía que la enseñanza era la **salida**[1] para todos. Sin embargo, tenía que trabajar en el campo como los otros maestros (para poder ayudar a su familia). Todo lo que hacía Leefa era un testimonio de alguien que quería luchar y cambiar la vida de los demás. Por eso, quería ayudarla y protegerla. Quería convertirme en su eterno compañero y fiel amante. En cuestión de días, Leefa se convirtió en el amor y en el **sustento**[2] de mi corazón.

Sabiendo que yo iba a partir en dos semanas, decidí hablar con Diem para que me ayudara a proponerle matrimonio a Leefa. Estaba decidido a convencerla de que éramos el uno para el otro, y que debía casarse conmigo porque yo la amaba. Por fortuna, Diem aceptó ayudarme porque sabía que yo no iba a **darme por vencido**[3], y que iba a tratar de convencer a Leefa de una u otra forma. De modo que decidimos buscarla para hablar con ella, pero casualmente cuando llegamos, Leefa estaba esperándonos para que Diem tradujera una carta que Leefa misma había escrito para mí. Por instinto, supe que eran buenas noticias, y que no había necesidad de traducir la carta porque —en el momento en que vi a Leefa— supe que el mensaje del **escrito**[4] insinuaba que ella también quería casarse conmigo, y que sentía por mí lo que yo sentía por ella. Los sentimientos eran recíprocos. **Me acerqué**[5] y, sin darme cuenta, la levanté, sintiéndome eternamente agradecido por haberla encontrado, y con mi francés **trabado**[6] le dije:

—Oui! Oui! ¡Je me casaré avec toi!

---

[1] **salida:** way out
[2] **sustento:** support
[3] **darse por vencido:** to give up
[4] **escrito:** letter/note
[5] **acercarse:** to approach
[6] **trabado:** faulty/imperfect

Pensé que el corazón me iba a explotar de la emoción. Me sentía el hombre más feliz del mundo. Me consideraba completo y dichoso. Por suerte, los padres de Leefa aprobaron el matrimonio después de pedirles el permiso requerido para recibir a la novia, pero ésta no fue una tarea fácil para mí. Descubrí rápidamente que para tener su aprobación, tuve que visitar a sus padres con varias **ofrendas**[1] y regalos, y tuve que ofrecerles un *kha dong* o una **dote**[2] como pago de compensación para poder casarme con Leefa. **Dichosamente**[3], Diem y yo logramos ofrecerles una cantidad de dinero aceptable para ellos. Los padres parecían amables y **sensatos**[4].

«Marcelino ne parle pas français, mais il veut se marier avec votre fille,» a dit Diem à les parents de Leefa.

—Marcelino no habla francés, pero tiene toda la buena intención de casarse con su hija, Leefa —les dijo Diem a los padres.

«Est-ce qu'il nous donnera une dote pour la cérémonie?» a demandé le père de Leefa.

—¿Él nos va a ofrecer una dote para la ceremonia? —preguntó el padre de Leefa.

«Oui, il donnera…. un moment s'il vous plaît».

—Sí, él les ofrecerá…. Denme un minuto, por favor —les dijo Diem a los padres de Leefa.

—Marcelino, ¿qué tipo de dote vas a ofrecerle a la familia?

—¿Una dote? Diem, yo soy un estudiante de leyes y no tengo dinero.

—Es la tradición, Marcelino. ¿Quieres casarte con ella o no?

---

[1] **ofrenda:** offering
[2] **dote:** dowry
[3] **dichosamente:** fortunately
[4] **sensato:** prudent/understanding

—¡Sí, claro! Déjame pensar...... Diles que trabajaré el resto de mi vida por Leefa. Hablaré con mis padres para que me ayuden a pagar $1.000 el día de la ceremonia. ¿Crees que sea una cantidad suficiente para la familia?

—Vamos a ver, Marcelino.

«Marcelino va travailler le reste de son existence pour Leefa. Il donnera $1.000 dollars.»

—Marcelino trabajará el resto de su existencia por Leefa. El ofrecerá $1.000 dólares —les dijo Diem a los padres.

«Très bien! Très généreux!»

—¡Muy bien! Es muy generoso —le dijo el padre de Leefa a Diem.

¡**Qué alivio**[1]! Supongo que cuando un hombre ama a una mujer debe pagar el precio por ella. ¡Ja, ja! Realmente la dote **solía**[2] usarse en caso de que el esposo muriera o abandonara a su esposa. Esto parecía tener mucho sentido en un país donde la **figura**[3] de la mujer era mucho más **desventajosa**[4] que la del hombre. Me di cuenta de que el uso de la dote era diferente en cada país donde la tradición era practicada. En este caso, era el hombre el que debía ofrecérsela a la familia de la novia (en caso de que algo sucediera con él).

Además de pagar esta cantidad de dinero para poder casarme con Leefa, también tuve que adquirir la aprobación del jefe del pueblo, quien con su rol de **alcalde**[5] en la comunidad, **se encargaba**[6] de los **asuntos**[7] civiles del pueblo. Adicionalmente, necesitaba el **consentimiento**[8] del Ministro de Relaciones Exteriores en Laos. Así que terminé extendiendo mi estadía por tres

---

[1] ¡**Qué alivio!**: What a relief!
[2] **soler:** to be accustomed to
[3] **figura:** image
[4] **desventajosa:** disadvantageous
[5] **alcalde:** mayor
[6] **encargarse:** to be responsible for
[7] **asunto:** matter
[8] **consentimiento:** consent

semanas más porque era imposible **adquirir**[1] todos estos permisos en tan poco tiempo. Afortunadamente, los padres de Leefa aprobaron el matrimonio y acordaron hacer una ceremonia en su casa de acuerdo a la tradición laosiana, por supuesto.

En síntesis, nuestra ceremonia fue rápida y simple. La familia de Leefa, sus parientes y amigos estaban presentes. Adicionalmente un **monje**[2] de la comunidad tenía que estar como testigo durante la petición. **En resumidas cuentas**,[3] era la tradición laosiana. De mi parte, Andrew y los cuatro abuelos adoptivos lograron venir a la boda, pero Triana no pudo presentarse. **Desgraciadamente**,[4] ella había tenido una operación complicada en su rodilla derecha y debía **guardar reposo**.[5] Eran las órdenes de su médico y debía seguirlas. La verdad es que yo comprendí porque su doctor temía que ella no contara con la atención médica **adecuada**[6] en Salavan, y que su recuperación se complicara. Triana había tenido una cirugía dificultosa y su rehabilitación no había sido exactamente la ideal. Claro, ella estaba **destrozada**[7] emocionalmente por no poder acompañarme, pero realmente no podíamos hacer nada. Le dije que celebraríamos en grande cuando Leefa y yo regresáramos a California.

—¡Ya verás, Triana! Celebraremos otra vez con todos nuestros amigos y vecinos.

Aun así, Triana lloró desconsoladamente. Ella sabía que era un momento especial para mí, y tenía razón, ya que fue realmente difícil llenar el **hueco**[8] que sentía por no contar con su presencia el día de mi boda. Me di cuenta de que en la vida había momentos en los que necesitaba a mi familia, y éste era uno de esos momentos. Triana era la madre que siempre había estado conmigo desde el momento en que me adoptó con Andrew. Así que tuve que

---

[1] **adquirir:** to obtain
[2] **monje:** monk
[3] **en resumidas cuentas:** in sum
[4] **desgraciadamente:** unfortunately
[5] **guardar reposo:** to rest
[6] **adecuado/a:** appropriate
[7] **destrozada:** broken
[8] **hueco:** hole

encontrar la forma de **evadir**[1] el sentimiento de no contar con su presencia. Descubrí que la vida no siempre ofrecía un escenario ideal, sino real. Por lo tanto, tenía que aceptar que Triana tenía que reposar para recuperarse.

Por fin, el día de la ceremonia llegó y me sentía muy nervioso. Me habían dado instrucciones para que me pusiera el traje tradicional laosiano —*baci su khwan*— y para que me presentara con los amigos de Leefa tocando **tambores**[2] e instrumentos nativos. En la entrada de la casa de los padres de Leefa, varios familiares y líderes de la comunidad me hicieron preguntas personales de carácter genérico como parte del ritual: ¿cuál es su nombre?, ¿tiene buenas intenciones?, ¿ama a Leefa?, etc. Por fortuna, Diem estaba conmigo, traduciendo y explicándome todo lo que debía responder. Realmente no sé que habría hecho sin ella; era como mi ángel de la guarda.

—Mi nombre es Marcelino y tengo buenas intenciones. Amo a Leefa con todo mi corazón —les respondí.

Después de contestar todas las preguntas, me pidieron que me lavara los pies —como símbolo de respeto— con el grupo de hombres que me acompañaba. La mitad del tiempo no sabía qué estaba pasando; así que decidí **ir con la corriente**[3], sonriendo y tratando de proyectar que sabía lo que tenía que hacer, pero en realidad, me sentía culturalmente **perdido**[4]. Afortunadamente, estaba feliz y no me lo podía explicar.

Como parte del ritual, mi padre me dio el dinero **acordado**[5] para que yo se lo entregara a la familia antes de entrar. Al mismo tiempo, les pedí el permiso para ofrecerle a Leefa el hermoso collar que Triana se había puesto el día de su propia boda. Éste fue el collar que su madre, Alejandrina, se había puesto el día de su boda también. Era la **reliquia**[6] de la familia, y Triana quería que Leefa se lo pusiera durante este día tan especial. Triana estaba convencida

---

[1] **evadir:** to avoid
[2] **tambor:** drum
[3] **ir con la corriente:** to go with the flow
[4] **perdido:** lost
[5] **acordado:** promised/as agreed
[6] **reliquia:** relic

de que le traería buena suerte a Leefa— como había sido el caso con ella y Alejandrina. Así que respetuosamente, le pedí a la familia que le entregara el collar a Leefa para que se lo pusiera.

«Marcelino veut que Leefa porte le collier pour le mariage, s'il vous plaît.»

—A Marcelino le gustaría que Leefa se pusiera este collar para la boda, si ustedes están de acuerdo —tradujo Diem para los padres de Leefa.

—¡Bien sur!

—¡Por supuesto! —dijo el padre de Leefa.

Felizmente, la familia aprobó la decisión sin problema. Luego —como pude— seguí las instrucciones de Diem, pero había momentos donde me sentía perdido y desorientado. Sin embargo, cuando miraba a Leefa, una paz y un sentimiento de **ternura**[1] me llenaban el corazón. Así que traté de **afianzarme**[2] a su mirada amorosa. Era lo que me importaba. Adicionalmente, el apoyo de mi padre y las sonrisas de mis cuatro abuelos me **proporcionaron**[3] equilibrio. Para ellos, todo era tan novedoso como para mí. Lo único que podían hacer era sonreír y darme ánimo. Seguramente pensaban que estaba un poco loco por casarme de esta manera. ¡Ja, ja!

La ceremonia era conocida como *su kwan* (la llamada del alma). El maestro de ceremonias nos explicó cómo íbamos a mantenernos unidos, atando las **muñecas**[4] —las de Leefa con las mías— con un **cordón**[5] blanco de tela como símbolo de unión. La boda no tenía ninguna conexión con una religión en particular; era **dirigida**[6] por un maestro de ceremonias del pueblo, no un monje budista. Era la costumbre. Lo interesante era que, mientras la ceremonia estaba en curso, los invitados esperaban afuera, celebrando y

---

[1] **ternura:** tenderness
[2] **afianzarse:** to hold onto
[3] **proporcionar:** to provide
[4] **muñeca:** wrist
[5] **cordón:** lace
[6] **dirigida:** run/managed

cantando canciones **a todo volumen**[1]. Algunas veces era difícil concentrarse por el ruido que hacían, pero después de una hora de rituales y sermones, los invitados entraron y celebraron con nosotros, bailando, haciendo ruido y comiendo. Muchos de los amigos de Leefa **doblaron**[2] dinero y lo **ataron**[3] al cordón blanco que simbolizaba la unión como regalo.

Después de la celebración, Leefa y yo fuimos a la capital para disfrutar de una **luna de miel**[4], donde pasamos cuatro dichosos días en el Hotel Palacio Settha —hotel colonial y de primera clase, que había sido construido en 1932 en Vientián, Laos. Todos los gastos fueron pagados por mis cuatro abuelos adoptivos como regalo de bodas. ¡Qué regalo de bodas! ¡Qué sorpresa! Leefa y yo estábamos impresionados por la elegancia y exuberancia de este lugar. No podíamos comprender cómo un lugar tan hermoso podía existir. Sin duda, ésos fueron los cuatro días más felices de mi vida.

En seguida de nuestra luna de miel, contactamos de inmediato la embajada de Estados Unidos para obtener una visa temporal para Leefa mientras conseguíamos su residencia permanente. Desafortunadamente estos mandatarios interpretaron el casamiento como una manera fácil —para Leefa— de entrar al país. Así que pusieron nuestro caso en investigación, lo cual **pospuso**[5] nuestros planes. Fue entonces cuando comprendimos que los **trámites**[6] de inmigración iban a ser más complicados de lo que pensábamos, pero para ser honesto, realmente no me sorprendió su severidad con respecto a los reglamentos. Yo sabía que muchos extranjeros se casaban para entrar a Estados Unidos en una forma "legal". Por eso, ya no era suficiente casarse con un estadounidense para entrar al país; teníamos que probar que Leefa realmente me amaba. Adicionalmente, necesita obtener una declaración **jurada**[7] de **patrocinio**[8] o respaldo económico, ya que yo todavía cursaba mi último año

---

[1] **a todo volumen:** loudly (out loud)
[2] **doblar:** to fold
[3] **atar:** to tie
[4] **luna de miel:** honeymoon
[5] **posponer:** postpone
[6] **trámite:** process
[7] **jurado/a:** sworn
[8] **patrocinio:** sponsorship

como estudiante de leyes y no contaba con un trabajo de tiempo completo. Era razonable lo que pedían; Leefa no podía ser una **carga**[1] para el país. Así que yo no tenía otra opción; debía regresarme y conseguir un trabajo para completar mi sueño de tener a Leefa en Estados Unidos conmigo. El único **consuelo**[2] que sostenía mi corazón era que Leefa había aceptado ser mi esposa.

«Jusqu'à la prochaine fois, mon amour.»

—Hasta que nos volvamos a encontrar, mi amor —me dijo Leefa en el aeropuerto antes de partir.

Y, sintiendo la nostalgia y el dolor más intensos que había experimentado en mi vida, **me marché**[3] sabiendo que éste sería mi nuevo reto.

Comprensión de lectura

¿Cierto o falso? Corrija las afirmaciones falsas.

1. Para un estadounidense, era muy fácil visitar el Sudeste de Asia durante los 80. C o F
2. Marcelino y Diem viajaron a Laos para ayudar a la comunidad de Salavan. C o F
3. Marcelino se enamoró de Leefa inmediatamente. C o F
4. Leefa habla lao y francés. C o F
5. Leefa se dedicaba a educar a los niños pobres de su pueblo. C o F
6. Laos fue colonizado por los franceses durante la primera parte del siglo XX. C o F
7. Marcelino sabe hablar francés perfectamente. C o F
8. Leefa le confesó a Marcelino, en una carta, que ella estaba enamorada de él. C o F
9. Marcelino no tuvo que pagar una dote para casare con Leefa. C o F
10. Triana pudo venir a la boda de Marcelino y Leefa. C o F

---

[1] **carga:** burden
[2] **consuelo:** comfort
[3] **marcharse:** to leave

11. Marcelino se sentía un poco perdido durante su boda porque no comprendía muy bien el ritual y la lengua. C o F
12. Marcelino y Leefa tuvieron una luna de miel en un hotel de primera clase. C o F
13. Leefa no pudo acompañar a Marcelino a California porque no tenía una visa para entrar a Estados Unidos. C o F

Preguntas de discusión:

1. Explique por qué era difícil visitar el Sudeste de Asia durante los 80. ¿Cuál era el estado de Laos cuando Marcelino visitó el país?
2. En su opinión, ¿cómo cambió la vida de Marcelino en Laos? ¿Cómo impactó su vida Leefa?
3. Describa a Leefa. ¿Qué tipo de persona es? ¿A qué se dedicaba?
4. ¿Qué hizo Leefa para expresarle a Marcelino lo que sentía? Narre la escena. Asumiendo que su lengua nativa es el inglés, ¿se casaría usted con una persona con la que no puede hablar su lengua como lo hizo Marcelino?
5. ¿Cuál era el problema con la educación de los niños en Laos?
6. Explique el concepto de la dote. ¿Está usted de acuerdo con la tradición? ¿Cree que tiene sentido?
7. ¿Qué pasó durante la boda de Marcelino y Leefa? Narre la escena. ¿Cuáles aspectos de la boda son diferentes para usted?
8. ¿Qué aprendió Marcelino sobre la cultura de Laos? ¿Le gustaría viajar a un país como éste?

Capítulo 15

El procedimiento para poder conseguir un visado en Estados Unidos era lento y complejo, ya que muchos —al igual que Leefa— esperaban su suerte por meses y algunos por años. En suma, tuvimos que esperar cinco intensos meses para obtener la visa temporal para ella. Fue una especie de **prueba de fuego**[1] para los dos porque habíamos pasado más tiempo separados que juntos.

Adicionalmente, la tecnología era básicamente inexistente en Laos. De modo que teníamos que depender de las cartas —que de paso— duraban una eternidad para llegar y hacer uso de las llamadas telefónicas que costaban una fortuna. Siempre teníamos que usar diccionarios y traductores que generosamente nos ayudaban a escribir las cartas y traducir las conversaciones. Nuestra relación, a larga distancia, fue realmente difícil de sostener.

Por fortuna, Triana y Andrew acordaron firmar una declaración jurada de patrocinio o apoyo económico para responder por Leefa mientras yo

---

[1] **prueba de fuego:** a real test

conseguía un trabajo de tiempo completo para poder traerla, pero aun así, la aprobación requería de otras **gestiones**[1]. Me entrevistaron varias veces en la embajada, analizaron las fotografías de la boda con detalle y escucharon nuestras conversaciones telefónicas. Estos **mandatarios**[2] realmente querían asegurarse de que nuestro matrimonio no era una **trampa**[3] o un negocio **ilícito**[4] para traer a Leefa a Estados Unidos.

    Permanecí en California hasta que le **otorgaron**[5] a Leefa la visa. Durante este tiempo, trabajé y ahorré dinero para traerla, pero mi cuenta de teléfono **alcanzó**[6] la suma de $3.000 en 5 meses. Tuve que llamar a la compañía de teléfonos para poder negociar un sistema de pagos **a largo plazo**[7] y, **pese a esto**[8], duré un año pagando esta cuenta. Sin embargo, tenía que oír su voz aunque no entendiera todo lo que me dijera. De alguna forma, creo que las llamadas sostenían la relación. Claro, después de pagar la **deuda**[9], no quería volver a ver una cuenta de teléfono más en mi vida. ¡Ja, ja! Por fortuna, logré seguir trabajando con Diem; ella me asignaba los casos de los niños que eran adoptados en California. Estos niños necesitaban representación y protección legal en la agencia de adopciones. Así que esa labor me ayudó a pagar varias de las cuentas, préstamos estudiantiles y a **asesores**[10] que **agilizaron**[11] la venida de Leefa. Mi padre me ofreció ayuda, pero yo quería que todos los gastos **corrieran por mi cuenta**[12]. Al fin y al cabo, era lo que le había prometido al padre de Leefa: luchar por ella. Una vez que le había dado mi palabra, la responsabilidad se convirtió en mi realidad. Finalmente, yo había comprendido el significado de la **dote**[13]. En mi interior, sabía que Leefa también contribuiría en un futuro, pero yo reconocía que era yo quien tenía que empezar a generar

---

[1] **gestión:** matter
[2] **mandatario:** leader/representative
[3] **trampa:** trap
[4] **ilícito:** illegal
[5] **otorgar:** to give/to grant
[6] **alcanzar:** to reach
[7] **a largo plazo:** long term
[8] **pese a esto**: despite this
[9] **deuda:** debt
[10] **asesor:** adviser
[11] **agilizar:** speed up
[12] **correr por mi cuenta:** to cover all expenses with personal funds
[13] **dote:** dowry

una estabilidad económica.

De suerte que Alberto, Kayla y el resto de los amigos en California me apoyaron y acompañaron durante estos cinco meses. Me ocupaban con proyectos productivos y beneficiosos. Por ejemplo, Alberto tenía un pequeño, pero próspero viñedo en Lodi, California. El negocio empezó a crecer y Alberto necesitaba de una mano amiga. Los negocios propios siempre requieren de mucho trabajo, especialmente al principio. Es por eso que le ayudé en lo que pude. Alberto había estudiado viticultura y **enología**[1] en la Universidad de Davis, California, ya que su sueño había sido ser enólogo. Había crecido en los viñedos con su familia; de modo que este ambiente era el hogar de Alberto. Lo conocía como la palma de su mano. Favorablemente, la experiencia le permitió establecer su propio viñedo con la ayuda de mi padre, quien se convirtió en su nuevo **socio**[2]. La tierra en Sonoma, California, y sus alrededores ya era muy cara. Debido a esto, mi padre y Alberto consideraron otras tierras para cultivar la uva. Posteriormente, Andrew compró un terreno en Lodi, y Alberto lo trabajó y lo cultivó. Con los años, el **negocio**[3] se convirtió en una industria **fructífera**[4] para los dos socios.

Cuando vine de Laos, tuve una idea para promocionar el vino de Alberto. Pensé que podíamos importar los *alebrijes* —las **vistosas**[5] figuras **talladas**[6] de madera que habíamos descubierto en el mercado de Oaxaca cuando éramos estudiantes de intercambio mientras vivíamos en México. El objetivo era decorar las **cavas**[7] de los viñedos con estas figuras para atraer a los clientes. Por consiguiente, los compradores tenían la opción de **adquirir**[8] arte y vino. La idea era ayudar a los artesanos de Oaxaca y atraer a los clientes en el viñedo. Gradualmente, la venta de los animales empezó a estimular la economía local de Oaxaca y el negocio de Alberto. Los alebrijes le daban al viñedo un

---

[1] **enología**: the study of wines
[2] **socio**: partner
[3] **negocio**: business
[4] **fructífero/a**: fruitful
[5] **vistosa**: attractive
[6] **tallado/a**: carved
[7] **cava**: cellar
[8] **adquirir**: to obtain/to get

poder sobrenatural: entre más tomaban los clientes, más alebrijes compraban. ¡Ja, ja! Los animales parecían tener poderes mágicos porque todos los compradores salían con una o dos de estas figuras mientras visitaban el viñedo. Ser parte de este éxito me hizo sentir bien, y ver a los artesanos sentirse orgullosos de su arte y a Alberto conseguir su objetivo me hizo pensar que todos necesitamos unos de otros para triunfar en la vida.

Conforme[1] el tiempo pasaba, sentía que amaba más a Leefa, y que valoraba todos los momentos que había pasado con ella en Laos, pero al mismo tiempo, su imagen física empezaba a **borrarse**[2] porque realmente habíamos pasado poco tiempo juntos. Confieso que en algunos momentos dudé y me llené de ansiedad esperándola. **Subestimé**[3] el poder de la mente y la forma en que me condicionaba especulando escenarios pesimistas. Sentía que perdía mi esperanza de traerla. Mi familia empezaba a preocuparse; por eso, me sugirió que, a lo mejor, era mejor que yo regresara a Laos aunque nuestra situación económica fuera inestable en ese país.

Afortunadamente, una mañana me levanté y recordé que había olvidado revisar el correo del día anterior. De modo que me hice una taza de café y fui al **buzón**[4] para ver si había noticias, y ahí estaba la carta —la última correspondencia que Leefa había escrito mientras esperaba en Laos. Esta vez, la carta estaba perfectamente escrita. De alguna forma, había conseguido un traductor, quien se encargó de editar su mensaje:

Querido Marcelino:

Finalmente he recibido los documentos y la autorización del Servicio de Inmigración de Estados Unidos para poder entrar al país legalmente. Mi padre estaba dispuesto a utilizar los $1.000 que le habías ofrecido a la familia para pagarle a una persona que pudiera acelerar el proceso del visado. **Dichosamente**[5], *eso no fue necesario. Por favor, regresa por mí.*

---

[1] **conforme:** as
[2] **borrarse:** to disappear
[3] **subestimar:** underestimate
[4] **buzón:** mailbox
[5] **dichosamente:** luckily

Con amor,

Leefa

De la noche a la mañana, los cinco meses se hicieron un instante. Parecía que todo había sido un sueño. Empecé a cantar de alegría; creo que no dejé de hacerlo hasta que conseguí montarme en ese avión que me llevó rumbo a Laos. Mi abuela, Alejandrina, pensó que estaba loco de felicidad y tenía razón. Yo estaba loco de amor porque era oficial: Leefa tenía el permiso de residencia para vivir en Estados Unidos. Pensé que este momento jamás iba a llegar, pero la espera había **valido la pena**[1]. Volé dos días después de que me contactaron de la Embajada de Estados Unidos para notificarme que Leefa había, efectivamente, obtenido su permiso legal.

En cuanto a Leefa, yo había subestimado el hecho de que tenía que partir de su país. Estaba tan emocionado de verla y estar con ella que había **dejado de lado**[2] este aspecto tan importante. La experiencia de dejar Laos cambiaría su vida por completo. El matrimonio iba a ser un cambio significativo, pero dejar sus raíces sería el mayor desafío para ella porque nunca había salido de Laos. Muchas personas, incluyendo a mis padres, estaban preocupadas de que, a lo mejor, el cambio sería mucho para ella. Pensaban que éste sería el mayor impedimento para nuestro matrimonio. No obstante, yo estaba dispuesto a ayudarla a hacer la transición de la misma forma que Gui y mi familia china me habían ayudado. Requeriría de mucho esfuerzo y dedicación, pero estaba consciente de lo que teníamos que hacer. Mi propia experiencia me había **capacitado**[3] para ayudarla. Ya le había enviado libros y material para que Leefa fuera estudiando y preparándose lo mejor posible para su partida. Era su única opción. **Pese a todo**[4], mi intuición me decía que Leefa lograría hacer una efectiva y positiva transición entre culturas y lenguas. Para mí, ya nada parecía imposible, especialmente después de haber recibido el permiso de residencia para ella. Me sentía el hombre más feliz del mundo.

---

[1] **valer la pena:** to be worth it
[2] **dejar de lado:** to set aside/to forget about it
[3] **capacitar:** to train
[4] **pese a todo:** in spite of

Después de un largo viaje, llegué al Aeropuerto Internacional Pakse en Laos, donde Leefa y su familia me esperaban. En sus cartas, Leefa había insinuado que temía no reconocerme después de los cinco meses que habían pasado, pero ella pudo distinguirme sin problema.

«Je t'aime! Je t'aime!»

—¡Te adoro! ¡Te adoro! —me dijo Leefa cuando la abracé.

—Yo también te amo, Leefa.

Fue un reencuentro **triunfante**[1] y conmovedor. Creo que Leefa y yo nos enamoramos de nuevo. Abrazar a Leefa fue como respirar aire puro después de haber estado **preso**[2] en una celda. Me sentí dichoso por no haber partido a California sin casarme con ella. Habría sido el peor error de mi vida. Me di cuenta de que la vida nos daba oportunidades que eran únicas, y que debíamos estar **atentos**[3] para poder reconocerlas. Sus amigos y familiares me dieron una cordial bienvenida. Parecía que el casamiento había sido el día anterior.

Los primeros días de mi estadía con Leefa fueron muy alegres, celebrando —una y otra vez— nuestro encuentro, y poniéndonos al día con nuestras **novedades**[4]. Sin embargo, el regreso a California **se aproximaba**[5] y con ello venía la nostalgia y el dolor de partir para Leefa. Tenía que decirle: "Adiós" a todo lo que había vivido desde niña. Sus padres estaban **afligidos**[6] y sus hermanas, quienes la adoraban, **presentían**[7] el vacío que Leefa iba a dejarles en el corazón. La besaban y la abrazaban anticipando la despedida. Leefa, por su parte, sabía que estaba a punto de entrar a mundo desconocido y dejar lo más **preciado**[8]: sus raíces. Pero con un aire de fortaleza, parecía aceptar el cambio

---

[1] **triunfante:** successful
[2] **preso:** imprisoned
[3] **atento/a:** alert
[4] **novedad:** news
[5] **aproximarse:** to approach
[6] **afligido/a:** heartbroken
[7] **presentir:** to sense
[8] **preciado:** valued

con **sabiduría**[1] y gratitud.

Antes de partir, hubo una serie de **homenajes**[2] y festividades para despedirla. La comunidad se aseguró de hacerle saber que ella había sido una inspiración para muchos, y que su contribución había tenido un peso significativo para la comunidad. Todos la hacían llorar de alegría porque le expresaban cuánto la amaban y cuán felices eran debido a su apoyo. En el aeropuerto, se despidió en silencio de su familia y de su país. Sus **lágrimas**[3] corrían por su cara, pero proyectaban una paz que era envidiable. El precio de estar conmigo significaba dejar a su familia, amigos y a sus hermanas. Me di cuenta de cuánto me quería.

— Sé que nunca regresaré. Es mi destino, Marcelino.

Le di un **apretón**[4] de manos en señal de solidaridad, y le dije que la comprendía perfectamente porque —en mi vida— me había despedido de muchas familias cuando era niño, ya que éste había sido un evento continuo y frecuente en mi niñez. Podía reconocer la nostalgia y la sensación de **hundimiento**[5] en sus ojos. Leefa pensaba que extrañaría todo: el tráfico desorganizado, los niños en la escuela, sus amigos y colegas en los campos de arroz donde trabajaban, las cenas con sus padres y hermanas y la vida simple que llevaba. Sí, la vida simple. Leefa era una mujer **sencilla**[6], y eso era lo que amaba de ella.

Justo antes de partir, llamé a Andrew del aeropuerto para hacerle saber que veníamos de regreso como habíamos planeado. Él me confirmó que Triana nos **recogería**[7] en el Aeropuerto Internacional de San Francisco porque él se había ofrecido a esperar el servicio de banquetes y comidas **a domicilio**[8]. Aparentemente, Triana lo había planeado todo y pensaba sorprenderos con una

---

[1] **sabiduría:** wisdom
[2] **homenaje:** tribute
[3] **lágrima:** tear
[4] **apretón:** grip (handshake)
[5] **hundimiento:** sinking
[6] **sencillo/a:** simple
[7] **recoger:** to pick up
[8] **a domicilio:** home delivery

bienvenida. Así que había invitado a los amigos más cercanos para que se unieran a la celebración un día después de nuestra llegada. Su objetivo era que todos pudieran disfrutar de nuestra compañía y conocer a Leefa. Me pareció una buena idea, especialmente porque Triana no había podido participar de nuestra boda. De modo que después de hablar con Andrew, sentí que todo era perfecto, y que finalmente podía estar con Leefa y mi familia. Así que tomamos el avión hacia San Francisco y nos despedimos de Laos.

Comprensión de lectura

¿Cierto o falso? Corrija las afirmaciones falsas.

1. Leefa esperó cinco meses para recibir su visa estadounidense. C o F
2. Las cartas que Marcelino y Leefa escribían llegaban fácil y rápidamente a su destino. C o F
3. Marcelino trabajó duro para poder pagar las llamadas telefónicas que hacía para poder hablar con Leefa. C o F
4. Alberto y Marcelino trabajaron juntos en el viñedo de Alberto en Lodi, California. C o F
5. Marcelino estaba nervioso porque la visa de Leefa no llegaba pronto. C o F
6. Para Leefa fue fácil dejar Laos. C o F

Preguntas de discusión:

1. ¿Cree que es justo separar a una pareja de recién casados por 5 meses (como en el caso de Leefa y Marcelino) para obtener una visa estadounidense? ¿Por qué cree usted que el proceso es tan complicado en Estados Unidos?
2. Explique el efecto emocional que la separación (dejar a Leefa en Laos) tuvo en Marcelino.
3. ¿Por qué Marcelino no le permitió a su padre que le ayudara con los gastos? ¿Cree que los padres deben ayudar a sus hijos con los gastos personales cuando se casan?

4. ¿Qué hacía Marcelino en California mientras esperaba la aprobación de la visa que necesitaba Leefa para entrar legalmente a Estados Unidos?
5. ¿Por qué Marcelino pensaba que era una buena idea vender *alebrijes* en el viñedo de Alberto? Explique.
6. En su opinión, ¿cómo fue la partida y la despedida de Laos para Leefa? ¿Qué sintió ella? ¿Qué cosas iba a extrañar Leefa de su país? ¿Qué cosas extrañaría usted de su país si tuviera que partir?

Capítulo 16

El avión de Laos **aterrizó**[1] treinta y seis horas después. Leefa y yo estábamos **agotados**[2] del viaje, pero nos sentíamos emocionados por estar en tierra estadounidense. Luego de pasar por la **aduana**[3] y recoger el equipaje, nos sentamos en una salita de espera cerca de los carruseles donde habíamos recogido las maletas. Esperamos a Triana, pero ella nunca llegó a recogernos. Así que después de una hora y quince minutos de espera, llamé a Andrew porque sabía que él estaba en casa, pero no logré encontrarlo tampoco. En ese momento, intuí que algo malo había pasado. Aun así, decidimos esperar un poco más y asumir que Triana estaba **atascada**[4] en el tráfico, pero después de otra media hora, Alberto fue el que llegó al aeropuerto para recogernos. Cuando lo vi, supe que mi padre había llamado a la familia de Alberto para informarle que Triana había tenido un accidente cuando iba de camino al

---

[1] **aterrizar:** to land
[2] **agotado:** exhausted
[3] **aduana:** customs
[4] **atascada:** stuck

aeropuerto. Eso explicaba por qué nunca logró llegar. Sin pensarlo, Andrew corrió al hospital, el cual estaba ubicado en la Universidad de California en San Francisco, donde los paramédicos habían trasladado a Triana después del accidente.

En un abrir y cerrar de ojos[1], Alberto, Leefa, and yo estábamos en camino al hospital también. Los tres íbamos sentados —en completo silencio— porque sentíamos un tremendo temor de hacer cualquier comentario que pudiera **intranquilizarnos**[2]. Preferimos esperar para saber qué realmente había pasado con Triana, pero la impaciencia y el nerviosismo eran inevitables. Para cuando llegamos, estábamos agobiados. Mi padre estaba de rodillas, llorando sin consuelo, como un niño pequeño **vencido**[3] por el dolor. Desafortunadamente, ya era muy tarde porque Triana había muerto; no logró sobrevivir el accidente. Entonces, comprendí que algo terrible había pasado y que el terror me **sobrecogía**[4]. Yo no podía ni tragar ni respirar cuando nos lo dijeron; tampoco sabía qué decir o qué hacer con el dolor que yo sentía. Mi padre y yo nos abrazamos por unos minutos, tratando de encontrar consuelo en el otro porque había una **herida**[5] abierta, profunda e interminable. Sin duda, éste fue uno de los días más oscuros de mi vida. Sentí que caí en un **vacío**[6]. Leefa permaneció sentada en silencio. Parecía haber aceptado la tragedia en paz.

Después de unas horas de explicaciones y **arreglos**[7] con doctores, Andrew, Alberto, Leefa y yo regresamos a la casa para hacer los arreglos del funeral. Llamamos a los invitados que Triana originalmente había contactado para nuestra celebración, y les informamos de nuestra **desgracia**[8]. Todos acordaron ayudarnos y acompañarnos mientras enfrentábamos nuestro dolor.

---

[1] **en un abrir y cerrar de ojos:** in a blink of an eye
[2] **intranquilizar:** to disturb
[3] **vencido:** defeated
[4] **sobrecoger**: to shake up
[5] **herida:** wound
[6] **vacío:** hole
[7] **arreglo:** arrangement
[8] **desgracia:** misfortune

El funeral de Triana —el cual fue realmente un **homenaje**[1]— fue dos días después del accidente. Finalmente, todos pudimos despedirnos de ella con flores, **discursos**[2] emotivos y música delicada para la ocasión. La compañía de todos nuestros amigos nos trajo tremendo consuelo en un momento donde la pena que sentíamos era mucha. Triana fue **incinerada**[3] porque ella no quería **velorios**[4] ni ceremonias religiosas. Ésa había sido su voluntad.

Durante todo este proceso, Leefa continuaba proyectando una paz y un estado de serenidad casi incomprensible para mí, pero en una forma mágica, su tranquilidad me traía calma y equilibrio emocional. Como budista, ella nos ofrecía su compasión y servicio, pero estaba convencida de que la muerte era simplemente una transición a otra vida. Leefa practicaba el budismo theravada, el cual profesaba la renovación o la reencarnación después de la muerte. Para ella, las personas simplemente pasaban por una serie de enseñanzas durante varias vidas. Nada era permanente; la vida era una continuación por la cual todos pasábamos y seguíamos con el propósito de **dirigirnos**[5] hacia un estado ideal —Nirvana— la liberación total del **sufrimiento**[6]. Parte de su filosofía era ser simple y aceptar los desafíos conforme aparecían en el camino, consiguiendo así vivir una vida de paz y armonía con la realidad.

Lastimosamente[7], para los padres de Triana —Alejandrina y Felipe— la realidad era otra. Ellos sí se vivían la muerte con dolor; por consiguiente, estaban **destrozados**[8] emocionalmente. Se sentían **culpables**[9] por haberle impuesto sus creencias a Triana, y por haberla criado en una forma tan estricta. Pensaban en el esfuerzo que ella siempre hacía para **complacerlos**[10] cuando era niña, el cual nunca fue suficiente para ellos. Estaban inconsolables, pero era comprensible. Ver la tristeza en sus ojos me hizo sentir una compasión que

---

[1] **homenaje:** tribute
[2] **discurso:** speech
[3] **incinerada:** cremated
[4] **velorio:** funeral service
[5] **dirigirse:** go toward
[6] **sufrimiento:** suffering
[7] **lastimosamente:** unfortunately
[8] **destrozado:** torn apart
[9] **culpable:** guilty
[10] **complacer:** to please

nunca había sentido por nadie. Repetían —una y otra vez— cómo habían **desperdiciado**[1] sus años tratando de cambiarla en lugar de aceptarla como era.

—¿Por qué hice eso? ¿Por qué le imponía mi voluntad? —se preguntaba Felipe, secándose las lágrimas con los **puños**[2] de su camisa.

Contemplando las circunstancias, me di cuenta de que la tragedia había creado un escenario que les permitía a mis abuelos poner todo en perspectiva. Triana estaba muerta y ellos deseaban, con todas sus fuerzas, devolver el tiempo y haber hecho las cosas en una forma diferente. Parecían haber descubierto el alto precio que tenían que pagar por haber impuesto sus valores. Sin lugar a dudas, tenían que perdonarse y aceptar que ellos realmente le habían dado la mejor **crianza**[3] a Triana. Simplemente tenían que comprender que habían considerado un único ideal: el que les habían impuesto a ellos mismos como niños. Ellos habían sido producto de la sociedad en la que habían vivido.

Por dicha, mis otros abuelos intervinieron para apoyarlos y ayudarlos a **borrar**[4] el pasado que les **atormentaba**[5]. Estos otros abuelos —no sé si era por su descendencia alemana revolucionaria o qué— siempre parecían tener una actitud avanzada para la época. Visualizaban un mejor escenario y promovían un futuro prometedor. Esta cualidad era la fórmula que Felipe y Alejandrina necesitaban para poder salir adelante. Los **retos**[6] siempre existían, pero parecía que lo importante era presentarle una cara **triunfante**[7] al desafío. Estos cuatro abuelos se unieron como hermanos, y se preocuparon por fortalecer los **lazos**[8] familiares. Con el tiempo, comprendí por qué Andrew siempre había sentido esperanza y deseo de superación por la vida, inclusive después de la muerte de Triana. Se permitía sentir, pero no **se estancaba**[9] en la miseria. Al poco tiempo, Andrew descubrió que el amor transcendía el mundo corporal porque la

---

[1] **desperdiciar:** to waste
[2] **puño:** cuff
[3] **crianza:** upbringing
[4] **borrar:** erase
[5] **atormentar:** to cause pain/to torture
[6] **reto:** challenge
[7] **triunfante:** victorious
[8] **lazos:** ties
[9] **estancarse:** to get stuck

presencia y el amor de Triana siempre lo acompañaban.

En cuanto a mí, la muerte de Triana me regresó gradualmente al pasado, haciéndome sentir —una vez más— necesitado de madre y de hogar. No comprendía por qué Triana había muerto y por qué nunca logró conocer a Leefa. Mi alivio era que todavía recordaba con claridad el amor que Triana me había ofrecido, y que me acompañaba y me protegía como cuando era un niño. Me sentía **agradecido**[1] por haberla tenido y por haberla amado como mi verdadera madre. A lo mejor, yo necesitaba un abrazo más de ella; o simplemente necesitaba agradecerle que me hubiera dado la oportunidad de ser parte de su familia y de haber sido mi madre. Me preguntaba si se lo había dicho lo suficiente.

Empecé a recordar el **sinnúmero**[2] de veces que ella insistió en que yo buscara —con perseverancia— a mi familia biológica. Ella pensaba que yo no había hecho lo suficiente para encontrar mis raíces. En su opinión, yo tenía que excavar hasta encontrar mi origen.

—No pierdas tu tiempo, Marcelino. No cometas el mismo error que yo cometí. Yo esperé nueve años para buscarte. Descubre tu origen, Marcelino. ¡Excava! —me decía.

¡Excava! —me dije a mí mismo en voz alta, pero otra voz en mi interior me decía:

—Déjalo libre, Marcelino. La vida te **mostrará**[3] el **sendero**[4] que debes tomar.

Esa otra voz era la de Leefa —que me contemplaba de lejos— convencida de que yo era su alma gemela. Se acercó con **ternura**[5] y me dijo:

—La vida te dará una señal como se la dio a Triana para encontrarte.

---

[1] **agradecido:** thankful
[2] **sinnúmero:** countless
[3] **mostrar:** to show
[4] **sendero:** path
[5] **ternura:** tenderness

¡Ya verás, Marcelino!

    Y con esas palabras, me besó en la frente.

Comprensión de lectura

¿Cierto o falso? Corrija las afirmaciones falsas.

1. Marcelino y Leefa finalmente llegan a San Francisco, California. C o F
2. Triana tiene un accidente automovilístico. C o F
3. Andrew estaba con Triana cuando el accidente sucedió. C o F
4. Andrew recogió a Leefa y a Marcelino en el aeropuerto. C o F
5. Para cuando Marcelino, Alberto y Leefa llegaron al hospital, Triana había muerto. C o F
6. Marcelino se siente huérfano otra vez. C o F
7. Triana fue **enterrada**[1] de acuerdo con la doctrina de la iglesia católica. C o F
8. Leefa practica el budismo. C o F
9. Felipe y Alejandrina sienten **remordimiento**[2] por haber sido tan estrictos con Triana. C o F
10. Leefa le recomendó a Marcelino buscar a su familia biológica. C o F

Preguntas de discusión:

1. Narre la escena donde Triana va al aeropuerto para encontrarse con Leefa y Marcelino. ¿Qué pasó con Triana en el camino?
2. ¿Cuál fue la reacción de Andrew y Marcelino con respecto a la muerte de Triana?
3. ¿Cuál es la posición de Leefa con respecto a la muerte? ¿Está usted de acuerdo con ella?
4. En su opinión, ¿por qué es tan doloroso aceptar la muerte para muchas personas? ¿Es algo aprendido por la sociedad?

---

[1] **enterrada:** buried
[2] **remordimiento:** remorse

5. ¿Qué tipo de funeral fue el de Triana? ¿Hubo un acto religioso? Explique.
6. ¿Por qué Felipe y Alejandrina no pueden encontrar **consuelo**[1] con respecto a la muerte de Triana? ¿Por qué sienten remordimiento?
7. ¿Cuál era la recomendación que Triana siempre le daba a Marcelino con respecto a la búsqueda de la familia biológica de Marcelino? ¿Qué pensaba Leefa sobre esta recomendación?

---

[1] **consuelo:** comfort

Capítulo 17

Unos meses después de la graduación en la Universidad de Davis, California, encontré un trabajo de tiempo completo. Estaba cansado de tener tres trabajos y **correr de un lado para el otro**[1]. Específicamente, mi nuevo trabajo estaba relacionado con lo que yo ya hacía en el Centro de Adopciones Internacionales en San Francisco. La diferencia era que tenía un puesto de tiempo completo, y eso era un alivio. La agencia estaba afiliada a la red internacional para la que trabajaba Diem, mi amiga china. Concretamente, buscábamos familias en Estados Unidos que estuvieran dispuestas a adoptar niños huérfanos del Sudeste de Asia y Europa Oriental. Yo era uno de los **asesores jurídicos**[2] en California, el cual les ofrecía protección legal a todos los niños. Este tipo de trabajo me ofreció la oportunidad de ver muchos encuentros **placenteros**[3] y emotivos entre familias y niños huérfanos. Sentía que rescatarlos o ayudarlos me traía gran satisfacción personal y profesional.

---

[1] **correr de un lado para otro:** running around
[2] **asesor jurídico:** legal adviser
[3] **placentero:** pleasant

Con el tiempo, me inscribí en un programa de doctorado, especializándome en lengua, **alfabetización**[1] y cultura. Mi intensión era continuar ayudando a Leefa con la construcción e instrucción de escuelas en Laos. Leefa también había encontrado un trabajo de medio tiempo mientras estudiaba inglés. Éste era su objetivo principal para poder funcionar bien en la sociedad.

Para cuando terminé mi doctorado, el nivel de competencia de Leefa en inglés era realmente notable. Posteriormente, ella se inscribió en un programa de inglés para educadores, logrando así obtener un bachillerato en la enseñanza del inglés como segunda lengua. Ella era una buena profesora porque anticipaba y guiaba el proceso de aculturación por el que los estudiantes pasaban cuando llegaban a Estados Unidos. Leefa había pasado por esta vía de acomodamiento cultural: el sentirse solo, estar limitado por la lengua, sentir nostalgia por la cultura y los amigos que había dejado atrás, etc. Estos eran algunos de los **desafíos**[2] que ella había vivido. Había ocasiones cuando ella lloraba porque **extrañaba**[3] a su familia, pero me parecía normal, considerando que ella nunca había salido de su país y que su familia y amigos habían sido su vida. Tratábamos de visitar Laos cada dos años. De esta forma, ella podía mantenerse conectada. Afortunadamente, Leefa disfrutaba de su trabajo y de sus estudios en Estados Unidos porque veía el valor de adaptarse y ofrecer un servicio en la comunidad. Su **sueño**[4] era educar a los niños pobres y despertar conciencia en los niños económicamente acomodados. Se aseguraba de que ellos supieran sobre la falta de oportunidades que otros (de otras naciones tercermundistas) **enfrentaban**[5]; quería que apreciaran el privilegio de estudiar.

Leefa creía que la educación elemental era la única vía para despertar esta **inquietud**[6]. Durante su último año de universidad, escribió un trabajo de investigación sobre los sistemas de educación en distintas partes del mundo. Adicionalmente, presentó soluciones que fueron aplicadas en varios condados

---

[1] **alfabetización:** literacy
[2] **desafío:** challenge
[3] **extrañar:** to miss
[4] **sueño:** dream
[5] **enfrentar:** to face
[6] **inquietud:** curiosity

de California donde los recursos económicos eran limitados. Estos nuevos modelos empezaron a formar una generación de niños más felices y mejor preparados académicamente. Leefa creía que los sistemas se podían beneficiar unos de otros. Posteriormente, su investigación se convirtió en un libro, el cual fue publicado **con éxito**[1] y usado por muchos educadores y directores escolares. Seguidamente, ella utilizó la **ganancia**[2] para crear una fundación con el objetivo de educar el mayor número de niños en el mundo.

Curiosamente, Leefa no quería ser madre porque ella ya se sentía responsable por todos los niños que no tenían una. Ella quería encontrarles un **hogar**[3] y ayudarles a establecerse y valerse por sí mismos, utilizando la educación como medio. En su opinión, ayudar a los huérfanos y a los **imposibilitados**[4] era la responsabilidad de todos. Yo estaba completamente de acuerdo con ella, ya que yo había sido rescatado por una familia que me había ofrecido todos los beneficios que un hogar puede ofrecerle a un huérfano, especialmente el calor de los padres que crían a los niños como si fueran sus propios hijos biológicos, como había sido mi caso con Andrew y Triana.

Leefa aprendió a apreciar la cultura estadounidense. Estaba convencida de que si trataba de entender sus prácticas y sus valores, los ciudadanos responderían positivamente hacia ella y aprenderían a apreciarla y a respetarla también. Reconocía que la actitud o reacción que ella tuviera ante los demás, determinaría o definiría la reacción de los otros. Como resultado, los **enfrentamientos**[5], la segregación y la discriminación nunca fueron parte de su escenario mientras ella vivió en Estados Unidos. Las opiniones de los demás nunca intervenían o amenazaban su sistema de valores; eran simplemente otras opiniones que escuchaba con atención. Esta mentalidad fue su **carta de triunfo**[6] para apreciar un país tan multicultural. Las otras opiniones la hacían crecer porque ella sabía escuchar, especialmente si los **criterios**[7] de otros iban

---

[1] **con éxito:** successfully
[2] **ganancia:** profit
[3] **hogar:** home
[4] **imposibilitado:** needy
[5] **enfrentamiento:** confrontation
[6] **carta de triunfo:** the key to success
[7] **criterio:** opinion

en contra de su filosofía. Cuando la gente hacía comentarios estereotípicos del Sudeste de Asia, escuchaba con atención, y educaba diplomáticamente a la persona sin ofenderla. Leefa pensaba que su contribución era más grande si informaba a las personas en una forma efectiva y respetuosa.

Leefa pensaba que los estadounidenses tenían una ética de trabajo sorprendente. Apreciaba su convicción y deseo de triunfar y de ser fiel a su país. Sin embargo, creía que sufrían de soledad y aceptaban el materialismo compulsivo como uno de sus valores. Ella contemplaba una sociedad consumida por un mundo tecnológicamente avanzado que los mantenía constantemente distraídos. En su opinión, no había tiempo para fortalecer el espíritu, solamente había tiempo para desarrollar buenas **destrezas**[1] para el trabajo ideal. Una vez que los hijos partían de casa para estudiar en la universidad o trabajar lejos, la conexión entre los miembros de la familia parecía deteriorarse. Leefa no comprendía por qué, dado que ella **extrañaba**[2] y apreciaba a sus padres y a sus hermanas más conforme el tiempo pasaba. La distancia no parecía intervenir o modificar el amor que ella sentía por ellos.

Tratando de comprender la mentalidad estadounidense, ella concluyó que posiblemente las personas se sentían responsables de sostener o mantener Estados Unidos como la nación de mayor poder político y económico a nivel mundial. La invención y el éxito económico eran valores que se les enseñaban a los niños a muy temprana edad. Después de todo, este país había sido conquistado y construido por aquéllos que habían aventurado y **arriesgado**[3] su vida por la libertad y el deseo de superación. Leefa pensaba que esta fuerza era la que conducía la nación a competir y a **medir**[4] el éxito por medio de la acumulación de bienes y el reconocimiento del público que una persona recibía.

Por su crianza y su filosofía, Leefa decidió complementar el sistema escolar, ofreciéndoles a los niños otra visión del mundo. Quería implementar un método donde los niños aprendieran a apreciar las oportunidades como

---

[1] **destreza:** skill
[2] **extrañar:** to miss
[3] **arriesgar:** to risk
[4] **medir:** to measure

privilegios, y no como derechos para competir. Claro, esta mentalidad se había originado durante su niñez en Laos, donde los recursos eran limitados y todos dependían de otros para sobrevivir. Por eso, Leefa pensaba que era importante enseñarles a los niños a trabajar **en equipo**[1] para crear comunidades y no a luchar individualmente para tratar de competir y vencer al adversario. Adicionalmente, les vendía la idea de ser libres; ésa era su religión y su conexión con el mundo, a pesar de que ella nunca lo expresó abiertamente con sus propias palabras. Leefa era una mujer extraordinaria. Nada parecía poner en peligro la decisión que había tomado de cambiar la realidad de estos niños. Estaba convencida de que su intención y su convicción tenían un propósito en este mundo: lograr que los niños se liberaran de una sola manera de ver el mundo.

Con el tiempo, y a pesar de que muchos consideraban Estados Unidos como una sociedad consumista y competitiva, Leefa y yo empezamos a reconocer el aprecio que muchos estadounidenses sentían por su país y su gente. Muchos valoraban la diversidad y los avances en las relaciones humanas. Estados Unidos continuaba siendo una nación progresista y abierta a las nuevas ideas, y ésa era la razón por la que muchos deseaban vivir aquí.

Los viajes a Laos se hicieron más frecuentes. Nos dedicamos devotamente a ayudar a la comunidad de Salavan, el lugar donde había crecido Leefa. Con el tiempo y la ayuda de muchos, logramos construir otra escuela en la comunidad y obtener un **subsidio**[2] del gobierno que nos permitió pagarles a los maestros salarios justos. Estos nuevos pagos les permitían a los educadores tener una vida digna, y como resultado, la educación en Salavan mejoró porque el aprecio hacia los maestros elevó el deseo de estudiar en los niños. Éste era un paso gigantesco para Leefa, a pesar de que el progreso parecía minúsculo, si se consideraban las necesidades urgentes del país. Sin embargo, el pequeño progreso cambió la vida y la energía de la comunidad porque había esperanza.

Asimismo, yo continué mi obra de buscarles un hogar a los niños

---

[1] **en equipo:** as a team
[2] **subsidio:** grant/help

huérfanos de Laos cada vez que visitábamos el país. Me aseguraba de que los niños mantuvieran una conexión con su país de origen por medio de Leefa, quien les orientaba para que pudieran hacer la transición en Estados Unidos. Por tal razón, casi todos lograban mantenerse conectados con sus hermanos y su país **natal**[1].

Con el tiempo, empecé a vivir —parcialmente— mi sueño de encontrar a mi familia biológica por medio de estos niños, quienes eran rescatados por familias **dispuestas**[2] a cambiar la vida de un huérfano en otro país. Debo confesar que hice todo lo posible por encontrar a mi propia familia, pero cada vez que había una **huella**[3] —o lo que yo pensaba que era evidencia— la realidad terminaba probando lo contrario. Así que fui aceptando, con paz, que, a lo mejor, éste era mi destino.

De suerte que conocí a personas extraordinarias que cruzaban en mi camino, haciendo mi trabajo estimulante y **placentero**[4] debido a que, algunas veces, tenía que pasar horas volando en avión hacia mi destino. En uno de mis viajes, conocí a un hombre de Costa Rica en el Aeropuerto Internacional Douglas en Charlotte, Carolina del Norte. Su nombre era Ronulfo. Aparentemente, este señor iba de regreso a Costa Rica después de haber pasado dos semanas con sus hermanos *ticos* en Lincolnton, Carolina del Norte. En pocos minutos, **me enteré**[5] de su vida porque este hombre parecía disfrutar de la compañía y del diálogo. Mientras hacía fila para **facturar**[6] el equipaje a Costa Rica, este hombre interactuaba con toda persona que estuviera dispuesta a tenerle paciencia. Sin embargo, no se comunicó bien con el empleado de la aerolínea porque éste no lograba entenderle; así que me acerqué para escuchar la conversación:

—Son solamente **dulces**[7] porque tengo muchos hijos. Yo ya pagué

---

[1] **natal:** native
[2] **dispuestas:** willing
[3] **huella:** print
[4] **placentero:** pleasant
[5] **enterarse:** to become aware/to learn
[6] **facturar:** check in
[7] **dulces:** candy

por todos los dulces —le dijo Ronulfo al empleado.

—Lo siento mucho, señor, pero tenemos que abrir su maleta para saber qué contiene.

—Yo sé que el peso del equipaje excede el límite, y que debo pagar por el peso adicional, Sr. —le dijo Ronulfo.

Ronulfo continuaba desorientado y confundido porque no comprendía qué era este **asunto**[1] de abrir las maletas. Así que interrumpí la conversación para ayudarle y aclarar el **malentendido**[2].

—¿Le puedo ayudar, Sr.?

—Este empleado me quiere abrir la maleta, pero yo nada más compré **confites**[3] para mis hijos. Yo no hice nada malo.

—Aún así tienen que revisarle el equipaje —le respondí.

De modo que Ronulfo abrió la maleta y —como **cohetes**[4]— los dulces salieron volando. ¡Ja, ja! Ronulfo había llenado la maleta al máximo; por eso, era tan **pesada**[5]. El empleado y yo nos quedamos sorprendidos cuando vimos la cantidad de dulces en el **suelo**[6]. Muy enojado, el empleado llamó a seguridad para que **revisaran**[7] el equipaje. Creo que sospechaba algo malo de Ronulfo porque la cantidad de dulces era **abismal**[8].

Por fortuna, yo pude ayudar a Ronulfo con el malentendido. De igual forma, **escanearon**[9] toda la maleta y escarbaron hasta el fondo para ver si veían algo sospechoso. Como pudimos, volvimos a poner todos los dulces en la

---

[1] **asunto:** matter
[2] **malentendido:** misunderstanding
[3] **confites:** candy
[4] **cohete:** rocket
[5] **pesada:** heavy
[6] **suelo:** floor
[7] **revisar:** to check
[8] **abismal:** enormous
[9] **escanear:** to scan

valija. Luego, Ronulfo pagó por el exceso de peso y nos dirigimos a pasar por seguridad. Después del incidente, no pudimos dejar de reírnos. Yo pensaba que la cantidad de dulces era suficiente para alimentar un **ejército**[1] de niños. ¡Ja, ja!

    Durante la conversación, me di cuenta de que era la primera vez que Ronulfo viajaba fuera de su país. Eso explicaba su inexperiencia en los aeropuertos. Creo que eso **suele**[2] pasarles a todos los viajeros la primera vez. Por lo tanto, decidí acompañarlo y pasar por seguridad a su lado por si necesitaba más de mi ayuda.

    La situación con Ronulfo se tornó aún más divertida. Cuando pasamos por seguridad, el sensor para metales se activó cada vez que Ronulfo pasaba por el detector. Le pregunté si se había quitado todo tipo de metal que tenía puesto y me respondió afirmativamente; me **mostró**[3] el reloj, el **anillo**[4] de matrimonio y el **cinturón**[5]. Así que no comprendíamos qué pasaba. Fueron unos minutos después que Ronulfo recordó una operación que le habían hecho en la rodilla años atrás, y se acordó de los pines metálicos que le habían implantado. Éstos eran los que activaban el detector. Una vez más, Ronulfo estaba tratando de aclarar la confusión que **se armó**[6], pero el oficial perdió la paciencia con él y trató de llevarlo de un brazo hacia un lado, pero no antes que Ronulfo **se quitara**[7] los pantalones delante de todos, y le enseñara la **cicatriz**[8] de la operación al oficial. Esta vez no pude ayudarle porque exploté de la risa cuando vi a Ronulfo en **calzoncillos**[9]. El oficial se alarmó e, inmediatamente, **le subió**[10] los pantalones del suelo y le ordenó que **se comportara**[11] con respeto. ¡Ja, ja! ¡El caos fue tremendo! Terminamos en una oficina con oficiales que

---

[1] **ejército:** army
[2] **soler:** to be accostumed to
[3] **mostrar:** to show
[4] **anillo:** ring
[5] **cinturón:** belt
[6] **armarse:** to take place
[7] **quitarse:** to take off
[8] **cicatriz:** scar
[9] **calzoncillo:** underwear
[10] **subirle:** to pull up/to lift
[11] **comportarse:** to behave

nos miraban con sospecha. Finalmente, todo se aclaró y logramos continuar con nuestro viaje. El pobre Ronulfo expresó su gratitud **una y otra vez**.[1] Quiso darme dinero y comprarme un almuerzo para reparar lo **sucedido**,[2] pero yo le dije que no era necesario. Así que como no le permití que me **recompensara**,[3] me hizo prometerle que algún día visitaría Costa Rica. Él quería —de algún modo— regresarme el favor, lo cual me pareció muy generoso de su parte. Entonces, compartimos nuestros números de teléfono, nuestra dirección postal, y nos despedimos con un fuerte **apretón**[4] de manos.

—Adiós, Sr. Ronulfo. Es usted el hombre más divertido que he conocido.

—Adiós, Marcelino. Espero que la vida le pague este favor que ha hecho hoy por mí.

Comprensión de lectura

¿Cierto o falso? Corrija las afirmaciones falsas.

1. Después de su graduación de bachillerato, Marcelino trabajó como maestro de español. C o F
2. Marcelino se inscribió en un programa de doctorado. C o F
3. Leefa nunca pudo aprender bien inglés. C o F
4. De acuerdo con Marcelino, Leefa no era una buena profesora. C o F
5. Leefa pensaba que la educación en Estados Unidos era ideal. C o F
6. Leefa creía que los sistemas de educación alrededor del mundo se podían complementar. C o F
7. Marcelino y Leefa tuvieron hijos. C o F
8. Leefa apreciaba la cultura estadounidense, pero cuestionaba algunos aspectos. C o F
9. Marcelino y Leefa ayudaron a construir una escuela en Salavan, Laos. C o F

---

[1] **una y otra vez:** again and again
[2] **suceder:** to happen
[3] **recompensar:** to reward
[4] **apretón:** grip

10. Marcelino conoció a un hombre costarricense en el aeropuerto de Charlotte, Carolina del Norte. C o F

Preguntas de discusión:

1. ¿Qué tipo de trabajo tenía Marcelino? Explique.
2. ¿Qué pensaba Leefa de la educación en Estados Unidos? ¿Está usted de acuerdo con ella?
3. ¿De qué forma complementaba o modificaba Leefa la enseñanza en sus clases? ¿Qué hacía diferente? ¿Por qué Marcelino pensaba que ella era una buena profesora?
4. ¿Cuál era la perspectiva de Leefa sobre la cultura estadounidense? ¿Está de acuerdo con ella? ¿Qué piensa usted sobre su propia cultura?
5. ¿Por qué Marcelino y Leefa no tuvieron hijos? ¿Qué piensa usted de esta decisión?
6. ¿De qué forma Leefa y Marcelino ayudaban a la comunidad de Salavan, Laos? Explique. ¿Cómo transformó esta ayuda la vida de Marcelino?
7. ¿A quién conoció Marcelino en el aeropuerto de Charlotte, Carolina del Norte? Narre específicamente qué pasó cuando esta persona facturó su equipaje y pasó por seguridad.

Capítulo 18

Muchos años pasaron antes de que yo supiera de Ronulfo otra vez. Fue el día que cumplí cincuenta años. Leefa había planeado una fiesta mexicana para mí. Así que compró una piñata y la rellenó con confeti, dulces picantes y todo tipo de juguetes de plástico: cuchillos mágicos, relojes, collares, anillos, **silbatos**[1], dinosaurios, cucarachas, yoyos, **trompos**[2], **pistolas**[3] de agua, **tiragomas**[4], billetes de **mentira**[5] para **juegos de mesa**[6] y de **bolos**[7]. La piñata fue todo un éxito. Después de que la rompimos a **puñetazos**[8] con un bate de plástico, supimos que algunos amigos habían puesto cepillos de dientes viejos y medias de fútbol sucias dentro de la piñata para hacernos reír. Leefa y yo explotamos de la risa cuando vimos la evidencia en el suelo una vez que la

---

[1] **silbato:** whistle
[2] **trompo:** whipping top
[3] **pistola:** gun
[4] **tiragomas:** slingshot
[5] **mentira:** lie
[6] **juegos de mesa:** board games
[7] **juego de bolos:** bowling game
[8] **puñetazo:** punch

piñata se rompió.

Conforme avanzaba la fiesta, la gente parecía estar más animada, especialmente aquéllas que se habían tomado varias margaritas. Bailaban mariachis y cantaban en coro. Algunos se ocupaban de tomar fotos divertidas y otros se reían sin parar. Leefa quería celebrar en grande con todos nuestros amigos y familiares. Por lo tanto, la casa estaba llena de huéspedes. Algunos habían llegado días antes; de modo que tuvimos que pedirles ayuda a los vecinos para que hospedaran a varios de ellos. La celebración fue la excusa perfecta para reunirnos.

En suma, el cumpleaños fue de mucho gozo para todos. Afortunadamente, era un día de verano; por lo tanto, logramos **alargar**[1] la fiesta y cantar karaoke hasta tarde. Luego, tuvimos tiempo para hacer una competencia de baile y de comedia. Para completar, Leefa trajo un pastel de cumpleaños con un mapa mostrando todos los sitios que yo había visitado durante mis cincuenta años. La idea me pareció original. La abracé y la besé con pasión porque me sentía más enamorado que nunca. Ella me tomó de las manos y me dijo que merecía todo el amor del mundo. Mi pidió que cerrara los ojos y que pidiera un deseo antes de apagar las **velas**[2]:

—Pide un deseo, Marcelino!

Entonces, cerré los ojos, pedí un deseo y apagué las 50 velas. Todos empezaron a aplaudir y a gritar:

—¡Queremos pastel! ¡Queremos pastel!

Unos segundos después, sonó el teléfono; era Ronulfo quien llamaba, pero como yo estaba **entretenido**[3] repartiendo la torta de cumpleaños, Leefa contestó el teléfono. De inmediato, sospechó que era una llamada internacional porque la conversación era un poco **cortada**[4], y la persona usaba un dialecto del

---

[1] **alargar:** to extend/to stretch out
[2] **vela:** candle
[3] **entretenido:** distracted
[4] **cortada:** cut off

español un poco diferente al que ella estaba acostumbrada a escuchar. Sin embargo, logró comprender que la persona quería hablar conmigo y, como era mi cumpleaños, a Leefa no le pareció **extraño**[1] que yo recibiera varias llamadas ese día. Así que me pidió que respondiera la llamada, pero para gran sorpresa mía, era Ronulfo, el hombre alegre y divertido que yo había conocido y ayudado años atrás en el aeropuerto de Charlotte.

—¿Ronulfo? ¿Cómo está? ¡**Qué gusto**[2] saber de usted!

—Estoy muy bien, Marcelino. Nada más un poco más viejo. ¡Ja, ja!

—Ya veo que no ha cambiado su sentido de humor —le respondí.

Ronulfo me llamaba porque tenía noticias verdaderamente intrigantes. Él quería saber si yo tenía parientes en Costa Rica. Al principio, su pregunta me confundió un poco porque no entendía el contexto en el que me lo preguntaba.

—¿**Familiares**[3] en Costa Rica?

—Así es, Marcelino. ¿Tiene familiares en Costa Rica?

—No sé, Ronulfo.

Le expliqué que yo había sido un huérfano, y que me habían abandonado en la entrada de una casa en San Francisco, donde una familia posteriormente me adoptó.

—Han pasado cincuenta años, Ronulfo. No sé dónde está mi familia biológica.

Después de mi explicación, Ronulfo se quedó en completo silencio; parecía estar sorprendido por mi respuesta. Entonces, empecé a sentirme un poco nervioso porque no entendía qué estaba pasando. Luego de recuperar el habla, Ronulfo me reveló que había conocido a un hombre que se parecía

---

[1] **extraño**: strange
[2] **¡Qué gusto!**: What a pleasure!
[3] **familiares**: relatives

muchísimo a mí, y que lo había conocido en una feria de frutas en Costa Rica. Aparentemente, Ronulfo se acercó para saludarme, creyendo que este hombre era yo, pero por la reacción del **tipo**[1], Ronulfo supo que era otra persona.

—Pensé que era usted, Marcelino.

Intrigado, Ronulfo se atrevió a preguntarle al hombre si tenía familiares en Estados Unidos porque quería resolver el misterio, y fue entonces cuando se dio cuenta de que este hombre tenía un hermano **gemelo**[2], y que este hermano gemelo había desaparecido en California cuando era solamente un bebé.

—Usted me dijo que era de California, ¿cierto, Marcelino?

Ni siquiera pude responderle la pregunta porque —de inmediato— sentí que se me había paralizado el corazón del impacto. Estaba literalmente **suspendido**[3] en el aire, con la boca abierta, tratando de respirar porque la presión en la cabeza era mucha. Me temblaba el cuerpo y la **descarga**[4] de adrenalina corría sin parar.

—Marcelino, ¿me escucha? Creo que hemos perdido la conexión.

—Ronulfo, perdóneme, pero es que no sé ni qué decirle. No sabe lo que esto significa para mí.

—Tiene que venir a Costa Rica, Marcelino.

Para cuando colgué el teléfono, estaba completamente **desconcertado**[5] —como **atontado**[6]. Me tuve que sentar porque sentía nauseas y creía que me iba a vomitar. No quería compartir las noticias con nadie, ni siquiera con Leefa, quien sabía que algo había pasado. Mi mente **estaba en blanco**[7]. Por mi reacción, sabía que yo necesitaba tiempo para asimilar todo; Leefa supo que

---

[1] **tipo:** guy
[2] **gemelo:** twin
[3] **suspendido:** hanging
[4] **descarga:** rush/discharge
[5] **desconcertado:** lost
[6] **atontado:** confused
[7] **estar en blanco:** to be absentminded

tenía que esperar. Así que simplemente se acercó y me besó la frente.

—Todo saldrá bien, Marcelino. ¡Ya verás! —me dijo—. ¡Feliz cumpleaños!

Después de unos días, me acerqué y compartí con ella lo que había pasado. Tenía miedo de contarle los detalles de la conversación porque no quería **estropear**[1] mi suerte. Ella escuchó atentamente y se sonreía **a intervalos**[2] porque —sin obstáculos— parecía reconocer que algo maravilloso venía en camino. Su sonrisa confirmaba lo que ella intuía.

—Debes ir a Costa Rica, Marcelino.

—Sí, Leefa, y creo que debo **enfrentar**[3] esto solo.

—Estoy completamente de acuerdo, Marcelino. Hay cosas en la vida que uno debe resolver solo, y ésta es una de ellas. ¡Adelante!

Entonces, llamé a Ronulfo y le expliqué que había decidido visitarlo y buscar al hombre que él había mencionado. Me dijo que me ayudaría y que no me preocupara. Ronulfo también parecía intuir —como Leefa— que algo extraordinario venía en camino para mí. Su apoyo significó mucho. De tal modo que dos días después, empaqué mis maletas, me despedí de Leefa y **me dirigí**[4] a resolver el misterio de mi vida.

Comprensión de lectura

¿Cierto o falso? Corrija las afirmaciones falsas.

1. Leefa planeó una fiesta de cumpleaños para Marcelino. C o F
2. Marcelino pidió un deseo de cumpleaños. C o F
3. Una persona de Costa Rica llamó a Marcelino porque tenía noticias. C o F

---

[1] **estropear:** to ruin/spoil
[2] **a intervalos:** at times
[3] **enfrentar:** to face
[4] **dirigirse:** to move toward

4. Ronulfo conoció a un hombre físicamente idéntico a Marcelino en Costa Rica. C o F
5. Marcelino le contó a Leefa las noticias inmediatamente después de recibir la llamada de Ronulfo. C o F
6. Marcelino decidió visitar Costa Rica y buscar a su supuesto gemelo. C o F

Preguntas de discusión:

1. Describa la fiesta de cumpleaños de Marcelino. ¿Cómo celebra usted su propio cumpleaños?
2. En su opinión, ¿cuál fue el deseo de cumpleaños de Marcelino? Explique su respuesta.
3. ¿Quién llamó por teléfono a Marcelino y por qué? ¿Tenía esta persona noticias para Marcelino? Narre la escena.
4. ¿Cuál fue la reacción de Marcelino después de la llamada telefónica?
5. ¿Cuál fue la reacción de Leefa cuando Marcelino le contó lo sucedido? ¿Qué decidió hacer Marcelino?

Capítulo 19

Así que allí estaba yo, en Costa Rica, esperando que Ronulfo se reuniera conmigo en el Aeropuerto Internacional Juan Santamaría. Me sentía un poco nervioso porque hacía mucho tiempo que no veía a Ronulfo, y la naturaleza de mi visita era un poco extraña. Yo había esperado noticias de mi familia biológica durante toda mi vida y, finalmente, había una posibilidad de encontrar un pariente o varios en este país.

Cuando por fin vi a Ronulfo y a sus hijos —que alegremente me saludaron con la mano— me sentí más aliviado, pero pronto les confesé que me sentía **inquieto**[1] por el encuentro con el **supuesto**[2] gemelo que Ronulfo había visto en la feria. **De modo que**[3] Ronulfo decidió darme tiempo para que yo me ajustara a la cultura costarricense: la comida, la lengua, el tráfico y las costumbres en general. Él pensaba que había aspectos de la cultura que yo tenía

---

[1] **inquieto:** nervous
[2] **supuesto:** supposed/assumed
[3] **de modo que:** thus

que comprender primero, y tenía razón.

Costa Rica me dio la bienvenida como si me hubiera estado esperando toda la vida. Había cierta familiaridad en el aire que yo reconocía y me hacía sentir que yo **pertenecía**[1] a ese lugar. Los *ticos* —como solían llamar a los costarricenses— eran sociables y divertidos. Sin darme cuenta, me convertí en parte de la interacción en un instante porque la sociedad era abierta y amable. Los llamaban *ticos* porque usaban el diminutivo (sufijo) *-tico* y *-tica* mucho más que el sufijo *-ito* (usado por otros hispanohablantes). Los *ticos* usaban este sufijo para formar palabras (adjetivos y sustantivos) que expresaban el concepto de **pequeñez**[2]. De modo que, un momento, para un costarricense, era *un momentico*, que —de paso— podían ser cinco minutos o treinta. ¡Ja, ja!

—Espérese un *momentico* —le dijo el **encargado**[3] de la **taquilla**[4] cuando salimos del estacionamiento en el aeropuerto a Ronulfo.

—¿Dónde está el papelito *chiquitico* que le dieron a la entrada, señor?

—Es que era tan *chiquitico* que ya lo perdí —le dijo Ronulfo mientras lo buscaba en su **bolsillo**[5].

De la misma forma, los sufijos *–ito* e *–ita* también expresaban la noción de afecto o **cariño**[6] entre las personas. Por ejemplo, a una abuela se le decía *abuelita*, no porque fuera pequeña de **estatura**[7] necesariamente, sino porque era la persona amada y apreciada por los nietos. Así que jugar con la lengua de esta forma, les permitía a los *ticos* interactuar en una manera amistosa. Claro, para un **angloparlante**[8] como yo, tener una conversación con una persona —que usara muchos diminutivos— era desafiante porque todo parecía **sonar**[9] de esta forma:

---

[1] **pertenecer:** to belong
[2] **pequeñez:** smallness (small size)
[3] **encargado/a:** in charge of
[4] **taquilla:** ticket office
[5] **bolsillo:** pocket
[6] **cariño:** affection
[7] **estatura:** height
[8] **angloparlante:** English speaker
[9] **sonar:** to sound

*zapa**tico**, calien**tico**, ra**tico**, soli**tica**, amigui**tica***, etc. Todas las palabras parecían terminar en *-tico* y *-tica*. ¡Ja, ja!

El otro aspecto interesante sobre el dialecto *tico* era el uso del pronombre *vos* en lugar del *tú*. *Vos* se usaba entre amigos en contextos informales, especialmente entre jóvenes y parientes. Al principio, estaba confundido porque *vos* me sonaba igual a *voz*, el sonido que producimos cuando hablamos. Nadie me había enseñado que *vos* y *tú* eran realmente equivalentes, por lo menos en Costa Rica. Adicionalmente, la conjugación era diferente para cada pronombre. Por lo tanto, la frase: *Tú tienes unos ojos bonitos* **equivalía**[1] a: *Vos tenés unos ojos bonitos*. Pasaron varios días para que yo me acostumbrara al uso de este pronombre. Pensé que era más fácil usar el pronombre formal *usted* porque los *ticos* lo usaban con frecuencia también, especialmente con los extranjeros.

En el pueblo donde vivía Ronulfo, había muchos aspectos culturales que observé desde el primer día. Después de mi llegada, Ronulfo me llevó al parque central de Orotina, donde los niños y los adultos se reunían para comer helado y conversar con sus amigos. Aparentemente, los adultos mayores se reunían siempre para jugar **tablero**[2] y ajedrez, especialmente en las mañanas. Fuimos en autobús porque Ronulfo quería que yo viajara con los habitantes del pueblo y apreciara las costumbres del lugar. En el camino, vimos a un anciano muy **entretenido**[3], bailando y cantando felizmente en la **acera**[4], como si estuviera en la **pista de baile**[5]. Enseguida y en coro, todas las personas del bus empezaron a **gritarle**[6]: "¡Eso! ¡Eso!" Yo no entendía qué estaba pasando, pero de repente, el autobús **se detuvo**[7] para que la multitud pudiera **disfrutar**[8] del espectáculo. Entonces, todos **se lanzaron**[9] al lado derecho del autobús porque

---

[1] **equivaler:** to be equivalent to
[2] **tablero:** checkers
[3] **entretenido:** entertaining
[4] **acera:** sidewalk
[5] **pista de baile:** dance floor
[6] **gritar:** shout
[7] **detenerse:** to stop
[8] **disfrutar:** to enjoy
[9] **lanzarse:** to jump

eso les permitía observar al hombre bailando. ¡Yo no lo podía creer! Me preguntaba qué querían decir con: "¡Eso! ¡Eso!" Así que me dirigí a uno de los pasajeros para consultarle lo que estaba pasando, y en una forma muy natural, me respondió que todos estaban tratando de **animar**[1] al anciano y celebrar el baile. —¿Qué dice? —le dije. Me reí sin parar por el resto del camino. "¿Cómo podía un chofer de autobús detenerse para que todos animaran al anciano? —pensaba yo—. Esto nunca pasaría en Estados Unidos".
Conjuntamente,[2] cada vez que una persona tenía que bajarse del autobús, los pasajeros gritaban: "Parada, por favor". También gritaban: "¡Puerta, puerta!" para que el chofer la abriera. Algunos de los buses tenían una especie de cuerda de la cual la persona tiraba para activar el **timbre**[3] que le anunciaba al chofer que debía **detenerse**[4], pero no todos los buses tenían este sistema. Así que gritarle al conductor : "¡Puerta, puerta!" era lo más normal y **cotidiano**[5] del mundo en el pueblo.

Cuando llegamos al parque había gente **por todos lados**[6], comiendo helado, conversando, leyendo el periódico o simplemente disfrutando de la tarde. Los niños se divertían patinando con tablas hechas de madera rústica y **ruedas**[7] viejas; otros simplemente jugaban *quedó*[8]. Noté que había hombres en la calle formando una especie de **fila**[9] y marchando en armonía; así que me entró la curiosidad y le pregunté a Ronulfo de qué **se trataba**[10] el evento.

—¿Qué están haciendo esos hombres, Ronulfo?

—Están practicando para la procesión de Semana Santa.

—¿La Semana Santa?

---

[1] **animar:** to encourage
[2] **conjuntamente:** together
[3] **timbre:** bell
[4] **detenerse:** to stop
[5] **cotidiano:** habitual
[6] **por todos lados:** everywhere
[7] **rueda:** wheel
[8] **quedó:** freeze (game children play)
[9] **fila:** line
[10] **tratarse de:** to be about

De inmediato, reconocí los quinientos años de historia **estampados**[1] en la cultura de este pequeño pueblo. Claramente, los **lugareños**[2] se tomaban la celebración de la Semana Santa en serio. El catolicismo romano todavía tenía una fuerte presencia en las vidas de estas personas. Algunos de los niños en el parque imitaban a los soldados romanos. Era muy entretenido ver a los niños marchando con una capa —hecha de una toalla vieja o una **sábana**[3]— sujetada con un **alfiler de seguridad**[4] o una **pinza**[5] de ropa y un **balde**[6] de plástico que les servía de **casco**.[7] ¡Era como ver una película de Hollywood! ¡Ja, ja!

Después de pasar un **rato**[8] en el parque, recordé que quería mandarle unas **tarjetas postales**[9] a Leefa por correo, y como estaba en el centro del pueblo, asumí que sería fácil encontrar la oficina de correos. Sin embargo, los costarricenses tenían una manera peculiar para dar direcciones. Las calles no tenían nombres, excepto las carreteras importantes y algunas calles en la capital de San José. Como resultado, cuando le pregunté a un desconocido dónde estaba la oficina de correos, esto fue lo que me respondió el hombre:

—De la antigua clínica, camine 250 metros pa' llá. Es un edificio rosado. Va a ver un lote vacío enfrente de la oficina de correos.

El problema era que yo no sabía dónde estaba localizada la vieja clínica porque yo no era residente de Orotina, y la clínica ya no existía. Así que le pregunté a otra persona.

—Disculpe, ¿dónde está la antigua clínica?

---

[1] **estampado:** reflected
[2] **lugareño:** local
[3] **sábana:** bed sheet
[4] **alfiler de seguridad:** safety pin
[5] **pinza:** clothespin
[6] **balde:** bucket
[7] **casco:** helmet
[8] **rato:** little while
[9] **tarjeta postal:** postcard

—¡Por ahí! —dijo el hombre **señalando**[1] hacia la dirección.

Con estas instrucciones, logré llegar a la oficina de correos. Supongo que para los costarricenses ésta era la manera más común para dar direcciones, pero para un extranjero perdido como yo, esta guía era muy confusa. Por suerte, los *ticos* eran muy amigables, de modo que cuando les pedía ayuda, me ayudaban con gusto. Algunos inclusive me acompañaban al lugar de destino aunque no supieran dónde iban. ¡Ja, ja!

Durante mi estadía, me di cuenta de que muchos se referían a mí como el *gringo*, término que usaban los *ticos* para referirse a los estadounidenses que visitaban o vivían en Costa Rica. **Me percaté**[2] de que esto se debía a mi influencia del inglés cuando hablaba español y, parcialmente, a mi aspecto físico. No tenía ojos cafés o negros como muchos de ellos, y tampoco tenía pelo castaño como la mayoría. Definitivamente no pasaba por un *tico* aunque algunos eran rubios como yo y tenían ojos verdes. Algunos de los niños me imitaban cuando hablaba porque les parecía divertida la forma en que lo hacía. Así que después de unos días, ése era mi **sobrenombre**[3]: el *gringo*. Me preguntaba si era mi piel tan blanca la que les hacía pensar que no era un lugareño, pero creo que era la combinación de varias cosas.

Los sobrenombres eran entretenidos en Costa Rica; normalmente se les asignaba a las personas usando alguna característica física o de personalidad que **predominara**[4], como mi acento estadounidense cuando hablaba español. Supongo que es el caso en casi todas las culturas. Sin embargo, algunos sobrenombres eran muy gráficos y algo ofensivos. Por ejemplo, si una persona era delgada, se le llamaba *flaco/a*, y si la persona era un poco **gruesa**[5], se le llamaba *gordo/a*. Digo que era ofensivo porque para un estadounidense, esa observación física podría ser ofensiva. No obstante, para un *tico*, el sobrenombre era una forma genuina de ser honesto en una forma amigable.

---

[1] **señalar:** to point at
[2] **percatarse:** to realize
[3] **sobrenombre:** nickname
[4] **predominar:** to prevail
[5] **gruesa:** big/heavy

Curiosamente, los costarricenses no podían decir que no. Usaban expresiones como: ¡Vamos a ver! y ¡Si Dios quiere! para expresar **desacuerdo**[1] o descontento. Evitaban ser **groseros**[2] a toda costa, y creo que esto se debía —en parte— a la religión que les enseñaba desde pequeños a ser sumisos y **armonizadores**[3]. Aceptaban la vida de acuerdo a la voluntad de Dios, y podían seguir adelante, justamente porque Dios los acompañaba y los guiaba. Por lo menos así parecía. Los costarricenses celebraban las bodas, los bautizos y las confirmaciones de la misma forma: de acuerdo a las reglas de la iglesia. Asimismo, se escuchaba el *Ave María* a las 6:00 de la mañana, a medio día y por la noche a las 6:00 de la tarde. Era un momento para hacer una pausa y estar agradecido por la vida y por Dios. Muchos costarricenses visitaban la iglesia durante el día para rezar el *Ángelus* o para pedirle a Dios que los ayudara con algún reto de la vida que les angustiaba.

Un evento religioso importante era la aparición de *la Virgen de los Ángeles* que se celebraba el 2 de agosto. Los **peregrinos**[4] venían de todas partes de Costa Rica y, algunas veces, de Centro América. Caminaban hasta llegar a *la Basílica de los Ángeles*, la cual se encontraba en Cartago, la antigua capital de Costa Rica. Normalmente, la gente hacía la **peregrinación**[5] para darle gracias a la Virgen por alguna **caridad**[6] o para que Ella les **concediera**[7] un milagro —que habitualmente tenía que ver con la curación de alguna enfermedad o el alivio emocional de alguna persona.

Aparentemente, una joven campesina había encontrado una estatua que **semejaba**[8] a una virgen negra. Ella la vio sobre una **piedra** [9]y decidió llevársela para su casa. Sin embargo, al día siguiente, la estatua había desaparecido. Por consiguiente, la joven regresó al lugar donde originalmente había encontrado la

---

[1] **desacuerdo:** disagreement
[2] **grosero:** rude
[3] **armonizador:** harmonizer
[4] **peregrino:** pilgrim
[5] **peregrinación:** pilgrimage
[6] **caridad:** good-will
[7] **conceder:** to grant
[8] **semejar:** to look like
[9] **piedra:** stone/rock

estatua y, para sorpresa de ella, la pequeña virgen estaba sobre la piedra donde la había visto el día anterior. En ese momento decidió comunicarle al **sacerdote**[1] del pueblo lo sucedido, y la iglesia católica lo interpretó como una señal de Dios. Como resultado, se construyó un templo grande en honor a la Virgen **milagrosa**[2]. Curiosamente, la iglesia fue destruida varias veces por **terremotos**[3], pero de acuerdo con la iglesia, ésta era otra señal de la Virgen porque Ella quería el templo exactamente donde la habían encontrado —sobre la piedra.

Durante la celebración, normalmente **se festejaba**[4] con eventos sociales asociados con el descubrimiento de esta Virgen: ventas de estatuas, rosarios, estampillas e imágenes que semejan a la *Negrita*, como solían llamarla muchos. Además, había conciertos, venta de comida y **alojamiento**[5] para aquellas personas que venían de pueblos lejanos. La mayoría de los peregrinos venía por **agua bendita**[6] porque **anhelaba**[7] agua de la fuente donde la piedra se encontraba. Ronulfo y sus hijos habían hecho la peregrinación y también tenían agua bendita en su casa para la protección y purificación de todo.

La noche que Ronulfo me habló de esta santa patrona fue la noche que él decidió hablarme de mi **presunto**[8] gemelo, Sergio. Creo que Ronulfo lo había planeado todo porque durante la conversación me recordaba constantemente que la Virgen siempre le concedía sus deseos, y que esta vez nos ayudaría con la búsqueda. En suma, Ella se encargaría de todo. Ronulfo sabía que yo sentía **temor**[9] de encontrarme con Sergio porque tenía miedo de ser **defraudado**[10]; quizás tendría que aceptar que Sergio no era realmente mi hermano.

---

[1] **sacerdote:** priest
[2] **milagrosa:** miraculous
[3] **terremoto:** earthquake
[4] **festejar:** to celebrate
[5] **alojamiento:** lodging
[6] **agua bendita:** holy water
[7] **anhelar:** to want
[8] **presunto:** presumed
[9] **temor:** fear
[10] **defraudado:** disappointed

—Es hora de que sepás la verdad, Marcelino —me dijo con persuasión—. Llamalo, Marcelino.

—¿Tiene algo fuerte para los nervios, Ronulfo? Necesito algo que me **anime**[1].

—¡Claro, Marcelino!

En seguida, me dio el licor más popular y barato que pudo haber encontrado: *Cacique* —un licor hecho de caña de azúcar conocido como *cacicón* o *guaro*. Esta bebida había sido inventada por los indígenas de la zona; por eso la **etiqueta**[2] de la botella tenía cuatro **plumas**[3]. El caso era que todos en el pueblo la tomaban como agua. Así que me la bebí en un instante. Desafortunadamente, sentí los efectos en mi cabeza dando vueltas por varios días porque esta bebida tenía un alto nivel alcohólico, pero debo confesar que funcionó porque me sentí más calmado de los nervios y pude conversar en español con claridad.

—Buenas noches, ¿puedo hablar con Sergio?

—Con él habla. ¿Quién me habla?

—Soy Marcelino de Sevilla.

—No puedo creer que usted esté en Costa Rica.

—Yo tampoco. Lo llamo para saber si puedo verlo. Ronulfo me habló de usted.

—¡Claro! Venga a mi casa a las 6:00 de la tarde mañana jueves. Ronulfo sabe dónde vivo.

—¡Bien! Yo le pediré que me dé las direcciones. La verdad es que no sé ni qué decirle.

---

[1] **animar:** to encourage
[2] **etiqueta:** label
[3] **pluma:** feather

—No se preocupe, Marcelino. Mañana lo vamos a **aclarar**[1].

—Hasta mañana.

—Buenas noches, Sergio.

En un abrir y cerrar de ojos ya había acordado reunirme con Sergio. Luego, regresé a la terraza donde Ronulfo me estaba esperando.

—¿Cómo te fue, Marcelino?

—Creo que bien.

—Marcelino, dejá todo libre para que la paz te acompañe, pero recordá que la libertad requiere del **desprendimiento**[2] de cualquier expectativa.

Su sabio comentario disipó, inmediatamente, todas mis dudas. Me daba cuenta de que tenía un verdadero amigo ante mis ojos.

—Gracias, Ronulfo.

—Todo va a salir bien, Marcelino. ¡Ya verás!

Yo no quería reconocer la posibilidad de que, a lo mejor, Sergio no era mi hermano gemelo, y que tendría que regresarme a Estados Unidos vacío y huérfano otra vez, pero ya no importaba. Sin darme cuenta, mis lágrimas empezaron a correr por mi cara como símbolo de aceptación; me sentí sensible y vulnerable. Sentí paz. Al día siguiente, me desperté con los **gallos**[3] cantores y el aroma del *cafecito* que Josefa hacía todas las mañanas. Me levanté con el mayor deseo de **esforzarme**[4] y dar lo mejor de mí. Me tomé el café, me bañé y salí decidido a aceptar mi destino —fuera el que fuera.

Cuando llegué a la puerta, Sergio ya estaba esperándome, y cuando nos

---

[1] **aclarar:** to clarify
[2] **desprendimiento:** detachment
[3] **gallo:** rooster
[4] **esforzarse:** to make an effort

vimos, no pudimos ni siquiera decir una palabra porque estábamos impresionados —éramos realmente indistinguibles. Ronulfo tenía razón; éramos literalmente idénticos. Fácilmente, podían confundirnos porque la similitud era **indiscutible**[1]. No tuvimos que decirnos nada; nos abrazamos calurosamente reconociendo que estábamos conectados biológicamente. Yo particularmente no necesitaba un examen de ADN porque la realidad estaba frente a mis ojos. No podía existir una persona tan idéntica, a menos que fuera un hermano gemelo. Nos sentamos en la mesa del comedor para observarnos porque no **salíamos del asombro**[2]. Sus primeras palabras fueron:

—Necesito un *trago*[3] para calmarme.

Inmediatamente, empezamos a reírnos porque le confesé que yo había tomado un *cacique*[4] el día anterior para poder hablar con él calmadamente, y al minuto de las risas, comenzamos a abrirnos y a compartir todo sin dificultad. Habían pasado cincuenta años y teníamos que contarnos muchas cosas.

Básicamente, Sergio aclaró el misterio de mi vida. Víctor Rice —nuestro padre biológico originario de California— había viajado con el **Cuerpo de Paz**[5] a Costa Rica. Él trabajaba con un grupo voluntario encargado de construir viviendas para la gente pobre en las comunidades de Orotina y Los Chiles —otro pueblo pequeño en la parte norte de Costa Rica. Víctor construía casas para las personas que no tenían un hogar, y les enseñaba a las jóvenes a construirlas también para que la comunidad fuera autosuficiente. La cualidad de querer ayudar a la gente por parte de Víctor fue lo que conquistó el corazón de Laura, nuestra madre biológica. Ella siempre había admirado a las personas **bondadosas**[6]. Había nacido en Orotina y tenía solamente diecisiete años cuando conoció a Víctor, pero reconocía la generosidad y el buen corazón de la personas. Era una de esas jóvenes que había aprendido a trabajar y a levantar una comunidad a temprana edad. Desafortunadamente, la madre de Laura —

---

[1] **indiscutible:** undeniable
[2] **salir del asombro:** to get over the amazement
[3] **trago:** gulp (drink in Costa Rica)
[4] **cacique:** chief of a tribe
[5] **Cuerpo de paz:** Peace Corps
[6] **bondadoso/a:** kind-hearted

nuestra abuela materna— había muerto **dando a luz**[1] a su cuarto hijo cuando Laura tenía solamente ocho años, y como Laura era la hija mayor, se convirtió en una madre de inmediato. De modo que tuvo que ayudarle a su padre con la crianza de sus hermanos. Con el tiempo, Laura se transformó en una joven madura y trabajadora; por eso, Víctor se enamoró de ella al instante —de la misma manera en que yo me había enamorado de Leefa en Laos. En seguida, empecé a sentir la conexión biológica con mi padre, quien convenció a Laura de abandonar Costa Rica para irse con él a San Francisco —de igual forma en que yo había convencido a Leefa de abandonar Laos por mí. La única diferencia era que Laura estaba embarazada y decidida a tener el bebé, no sabiendo que realmente eran dos bebés: Sergio y yo. **En cuestión de**[2] unas semanas, Laura se preparó para dejar Costa Rica con Víctor. Afortunadamente, contaron con el apoyo de la comunidad y la bendición de nuestro abuelo, quien no pudo oponerse al **noviazgo**[3] porque Laura estaba decidida a irse con Víctor. Dichosamente, el Cuerpo de Paz **respaldó**[4] a Laura con una visa temporal por unos meses. Es por esto que Víctor y Laura decidieron volver a Costa Rica para casarse formalmente por la iglesia católica, pero eso nunca sucedió.

    Los primeros meses en California fueron desafiantes para Laura porque nunca había viajado a otro país. Así que la experiencia fue dificultosa y **desconocida**[5]. Sin embargo, Víctor y ella se entendían muy bien y estaban ilusionados con la llegada del supuesto bebé. Realmente había solamente una preocupación por parte de Laura: la participación de las tropas estadounidenses en la Guerra de Vietnam. El **involucramiento**[6] del **ejército**[7] americano había sido gradual, pero constante, y Víctor estaba siendo entrenado como soldado justamente el año en que ellos **se mudaron**[8] a Estados Unidos. Era una cuestión de tiempo para que enviaran a Víctor a Vietnam, y Laura lo sabía.

---

[1] **dar a luz:** to give birth
[2] **en cuestión de:** in a matter of
[3] **noviazgo:** boyfriend/girlfriend relationship
[4] **respaldar:** to back up/to support
[5] **desconocida:** unknown
[6] **involucramiento:** involvement
[7] **ejército:** army
[8] **mudarse:** to move (location)

Lamentablemente[1], algo inesperado **sucedió**[2]. Laura —al igual que su madre biológica— tuvo muchas complicaciones durante su embarazo. Temía perder el bebé o morir como su madre. De modo que guardó reposo el resto de su **gestación**,[3] y mientras esto sucedió, Víctor recibió una carta formal del gobierno haciéndole saber que pronto sería enviado a la guerra con el próximo grupo de soldados. Mi padre era el candidato ideal para la guerra porque era joven y tenía cierto conocimiento vietnamita, ya que él hacía trabajo comunitario para los refugiados que eran **acogidos**[4] por el Cuerpo de Paz. Por esta razón conocía la cultura y podía comunicarse con ellos. Éste era otro aspecto que mi padre y yo compartíamos: el aprecio por otras culturas y la habilidad de aprender otras lenguas.

Cuando Víctor recibió la carta para ser **enviado**[5] a Vietnam, Laura se enfermó emocionalmente, complicando el embarazo aun más. Ella sintió que su relación con Víctor y su familia se desintegraba. Dichosamente, Sergio y yo nacimos **enteros**[6] gracias a la asistencia de una enfermera vecina que llegó a tiempo para el nacimiento. Todo salió relativamente bien. Sergio era un bebé realmente sano, pero yo tenía una especie de **tos**[7] crónica que me mandó a la sala de emergencias donde me hospitalizaron de inmediato. Víctor estaba muy ansioso por la situación porque partía en unas semanas con el ejército, y realmente no sabía qué hacer. Pensó que era mejor que Laura y nosotros regresáramos a Costa Rica hasta que la guerra terminara, ya que él no sabía si iba a regresar. Ésa era la realidad. Para **empeorar**[8] aún más las cosas, un agente del Servicio de Inmigración llegó a la casa porque la visa temporal de Laura había vencido hacía varios meses. Con todas las complicaciones, Laura y Víctor se habían olvidado de finalizar el **papeleo**[9] y los **trámites**[10] para la residencia de Laura. Desafortunadamente, el Servicio de Inmigración reportó el caso y el

---

[1] **lamentablemente:** unfortunately
[2] **suceder:** to happen
[3] **gestación:** pregnancy
[4] **acogido/a:** protected
[5] **enviado:** sent
[6] **entero:** good shape/whole
[7] **tos:** cough
[8] **empeorar:** to worsen
[9] **papeleo:** paperwork
[10] **trámite:** process

gobierno terminó **expulsando**[1] a Laura de regreso con Sergio porque ellos no estaban casados. Realmente no había otra solución. Por lo tanto, Víctor se quedó en California mientras yo me recuperaba por completo. Él le dijo a Laura que él personalmente me llevaría de regreso una vez que me recuperara, pero eso no fue lo que sucedió. A Víctor lo enviaron a Vietnam antes de lo acordado y tuvo que tomar una decisión que cambió mi vida por completo.

Mientras tanto, Laura trató de llamar al hospital donde yo había sido hospitalizado, ya que no lograba encontrar a Víctor por ningún lado. **Penosamente**[2], Sergio era el único bebé que coincidía con la descripción que mi madre les ofrecía a las enfermeras. Laura concluyó que la noche que Víctor me llevó al hospital, él accidentalmente les dio el nombre de mi hermano gemelo y no el mío. Esto causó una tremenda confusión porque nunca dieron con mi **paradero**[3]. Desgraciadamente, Víctor murió en la guerra, como él y mi madre lo presentían. Así que la decisión que tomó con respecto a mí se tornó en un misterio para la familia por cincuenta años porque nunca pudieron encontrarme. En suma, yo me desaparecí del mapa, y mi destino quedó **enterrado**[4] en el campo de guerra en Vietnam.

—Por eso nunca logramos encontrarte, Marcelino. Mamá te buscó toda su vida, y yo le ayudé, pero fue **inútil**[5].

En ese momento, sentí que el cuerpo se me había **hundido**[6] en la tierra. Las lágrimas me salían sin control porque no podía entender por qué la vida me había hecho tan **mala jugada**[7]. Quería gritar o darle un **puñetazo**[8] a una puerta porque la **cólera**[9] que sentía era mucha. Vi claramente que la vida ya me había calculado otro destino, y que las circunstancias que se habían generado no habían sido una coincidencia. El desafío era aceptarlo. Sergio me dio un

---

[1] **expulsar:** to expel
[2] **penosamente:** unfortunately
[3] **paradero:** whereabouts
[4] **enterrado:** buried
[5] **inútil:** good-for-nothing
[6] **hundir:** to sink
[7] **mala jugada:** dirty trick
[8] **puñetazo:** punch
[9] **cólera:** anger

apretón[1] en el hombro y me dijo:

—Ya estás aquí, Marcelino. Ya estás aquí.

—¿Y nuestra madre, todavía está viva, Sergio?

—¡Claro que mamá está viva, Marcelino!

Sergio me contó todo sobre Laura. Ella tenía una vida simple, pero abundante y valiosa en muchos aspectos. Aprendió a trabajar desde muy joven y a ser madre de altos estándares morales, religiosos y ética laboral. Su familia era grande; tenía dos hermanos, veinte tíos y tías, cuyos hijos tenían tres o cuatro hijos también. Consecuentemente, creció rodeada de gente y criando a otros niños más jóvenes que ella. Ser madre era una facultad natural en ella. Así que haberme perdido a mí y a Víctor a la edad de dieciocho años debió haber sido una experiencia traumática para ella.

—Se convirtió en madre soltera a los dieciocho años, Marcelino. ¿Te imaginás?

—¡Qué egoísta he sido! Todos han sufrido por mí, Sergio.

En ese momento, dejé de sentir esa **lástima**[2] que solía sentir por mí. Me di cuenta de que mucha gente había **cargado**[3] un sufrimiento por mi desaparición. Por lo tanto, me sentí tonto, recordando las muchas noches que pensé que nadie me quería. Pensé en la fortuna que debió haber sentido Laura por haber tenido un hijo más, así tuvo una razón para vivir. Sergio me aseguró que Laura siempre había celebrado mi cumpleaños porque nunca perdió la esperanza de encontrarme. Ella nunca se casó y nunca perdió la **certeza**[4] de que me vería otra vez.

De repente, el silencio lo **acaparó**[5] todo porque nos dimos cuenta de

---

[1] **apretón:** grip
[2] **lástima:** pity
[3] **cargar:** to carry
[4] **certeza:** certainty
[5] **acaparar:** to take over

que lo que había sucedido era incomprensible para los dos. Sergio reconoció que la vida nos había **lanzado**[1] una especie de **trampa**[2], separándonos cincuenta años.

    Después de nuestra conversación, fuimos a la Medicatura Forense en San Joaquín de Flores, una institución que se especializaba en verificar el ADN de las personas con un examen de **sangre**[3]. Cuando llegamos, nos dimos cuenta de que el proceso era un poco lento y, hasta cierto punto, cómico en Costa Rica. Nos mandaban de una ventanilla a la otra porque no tenían un sistema realmente organizado o estandarizado. Por consiguiente, estuvimos **en fila**[4] varias horas para que nos dijeran que volviéramos otro día. Cuando les dijimos que simplemente queríamos confirmar si éramos gemelos idénticos, se rieron sin **parar**[5] porque pensaban que estábamos **bromeando**[6]. Su reacción fue la que confirmó que Sergio y yo estábamos biológicamente conectados. Nos reímos del alivio. Unos meses después, obtuvimos los resultados de los exámenes de sangre, los cuales verificaron que —en efecto— éramos gemelos idénticos.

    En seguida de nuestro primer encuentro, Sergio y yo planeamos mi reunión con Laura, pero antes, él tendría que prepararla porque sabíamos que el encuentro iba a tener un impacto enorme en ella. **De manera que**[7] regresé a la casa de Ronulfo, el cual me esperaba impacientemente para saber qué había sucedido. Esa noche, él y yo hablamos **ampliamente**[8] de la vida y las **casualidades**[9]. Me di cuenta de que Ronulfo había sido otro de esos ángeles inexplicables en mi camino. Así que me alegré de haberlo ayudado en el aeropuerto. De lo contrario, no habría sido posible hacer la conexión con Sergio. Reconocí también la buena intención de Ronulfo por ayudarme. Con

---

[1] **lanzar:** to throw into the air
[2] **trampa:** trap
[3] **sangre:** blood
[4] **en fila:** in line
[5] **parar:** to stop
[6] **bromear:** to joke
[7] **de manera que:** so that
[8] **ampliamente:** thoroughly
[9] **casualidad:** coincidence

su ayuda, sabía que mi vida iba a tener un **giro**[1] nuevo y que emprendería un nuevo capítulo con mi hermano gemelo y mis familiares. Esa noche llamé a Leefa, y ella atentamente escuchó el **desenlace**[2] de mi encuentro con Sergio.

—Ahora sí me corresponde ir, Marcelino. Quiero estar presente para el encuentro con tu madre.

—Sí, quiero que vengas —le respondí.

El día del encuentro, me levanté temprano, sintiéndome afortunado y sabiendo que conocería a mi madre y a mis familiares por primera vez. Llamé a Sergio para coordinar la visita. Le dije que **recogería**[3] a Leefa en el aeropuerto y que vendríamos a su casa. Mientras, Sergio hablaría con Laura para anunciar mi visita. Así que Sergio **se dirigió**[4] a la casa de Laura, y prudentemente le comunicó que un milagro había sucedido.

—Mami, te tengo buenas noticias. Quiero que te sentés y **te tomés todo con calma**[5] porque quiero contarte que he encontrado a mi gemelo. Tenías razón; estaba vivo —le dijo Sergio.

—¡Bendito sea Dios! —dijo Laura.

En ese momento, Laura cerró los ojos y empezó a **rezar**[6] y a llorar al mismo tiempo. Se tropezó y parecía desorientada por unos segundos, por eso Sergio la ayudó para que se sentara y respirara con tranquilidad. Afortunadamente, los familiares **cercanos**[7] estaban allí para ayudarle a Sergio y apoyar a Laura. Todos **temían**[8] de su reacción, pero una vez que ella se sentó, simplemente **lloró**[9] de alivio por largo tiempo sin decir una sola palabra. Ella

---

[1] **giro:** turn/spin
[2] **desenlace:** outcome
[3] **recoger:** to pick up
[4] **dirigirse:** to head for
[5] **tomarse todo con calma:** to take it easy
[6] **rezar:** to pray
[7] **cercano:** close (relationship)
[8] **temer:** to be afraid
[9] **llorar:** to cry

sentía que le habían quitado un tremendo **peso**[1] de encima.

—¡Yo lo sabía! ¡Yo lo sabía! —dijo abruptamente.

Una vez que recuperó su equilibrio emocional, Sergio me llamó para hacerme saber que Laura había recibido bien la noticia, y que sabía que Leefa y yo veníamos a conocerla. Traté de tranquilizarme lo mejor que pude, pero la emoción era mucha. El corazón **latía**[2] con fuerza porque me sentía **asustado**[3].

Cuando íbamos de camino, la **voz**[4] en el barrio ya se había corrido y los tíos, tías, primos, sobrinos y nietos de Laura se habían reunido en su casa para conocernos y darnos la bienvenida a Leefa y a mí. **En cuestión de**[5] minutos, la casa estaba llena de familiares, comida, música, regalos y risas. Cuando entramos, reconocí que mi familia costarricense era como la gente que describían en el periódico del *New York Times*: la gente más alegre del mundo. Todos estaban contentos de conocernos y se sentían **dichosos**[6] por ser parte de un momento tan especial. Unos hacían **ruidos**[7], otros nos besaban y abrazaban, otros bailaban y hablaban al mismo tiempo. Lo cierto es que todos nos daban la bienvenida. De repente, vi a mi madre, y sabía que era ella por la forma en que me miraba, y porque el corazón me lo decía. Se acercó y me abrazó como si supiera que la vida le tenía **guardado**[8] este momento. Luego me dijo:

—Te he esperado toda mi vida.

—He venido *en busca de mi sendero* —le respondí.

—Éste es tu sendero, Marcelino, porque yo te traje al mundo.

Nos abrazamos sin poder ponerle fin a nuestro cariño y **apretón**[9].

---

[1] **peso:** weight
[2] **latir:** to beat
[3] **asustado:** scared
[4] **voz:** voice
[5] **en cuestión de:** in a matter of
[6] **dichosos:** happy
[7] **ruido:** noise
[8] **guardado:** saved
[9] **apretón:** grip/squeeze

Finalmente, yo había encontrado el sendero para ese huérfano que había vivido siempre en mí. Miré a mi alrededor, y me vi rodeado de mis familiares costarricenses que se alegraban de mi encuentro. Esto posiblemente había sido lo que había sentido Triana cuando se reconcilió con sus padres en el restaurante. Sentía una paz y una alegría inexplicables. No podía creer que, en definitiva, había encontrado a mi familia biológica. Sin duda, Leefa tenía razón: la vida me había guiado para encontrar mi fuente de origen.

Conforme la tarde avanzaba, empecé a notar la semejanza física en las caras de mis familiares, y me di cuenta que yo también tenía algunos **rasgos**[1] como ellos. Fue una experiencia extraña verme en las caras de los otros. "¿Cómo podía **parecerme**[2]?" —pensaba—. "¿Sería simplemente la familiaridad y el dinamismo que irradiaban?" Además, noté el humor de mis comentarios y **bromas**[3] que siempre me había acompañado. Ellos también **gozaban**[4] de esta naturaleza. Me preguntaba si —de alguna forma— habían encontrado la manera de **mandarme**[5] su energía. Todos se morían de la risa cuando les comentaba sobre las aventuras entretenidas que se había montado Ronulfo en el aeropuerto. Descubrí que era fácil estar con ellos; me sentía cómodo sin hacer esfuerzo alguno. Comimos, tomamos y hablamos por horas, y mi madre continuaba tocándome la cara para asegurase de que yo no era un espíritu o un **fantasma**[6] de esos que andan rondando por ahí.

Laura, Leefa y yo nos acostamos tarde esa noche porque queríamos compartir con mi madre toda una vida en un instante. Le contamos sobre nuestros momentos felices y nuestros momentos difíciles, y ella nos enseñó las pocas fotos que había guardado de mi nacimiento. Nos explicó cómo **se arrepentía**[7] de no haber luchado más para poder encontrarme, pero realmente había hecho todo lo que podía, considerando las circunstancias. Esa misma noche descubrí que el apellido de mi madre biológica era *Valdivia*, el mismo

---

[1] **rasgo**: feature
[2] **parecerse**: to look alike
[3] **broma**: joke
[4] **gozar**: to enjoy
[5] **mandar**: to send
[6] **fantasma**: ghost
[7] **arrepentirse**: to regret

apellido de Alejandrina, mi abuela adoptiva española. "¡Qué coincidencia!" —presuponía yo, pero no era una coincidencia. Supe después —durante un viaje a Sevilla— que mi abuela adoptiva tenía una conexión genealógica con Laura. Casi me da un **infarto**[1] de la felicidad el día que lo supe y logramos **atar todos los cabos**[2]. Los ancestros de Alejandrina habían originalmente venido de Extremadura, España, pero inmigraron a Sevilla y, **posteriormente**[3] a Costa Rica. La mayoría de las personas, cuyo apellido era *Valdivia*, residía en las Islas Canarias o Extremadura. ¡Realmente era increíble la casualidad! "La vida siempre está llena de misterios" —me dije a mí mismo. Posiblemente ésa era la conexión que sentía con Alejandrina; yo llevaba su sangre y su espíritu aventurero. Adicionalmente, visité todos los sitios que Alejandrina describía con tanto entusiasmo de Sevilla. Sentía su presencia y la sensación de *déjà vu* que ella había **sembrado**[4] en mí.

Leefa y yo estábamos profundamente conmovidos con lo que había pasado ese día con mi familia biológica. Por lo tanto, tuvimos que dormir tomados de la mano porque no podíamos creer la magnitud del milagro. Los siguientes días, nos dedicamos a visitar familiares y amigos de la familia, quienes querían compartir con nosotros sus comidas favoritas durante el desayuno, el almuerzo y la cena. Todos querían ofrecernos sus mejores platillos. Sin embargo, nos asegurábamos de desayunar o almorzar con Laura porque ella insistía en prepararnos el *gallo pinto*, el platillo más popular de Costa Rica. Éste consistía en arroz y frijoles condimentados con *salsa lizano* (una salsa hecha de vegetales y especies naturales como cebollas, pimienta negra, comino y mostaza). El *gallo pinto* no podía **faltar**[5] para los ticos, por lo menos para Laura, quien realmente sabía prepararlo en una forma sabrosa. Leefa notó que los costarricenses **añadían**[6] especies naturales a las comidas como: **achiote**[7], culantro o cilantro, chiles dulces, apio, **perejil**[8], albahaca[1], etc. Evidentemente,

---

[1] **infarto:** heart attack
[2] **atar todos los cabos:** to put two and two together
[3] **posteriormente:** eventually
[4] **sembrar:** to plant a seed
[5] **faltar:** to lack
[6] **añadir:** to add
[7] **achiote:** spice (made out of red seeds)
[8] **perejil:** parsley

los costarricenses podían **aprovechar** que las especies crecieran como **hierba mala**[2] por el clima tropical ideal con el que contaban. Algunos ticos comían *gallo pinto* con huevos en la mañana, y otros lo comían para el almuerzo, acompañado de pescado o pollo, plátanos fritos, verduras y algún tipo de ensalada hecha con **repollo**.[3] A este último platillo se le llamaba *casado*. La comida tica no era picante como muchos pensaban. Esta era una suposición errónea por parte de los estadounidenses que asumían que toda la comida latinoamericana era picante como la mexicana. Adicionalmente, Costa Rica ofrecía una variedad amplia de vegetales y frutas como: anonas, carambolas, cas, guanábana, guayaba, mamón, manzana de agua, granadilla, etc. Algunas veces el postre consistía en frutas tropicales porque los ticos aprovechaban la variedad y lo jugosas que eran las frutas. Mi favorita era la *manga*, una especie de mango más grande a la que yo no estaba acostumbrado a comer en California.

Uno de los platillos que más disfruté fue el *ceviche*, una comida cítrica que consistía en pescado **crudo**[4] sazonado y cocinado en jugo de limón y **cortado en pequeños cuadritos**[5]. Se servía con una cerveza fría y **galletas de soda**[6]. Era el bocadillo más refrescante y liviano que había probado. Algunas personas añadían mayonesa y salsa de tomate al pescado, pero sin esos condimentos era mejor, especialmente si el pescado era acompañado con una cerveza. En general, la comida parecía más apetitosa, fresca y saludable, y los ticos se tomaban el tiempo para disfrutarla.

Intrigado por la cultura, quería saber por qué este país había tenido una historia tan diferente a la de los otros países en Latinoamérica. "¿Por qué era la gente tan simple y parecía tan feliz a la vez?" —me preguntaba. Así que me pareció lógico interrogar a Ronulfo y a sus hijos quienes se sintieron complacidos de compartir su opinión.

---

[1] **albahaca:** basil
[2] **hierba mala:** weeds
[3] **repollo:** cabbage
[4] **crudo:** raw
[5] **cortar en cuadritos:** to dice
[6] **galletas de soda:** crackers

—Marcelino, Costa Rica no tiene un **ejército**[1]. Por eso somos libres —dijo uno de los hijos de Ronulfo.

Ellos me explicaron que Costa Rica había abolido su ejército después de una corta, pero decisiva revolución en 1949. El comandante y presidente, José Figueres, aprovechó el **levantamiento**[2] para motivar el país y convencerlo de que debían usar los **impuestos**[3] para financiar la educación y los servicios médicos de los ciudadanos, y no para financiar un ejército. Como resultado, el 95% de la población aprendió a leer y a escribir. Esto le dio la oportunidad a la mayoría de la población de instruirse, obtener una profesión e informarse sobre sus derechos sociales y constitucionales. Adicionalmente, el gobierno desarrolló un sistema de servicio médico respetable y **calificado**[4] para la población.

Para cuando los españoles llegaron a Costa Rica en el siglo XVI, la población nativa indígena era pequeña, comparada con la población de los otros países latinoamericanos. Había solamente grupos que habían dejado evidencia de que no había sino tribus de supervivencia.

—Muchos de los pocos indígenas murieron, Marcelino, por las enfermedades y el **maltrato**[5] de los españoles —dijo Ronulfo.

Básicamente, los indígenas **se rehusaron**[6] a ser esclavos. Preferían morir y ser hostiles con los conquistadores **en lugar de**[7] servirles. Como resultado, los españoles no pudieron imponer la **esclavitud**[8], así que tuvieron que trabajar su propia tierra. Los que decidían quedarse en Costa Rica, tenían que sembrar y abandonar la idea de que podían hacerse ricos **a costilla de**[9] los indígenas; tampoco podían contar con el oro que supuestamente podían encontrar. En realidad los metales eran inexistentes en comparación con Perú y

---

[1] **ejército:** army
[2] **levantamiento:** rebellion
[3] **impuesto:** tax
[4] **calificado:** qualified
[5] **maltrato:** abuse
[6] **rehusarse:** to refuse
[7] **en lugar de:** instead of
[8] **esclavitud:** slavery
[9] **a costilla de:** at the expense of

México. Irónicamente, Cristóbal Colón y sus seguidores bautizaron el país con el nombre *Costa Rica* porque vieron que los indígenas llevaban oro cuando llegaron a Limón (la costa atlántica del país). La exhibición de metales preciosos les hizo pensar que Costa Rica era otro **proveedor**[1] de oro. No se dieron cuenta que la riqueza del país era su naturaleza y su fauna.

De modo que los españoles dividieron el país entre ellos y los indígenas que sobrevivieron a la **matanza**[2], se refugiaron en las montañas. Con el tiempo, el país se convirtió en un país homogéneo y una democracia rural, creando una sociedad igualitaria donde más del 90% de la población era de descendencia europea o una combinación indígena-europea: los mestizos. El resto de la población, consistía en chinos, negros (importados de Jamaica, pero nacidos en África) y el resto de la población de Centro América, Estados Unidos, Europa y Canadá que **se mudó**[3] a principios del siglo XXI.

—Nos dicen 'los **igualados**'[4], Marcelino —dijo uno de los hijos de Ronulfo—. Algunos no lo ven como algo positivo porque ser igualado no es algo admirable para muchos.

Sin embargo, éste había sido el elemento **clave**[5] para generar una clase media extensa desde el principio en Costa Rica, y esto no había sucedido en otros países durante la conquista. Este escenario había creado una sociedad igualitaria. La mentalidad y la realidad de tener una democracia —aunque fuera pobre— era la razón por la cual los habitantes de Costa Rica disfrutaban de tanta paz. Algunos de los hijos de Ronulfo mencionaron que la mayoría de las personas podía contar con una buena educación, si lo deseaba, y que era común tener hijos de diplomáticos como compañeros en una institución como la Universidad de Costa Rica, por ejemplo.

—Uno de mis compañeros en la Universidad de Costa Rica era hijo del Ministro de Educación, aunque Ud. no lo crea, Marcelino. Él era hijo de un

---

[1] **proveedor**: supplier
[2] **matanza**: slaughter
[3] **mudarse**: to move (location)
[4] **igualado**: neck to neck/evenly-matched/leveled
[5] **clave**: key

diplomático, pero iba a la misma universidad que yo. Se sentaba justamente **a la par mía**[1].

La Universidad de Costa Rica era una de las instituciones más prestigiosas en el país, y todos podían asistir, siempre y cuando tuvieran la preparación y **capacitación**[2] académica que la institución requería. Era común también ver al presidente en un evento popular o una **apertura**[3] de una obra de teatro. Para un costarricense, el presidente era una persona más y con los mismos derechos que cualquiera.

Mientras conversábamos, me di cuenta de que Costa Rica tenía una de las democracias más antiguas del mundo. Por lo tanto, se consideraba políticamente estable. El país contaba también con una **esperanza de vida**[4] ideal, una educación respetable, un estilo de vida estable para la mayoría y estándares altos para el medio ambiente. Los costarricenses eran conscientes de que la naturaleza era su patrimonio principal, ya que no contaban con una civilización antigua que hubiera dejado ruinas históricas o un impacto cultural importante como los aztecas, los mayas o los incas en México, Guatemala y Perú respectivamente. Costa Rica contaba con una infraestructura simple comparada a las ciudades cosmopolitas de Latinoamérica. Su riqueza era realmente la naturaleza, no las obras hechas por el hombre.

El país era especialmente famoso por su fauna silvestre. Se podía encontrar animales **salvajes**[5] como: jaguares, pumas, **perezosos**[6], armadillos, **guacamayos**[7] y una variedad inmensa de **serpientes**[8]. Sergio, su esposa Patricia y su hija nos llevaron a la **jungla**[9] donde logramos ver animales exóticos como tucanes, **loros**[10], monos de todo tipo y pájaros **campestres**[1]. Algunas

---

[1] **a la par mía:** next to me
[2] **capacitación:** training
[3] **apertura:** opening
[4] **esperanza de vida:** life expectancy
[5] **salvaje:** wild
[6] **perezoso:** sloth
[7] **guacamayo:** macaw
[8] **serpiente:** snake
[9] **jungla:** jungle
[10] **loro:** parrot

personas tenían loros en sus casas de **mascotas**[2], como Josefa, quien tenía una lorita que la seguía a todas partes, riéndose como un animalito loco de felicidad porque pensaba que todo era un juego. Los niños en el barrio **animaban**[3] a la lora para que **persiguiera**[4] a Josefa. Ver cómo la mayoría de los costarricenses interactuaba con los animales revelaba la conexión y el respeto que había para el mundo animal. Cabe aclarar que no se podía encontrar animales exóticos en cualquier lugar en Costa Rica, realmente vivían en el bosque. Así que todos los parques nacionales se protegían para que los animales y las plantas vivieran en su hábitat, lejos de la civilización.

Leefa y yo también tuvimos la oportunidad de ver variedades de **helechos**[5], orquídeas y bromelias que crecían en los troncos y alrededor de los árboles como nada. "¿Cómo podía ser esto posible?" —pensaba yo—. "¿Plantas en los árboles?" Algunos árboles estaban completamente cubiertos de vegetación y flores. Era como un jardín o paraíso tropical. Comprendí por qué los biólogos marinos, zoólogos, botánicos, horticulturitas y ambientalistas se volvían locos en este país. Costa Rica era realmente un Disneylandia para ellos.

Entre los lugares turísticos que visitamos, el Volcán Irazú en Cartago —la capital antigua de Costa Rica— ofrecía la oportunidad de ver el Océano Pacífico y el Atlántico en **un punto dado**[6]. ¡Qué suerte tuvimos por haberlo visto! ¡El panorama era magnífico! Costa Rica era un país tan pequeño que se podía ver los dos océanos, pero para poder visitarlo, teníamos que pasar por varios pueblos de siembro donde los agricultores cultivaban papas, zanahorias y cebollas. Leefa disfrutó ver esta zona de Cartago en las montañas. Los sembradores le recordaron a sus amigos laosianos en los campos de arroz cuando trabajaba con ellos. Las fincas **semejaban**[7] los pequeños pueblos que ella recorría trabajando como joven en Laos. Sentía nostalgia porque veía la conexión y la universalidad en los campos. Camino al volcán nos detuvimos en

---

[1] **campestre:** country
[2] **mascota:** pet
[3] **animar:** to encourage
[4] **perseguir:** to follow
[5] **helecho:** fern
[6] **en un punto dado:** specific spot
[7] **semejar:** to look like

un pueblito llamado *Tierra Blanca*, donde las personas tenías las **mejillas**[1] rojas debido a la **altura**[2] y el clima frío que se generaba. Comimos tortillas hechas a mano con *agua dulce* (una bebida hecha del jugo de la caña de azúcar). Comprendimos por qué tomaban esta bebida, ya que los mantenía calientes para el clima fresco de las montañas. Era realmente increíble experimentar los microclimas que Costa Rica ofrecía. Podíamos visitar una zona caliente y luego una fría en cuestión de treinta minutos, y como había una progresión de climas —dependiendo de la altura, nivel del mar y posición geográfica— se podía cultivar todo tipo de productos y plantar diferente vegetación. Sin embargo, por la estación lluviosa, las carreteras se deterioraban con facilidad y el mantenimiento de la infraestructura no era constante. Así que tuve que aprender a **evitar**[3] los **huecos**[4] en las calles, especialmente en las zonas rurales donde la infraestructura era más simple. Muchas de las carreteras eran de **piedra**[5] y requerían un carro de doble tracción. En el camino, aprendí que los conductores tocaban la **bocina**[6] de sus carros muchas veces en lugar de usar luces intermitentes para pasar.

    Antes de partir de Costa Rica, yo quería visitar algunas de las playas donde se practicaba el surf cerca del Parque Nacional Manuel Antonio. Como yo había vivido cerca de la costa de San Francisco, aprendí a surfear con mi amigo, Alberto. Solíamos ir a la playa llamada Pacifica State Beach, la cual quedaba a unos quince minutos de la ciudad. Con el tiempo, Alberto y yo nos convertimos en buenos surfistas e inclusive trabajamos como instructores para los **principiantes**[7] del deporte. Sin embargo, el agua en la costa de San Francisco era fría, no cálida y agradable como en Costa Rica. Entonces, visitar una playa de surfistas era una oportunidad perfecta para practicar mi destreza en el deporte. Así que Sergio y su familia nos llevaron a Pavones en la parte sur del Océano Pacífico donde las **olas**[8] alcanzaban hasta un kilómetro de largo.

---

[1] **mejilla:** cheek
[2] **altura:** height
[3] **evitar:** to avoid
[4] **hueco:** hole
[5] **piedra:** stone
[6] **bocina:** horn
[7] **principiante:** beginner
[8] **ola:** wave

Algunas veces los surfistas podían sostenerse por tres minutos en la ola; era realmente increíble. Costa Rica era uno de los sitios de surfeo más populares del mundo.

Estando en la playa, noté que el fútbol era uno de los deportes favoritos en Costa Rica. Siempre había una plaza o cancha de fútbol hasta en los pueblos más pequeños donde un grupo de niños, jóvenes o adultos pateaban la pelota, mientras los espectadores se unían para animar a los jugadores durante el juego. Adicionalmente, había vendedores que se aprovechaban de la ocasión para venderles helados y *copos* o *granizados* a los niños (una bebida semi-congelada a la cual se le añadía un sirope rojo llamado Kola o sirope con leche condensada). Ésta era una verdadera atracción para los niños. Los costarricenses se sentían orgullosos de su equipo de fútbol nacional —*La Sele*— el cual participó en la Copa Mundial tres veces. El equipo se consideraba uno de los más eficientes en CONCACAF (la Confederación de Norteamérica, Centroamérica y el Caribe de Fútbol). Sin duda, este deporte era parte de la tradición y la cultura de Costa Rica.

Otro evento importante para los costarricenses era la práctica de la corrida de toros durante las Fiestas de Zapote en la época de navidad. Primero que todo, nunca se mataba el toro, una diferencia **abismal**[1] entre la práctica aplicada en España y en otros países de Latinoamérica donde el animal era sacrificado al final de la **función**[2]. En Costa Rica, no había un torero profesional o *matador*. Algunos costarricenses arriesgados se **lazaban**[3] a la plaza y montaban el toro por el tiempo que pudieran sin ningún entrenamiento. Era como de película. Además, algunas celebridades y **payasos**[4] buscaban la forma de tocar el toro rápidamente y salir corriendo para protegerse. La gente simplemente se divertía con el animal. Algunos traían una mesa con sillas y se ponían a leer el periódico en medio de la plaza hasta que el toro viniera y dejara todo hecho **pedazos**[5]. La idea de los participantes era quedarse en la mesa por

---

[1] **abismal:** enormous
[2] **función:** performance
[3] **lanzar:** to jump/to risk
[4] **payaso:** clown
[5] **pedazo:** piece

el tiempo que pudieran para desafiar al toro, pero tenían que calcular el tiempo para poder correr y buscar refugio. El nivel de riesgo era realmente una locura, pero ésa era la tradición. Algunas veces el toro se acercaba tanto que lograba romperles la ropa a los participantes con sus **cuernos**[1], y claro, siempre había una cámara lista para filmar el episodio, el cual se pasaba por televisión una y otra vez. Si esto suena divertido es porque así estaba diseñado el evento: para que el público **se riera a carcajadas**[2]. De hecho, los **portavoces**[3] y comentaristas siempre eran comediantes que se **contrataban**[4] para **burlarse**[5] de la gente y hacer bromas, especialmente si el toro le **arrancaba**[6] la ropa a alguna persona y parte del cuerpo **quedaba**[7] expuesta al público. Los comentaristas aprovechaban el incidente para ridiculizar a la víctima. Sin embargo, ciertos incidentes acababan siendo **graves**[8]; por lo tanto, algunos participantes terminaban en el hospital con **heridas**[9] serias, pero era parte de la emoción y del riesgo de la **tauromaquia**[10].

    Afortunadamente, el sistema de salud en Costa Rica era considerado de muy buena calidad. Así que estos toreadores aventureros eran atendidos con cuidado en el hospital. El sistema médico era tan efectivo y económicamente accesible que muchos norteamericanos visitaban Costa Rica para hacerse un chequeo anual o revisión médica, ya que la calidad y el precio de los servicios eran mejores y más baratos que en sus respectivos países. Lo valioso del sistema era que contaba con un método preventivo de medicina, el cual radicaba enfermedades y evitaba la propagación de males. Las campañas sobre higiene y cuidados preventivos a nivel nacional eran realmente sorprendentes en comparación con otros países **tercermundistas**[11]. Todos los costarricenses contaban con un sistema médico garantizado. Yo me preguntaba por qué otros

---

[1] **cuerno:** horn
[2] **reirse a carcajadas:** to break out in laughter
[3] **portavoces:** spokesperson
[4] **contratar:** to hire
[5] **burlarse:** to make fun of
[6] **arrancar:** tear off
[7] **quedar:** to remain
[8] **grave:** serious
[9] **herida:** wound
[10] **tauromaquia:** bullfighting
[11] **tercermundista:** third-world (developing world)

países no se beneficiaban de un sistema como éste. Costa Rica era un país simple, pero parecía ofrecerles servicios básicos **dignos**[1] a sus ciudadanos. Me fui de Costa Rica valorando su cultura y entendiendo más de mí y de mis raíces. Había experimentado, en persona, el calor humano y la pasión que los costarricenses sentían por la humanidad y por la vida. Mi padre, Víctor, debió haberse **enternecido**[2] por la amabilidad y generosidad de los *ticos*. Posiblemente, éstas habían sido las razones por la cuales se había enamorado de Laura. Estos ticos valoraban la amistad y el bienestar de los otros. Siempre parecían armonizar y alivianar la vida de las demás personas porque el objetivo era contribuir para conseguir el **bien común**[3] de todos.

Comprensión de lectura

¿Cierto o falso? Corrija las afirmaciones falsas.

1. Marcelino se siente nervioso por el encuentro con su supuesto gemelo. C o F
2. Los costarricenses usan el pronombre *tú* y no el pronombre *vos*. C o F
3. En Orotina, los adultos juegan ajedrez en el parque. C o F
4. La mayoría de las calles en Costa Rica tienen nombres. C o F
5. Marcelino tiene ojos verdes. C o F
6. Sergio y Marcelino no tienen duda de que son hermanos la primera vez que se ven. C o F
7. La familia de Marcelino en Costa Rica es numerosa. C o F
8. Víctor, el padre de Marcelino, luchó en la guerra de Vietnam. C o F
9. Laura, la madre biológica de Marcelino, siempre supo que Marcelino estaba vivo. C o F
10. Costa Rica no tiene una democracia estable. C o F
11. Los costarricenses consumen mucho arroz y frijoles. C o F
12. El sistema médico de Costa Rica es de mala calidad. C o F
13. La naturaleza y la fauna son el patrimonio de Costa Rica. C o F
14. Los ticos matan el toro cuando practican la tauromaquia. C o F

---

[1] **digno:** worthy
[2] **enternecido:** touched/moved
[3] **bien común:** common good (well-being of others)

15. Uno de los deportes más practicados en Costa Rica es el fútbol. C o F

Preguntas de discusión:

1. ¿Por qué les llaman ticos a los costarricenses? ¿Cómo se usan los diminutivos *tico/tica* en Costa Rica?
2. Narre la escena cuando Marcelino y Ronulfo fueron al parque de Orotina en el bus. ¿Por qué el conductor detuvo el autobús?
3. Describa la escena cuando Marcelino llega al parque. ¿Qué hacen las personas en este sitio? ¿Hay un lugar similar (como el parque) en la sociedad estadounidense?
4. ¿Qué piensa usted de la forma en que las personas dan direcciones en Costa Rica? Compare el sistema estadounidense con el costarricense.
5. ¿Qué percepción tenían los *ticos* de Marcelino? Explique.
6. ¿Qué piensa usted sobre el uso de **apodos**[1] en Costa Rica? En su opinión, ¿es similar el uso en Estados Unidos?
7. ¿Cuál es el rol de la religión católica en la mayoría de los costarricenses? ¿Qué tipo de comportamiento genera la iglesia en general?
8. Narre el encuentro entre Sergio y Marcelino. ¿Qué hicieron cuando se vieron? ¿Qué pasó?
9. ¿Qué descubrió Marcelino de su familia biológica? Narre lo que pasó con Marcelino cuando era solamente un bebé. ¿Cuál parte le pareció interesante o triste?
10. ¿Qué pasó con Víctor, el padre biológico de Marcelino?
11. Describa la reacción que tiene Laura, la madre biológica de Marcelino, cuando finalmente se encuentra con Marcelino.
12. ¿Qué descubrió Marcelino sobre el apellido Valdivia, el apellido de su madre biológica, Laura?
13. Describa algunos platillos costarricenses.
14. De acuerdo con los hijos de Ronulfo, ¿por qué Costa Rica se considera una sociedad igualitaria?
15. Mencione dos aspectos interesantes (para usted) de Costa Rica.

---

[1] **apodo:** nickname

Capítulo 20

Después de haber regresado de Costa Rica, me sentí muy motivado y convencido de que debía buscar a mis familiares en San Francisco, a pesar de que Laura ya me había **advertido**[1] que mi abuelo no les había dado su **consentimiento**[2] para que Víctor y ella estuvieran juntos como pareja. Sin embargo, yo no tenía nada que perder si los buscaba. Era peor no hacer nada. Así que los busqué y descubrí que mi abuelo había muerto, pero mi abuela, Teresa, aún vivía. Ella tenía noventa y dos años y estaba encantada de verme.

Teresa me contó todo sobre mi padre, Víctor, y de su **valentía**[3] por haber abandonado su hogar a la temprana edad de dieciséis para poder encontrar una vida más estable y segura. Me explicó que su niñez había sido abusiva, de maltratos físicos y psicológicos. Desafortunadamente, mi abuelo había sido alcohólico y un tirano. Por consiguiente, Víctor **se marchó**[4] para

---

[1] **advertir:** to warn
[2] **consentimiento:** consent
[3] **valentía:** courage
[4] **marcharse:** to leave

unirse al Cuerpo de Paz, agencia federal que se especializaba en ofrecer servicios voluntarios en países extranjeros tercermundistas. Esto **enfureció**[1] a su padre porque pensaba que Víctor tenía que trabajar para ayudar con el **sostén**[2] económico del hogar. El padre nunca comprendió que parte del escape era para protegerse de la violencia que él generaba.

De acuerdo con Teresa, Víctor se apareció conmigo en brazos la noche antes de irse para Vietnam, pero la escena violenta que vio en su casa lo **aterrorizó**[3]. Su padre estaba **embriagado**[4], maldiciendo al que se le pusiera al frente. Por eso, Víctor decidió no dejarme en ese ambiente. Partió sin decir dónde iba o qué haría conmigo. En suma, la familia no lo vio nunca más. Aparentemente, Víctor le escribió una carta a mi madre, Laura, pero esa carta nunca llegó a Costa Rica. De lo contrario, yo estaría contando otra historia.

La explicación de mi abuela le dio una especie de alivio a mi **herida**[5] de niño y respuesta a mis preguntas con respecto al abandono que yo sentía durante mi niñez. Asumí que mi padre pesó todas las opciones, y concluyó que yo tendría mejor calidad de vida si me **dejaba**[6] en las gradas de mis padres adoptivos. Por lo menos, era lo que Teresa y yo queríamos creer. Sentí una tremenda tristeza por Teresa, una mujer que había estado encarcelada emocionalmente por un hombre que la intimidó y la **lastimó**[7]. Ella había abandonado a su propia familia para casarse con mi abuelo a muy temprana edad, pero pagó un alto precio por estar con él, ya que abusó de ella y de sus hijos. Con el tiempo, mi abuelo se tornó frágil y viejo. Fue cuando, finalmente, reconoció sus errores y el dolor que les había causado a todos. Reconoció que él **cargaba**[8] un resentimiento y un dolor que los aliviaba con el alcohol. Pasó el resto de su vejez **lamentándose**[9] y sintiéndose **culpable**[10] por todo lo que

---

[1] **enfurecer:** to become furious
[2] **sostén:** support
[3] **aterrorizar:** to terrorize
[4] **embriagado:** drunk
[5] **herido/a:** wounded
[6] **dejar:** to leave behind
[7] **lastimar:** to hurt
[8] **cargar:** to carry
[9] **lamentarse:** to be sorry about/to lament
[10] **culpable:** guilty

había hecho. Era **digno de lástima**[1] y víctima de una niñez aterradora también. Teresa terminó sola y abandonada por todos sus hijos hasta que yo llegué a su vida.

Después de esta visita, contacté a Sergio y a su esposa Patricia, quienes posteriormente vinieron a California para conocer a Teresa.

—Sergio, encontré a la abuela Teresa.

—Eso es increíble, Marcelino.

—Tú, Patricia y tu hija debéis conocerla.

Afortunadamente, ellos disfrutaron de una visita **placentera**[2] con Teresa meses después en San Francisco. No querían esperar mucho tiempo para conocerla, ya que era una **anciana**[3]. Me cautivó mucho poder compartir mi pasado con mi familia biológica. Fue especial enseñarles dónde y cómo yo había crecido. A la visita se unieron Alberto, Kayla, Andrew y el resto de la familia adoptiva, por supuesto. Para mí, era muy importante que Patricia, Sergio y María —mi sobrina— establecieran una conexión con la otra mitad de mi familia. Mis abuelos adoptivos y mi padre, Andrew, habían empezado a envejecer. Así que cada minuto en familia se convirtió en tiempo de gran valor para mí.

Lamentablemente[4], Teresa se debilitó rápidamente después de que la conocimos. Murió a la edad de noventa y cinco años, dejándonos, a Sergio y a mí, una **herencia**[5] de $200.000. Este gesto nos **conmovió**[6] porque nos pareció que, de alguna forma, ella quería **enmendar**[7] el dolor que había originado y promovido por haberse casado y tenido hijos con un hombre que había causado tanta destrucción. Por consiguiente, decidimos hacer algo digno con el dinero.

---

[1] **digno de lástima:** that evokes pity
[2] **placentera:** pleasant
[3] **anciana:** old lady
[4] **lamentablemente:** unfortunately
[5] **herencia:** inheritance
[6] **conmover:** to be touched
[7] **enmendar:** to amend/to rectify

Pensamos que si nuestro padre, Víctor, hubiera estado vivo, habría ayudado a jóvenes alrededor del mundo. Entonces, decidimos continuar el financiamiento de la educación de muchos niños en Latinoamérica y el Sudeste de Asia. Por suerte, pudimos extender el dinero para ayudar a muchas personas.

    Originalmente, Leefa y yo queríamos **mudarnos**[1] permanentemente a Laos para nuestro retiro. Deseábamos continuar el proyecto con las escuelas y **capacitar**[2] a maestros y profesores en su pueblo. No obstante, con el tiempo, nos dimos cuenta que necesitábamos el apoyo económico del gobierno para continuar ofreciéndoles a los niños y a los padres la oportunidad de tener una educación. Adicionalmente, el gobierno tenía que crear trabajos para motivarlos a estudiar, pero la misión fue realmente imposible. No había **fuentes**[3] de trabajo. La gente terminaba yéndose del país si quería encontrar empleo y tener un mejor estándar de vida.

    Desmotivados por el desafío, Leefa y yo decidimos mudarnos a Costa Rica a la edad de cincuenta y cinco años. Descubrimos que podíamos ayudar a los niños pobres en una sociedad que les ofrecía mejores opciones de crecimiento. Costa Rica había sido el primer país en el mundo en ofrecer una educación **gratuita**[4] y obligatoria desde 1869. Favorablemente, el país les **proporcionaba**[5] un desayuno y un almuerzo a los niños en las escuelas públicas. Ésta era una gran motivación para aquéllos que no tenían algo que comer en casa. Así que los maestros **aprovechaban**[6] la ocasión para motivarlos a estudiar también. Sin embargo, algunos no podían pagar un uniforme o había falta de dinero para pagar un transporte público. Entonces, Leefa y yo servíamos para proporcionar uniformes, libros y fondos para que los niños pudieran asistir a la escuela sin ningún problema. Esto creaba mejores expectativas y una motivación en los niños, ya que Costa Rica era un país donde realmente los estudiantes podían surgir profesionalmente. Era un país pequeño

---

[1] **mudarse:** to move (location)
[2] **capacitar:** to train
[3] **fuente:** source
[4] **gratuita:** free
[5] **proporcionar:** provide
[6] **aprovechar:** to take advantage

como Laos, pero con una población mucho menor. Así que pensamos que el impacto de ayudar en este país sería más grande y más beneficioso.

No obstante, una vez que nos establecimos en Costa Rica, vimos que la realidad en las escuelas —especialmente en las zonas rurales— era otra. Cerca del 85% de los adultos en Orotina no tenía una profesión estable y no motivaba a sus hijos para que estudiaran porque no era un valor que había sido **inculcado**[1] en ellos durante su niñez. Por lo tanto, muchos terminaban trabajando en una tienda o supermercado, una finca o limpiando casas porque era lo que podían **anhelar**[2]. Estaban convencidos de que el estudio era para los grupos de un nivel socioeconómico más alto. Por eso, queríamos cambiar la realidad de estos niños y motivar a los padres para que mantuvieran a sus hijos en las escuelas. Leefa y yo veíamos la oportunidad de estimular la economía local. Entre más niños educáramos y capacitáramos en labores **indispensables**[3] en el pueblo, habría más incentivo —por parte del gobierno local— de crear trabajos para los **lugareños**[4]. Además, la autoestima que se generaría entre los habitantes disminuiría el crimen en general.

Leefa y yo hicimos todo lo posible por equipar las escuelas con computadoras y una biblioteca con el objetivo de motivar a los niños para que leyeran. Además, entrenamos profesores y ofrecimos actividades recreativas y tutorías para aquellos niños que requerían de una ayuda adicional. Posteriormente, le presentamos una propuesta, ofreciendo nuestra visión y misión, a un grupo de expertos (**planificadores**[5] de ciudades y zonas rurales y educadores). Nuestro plan era entrenar a los jóvenes en ocupaciones que podían realizarse en sus propios pueblos. De esta forma los muchachos no tendrían que **desplazarse**[6] a la ciudad. **Dichosamente**[7], el proyecto se aprobó en varios **cantones**[8] para implementarlo y recibimos un **subsidio**[1] del gobierno

---

[1] **inculcar:** to instill
[2] **anhelar:** to long
[3] **indispensable:** essential
[4] **lugareño:** local
[5] **planificador:** planner
[6] **desplazarse:** to move
[7] **dichosamente:** luckily
[8] **cantón:** district

para lograr nuestra misión. Nos prometieron que si el proyecto funcionaba en los otros sectores, ellos se comprometían a seguir financiándolo porque este cambio renovaría y **enquecería**[2] las áreas pobres de Costa Rica.

En cuestión de dos años, los niños de Orotina empezaron a apreciar la educación. Su autoestima mejoró, y como resultado, se sentían tremendamente agradecidos por la oportunidad de **superarse**.[3] Adicionalmente, estaban motivados para progresar y ayudar a sus familias. De modo que se convirtieron en contribuidores activos de la comunidad. En Orotina, la educación se convirtió en un símbolo de prosperidad y una salida para erradicar la pobreza y el consumo de drogas. Entrenamos a muchos jóvenes en agricultura ecológica, apreciando los recursos naturales y aprendiendo a cómo conservarlos. A otros les enseñábamos sobre la exportación de productos de madera, ya que ésta era otra industria **en auge**[4] en el país. Nuestro proyecto se convirtió en un modelo para las zonas rurales y países vecinos. El **sobrenombre**[5] de Orotina —*La ciudad de las frutas*— se convirtió en algo simbólico porque todo el pueblo ayudó a los niños a crecer en un ambiente sano y de prosperidad. Estos niños eran el **fruto del esfuerzo**[6] de una comunidad unida.

Claro, sería muy ingenuo de mi parte negar que Costa Rica **enfrentaba**[7] desafíos como cualquier otro país latinoamericano. Había corrupción a nivel gubernamental, y el crimen se había convertido en una **amenaza**[8]. El abuso de drogas era parte del escenario **inquietante**[9] en algunas zonas. Por eso, Leefa y yo queríamos ofrecerles a los jóvenes otras alternativas. Había también cuestiones controversiales como: el **alza**[10] de las bienes raíces, ya que muchos extranjeros querían una casa de veraneo o una casa en la playa como inversión en Costa Rica. Otros querían retirarse allí porque el sistema médico y el clima

---

[1] **subsidio:** subsidy/benefit
[2] **enriquecer:** to enrich
[3] **superarse:** to exceed
[4] **en auge:** booming
[5] **sobrenombre:** nickname
[6] **fruto del esfuerzo:** collaborative effort
[7] **enfrentar:** to face
[8] **amenaza:** threat
[9] **inquietante:** worrisome
[10] **alza:** rise

eran muy **prometedores**[1]. La construcción de hoteles y condominios también presentaba un impacto en el ambiente. Así que el gobierno se veía obligado a considerar las ramificaciones antes de permitir la construcción de ciertos edificios e infraestructura en general, especialmente si estaba cerca de las playas y los parques nacionales. Como resultado, el país incorporó la bandera azul ecológica, utilizada en Europa para que la comunidad local de un pueblo contara con el apoyo y protección del gobierno para conservar el medio ambiente. Ésta era un **arma de fuego**[2] para los habitantes, pero la amenaza de proyectos turísticos era constante.

En suma, los lugareños se ajustaban y trataban de aprovechar las nuevas oportunidades de trabajo que generaban los extranjeros. Algunos se oponían al rápido crecimiento, pero otros eran conscientes de que el turismo, de alguna forma, creaba oportunidades de trabajo, lo cual era tentador para aquéllos que necesitaban una **fuente**[3] de **ingreso**[4]. Los costarricenses se interesaron por aprender inglés y otras lenguas usadas por inversionistas o **retirados**[5]. Muchos trataban de convencer al extranjero que retirarse en Costa Rica era lo más atractivo y prometedor. Así que el país se convirtió en una atracción para todos: los retirados, practicantes del surf, estudiantes de intercambio y amantes de la naturaleza, haciendo de esta nación un país diverso. Como resultado, el turismo se convirtió en el mejor generador económico del país, estimulando negocios y creando la demanda de servicios y trabajos que antes no existían.

Leefa y yo tratábamos de enfocarnos y apreciar los aspectos positivos del país, especialmente aquéllos que presenciábamos entre la gente. Particularmente, nos impresionaba la forma en que celebraban la diversidad cultural. Uno de los eventos favoritos era *El día del negro* celebrado el 31 de agosto y los festivales: *Raíces de Limón y Flores de la Diáspora Africana*, donde los

---

[1] **prometedor:** promising
[2] **arma de fuego:** weapon
[3] **fuente:** source
[4] **ingreso:** income
[5] **retirado:** retired

líderes de la localidad **recogían**[1] dinero para ayudar a los países vecinos que necesitaran ayuda económica debido a alguna catástrofe natural; por ejemplo, un **terremoto**[2] o un **huracán**[3]. Específicamente, había conciertos, bailes, **desfiles**[4] y exposiciones de arte, y venían artistas internacionales y nacionales para compartir su talento y ayudar a recolectar dinero para las diferentes causas. En Costa Rica, la historia de los negros era discutida e incluida como parte del programa en las escuelas públicas para que los niños aprendieran sobre su pasado **injusto**[5], pero específicamente, se les enseñaba sobre la contribución cultural, económica y política que habían tenido también. Ésta era una forma de enseñarles a los niños sobre el valor que cada **raza**[6] aportaba en el mundo. Lo encontraba beneficioso y positivo.

    Leefa y yo también disfrutábamos de sitios famosos que Costa Rica ofrecía. El Parque Nacional Tortuguero situado en la parte atlántica del país era uno de los más visitados. Tuvimos que ir en bote al parque porque solamente había entrada por bote o avión. La mayor atracción eran las tortugas verdes y gigantes que hacían sus **nidos**[7] y ponían sus huevos en la noche. Era una escena extraordinaria de la **anidación**[8] en la vida silvestre. Algunas veces, había una especie de competencia entre las pequeñas tortugas **recién nacidas**[9] que corrían como podían hacia el océano. Algunas de las madres (tortugas) medían hasta dos metros de largo. La verdad es que nunca había visto tortugas tan grandes. Además, vimos cocodrilos y caimanes mientras navegábamos los canales de la zona de Tortuguero. El parque contaba con una abundancia de plantas y árboles debido a la diversidad biológica elevada. Contaba con un clima tropical y húmedo, el cual creaba una variedad ecológica extensa.

    Otro lugar de destino para muchos era la selva tropical de Braulio

---

[1] **recoger:** to collect
[2] **terremoto:** earthquake
[3] **huracán:** hurricane
[4] **desfile:** parade
[5] **injusto:** unfair
[6] **raza:** race
[7] **nido:** nest
[8] **anidación:** nesting
[9] **recién nacido:** newborn

Carrillo donde se podía ver animales **salvajes**[1], el bosque nuboso y muchas **cataratas**[2] que servían de **manantial**[3] para la naturaleza. El autobús tomaba la carretera a Guápiles, la cual nos permitía disfrutar de vistas panorámicas del bosque. Costa Rica se parecía a Laos en muchas formas porque este país también tenía una estación lluviosa —de mayo a octubre— que permitía tener un bosque nuboso natural, y una estación seca —de noviembre a abril. Los panoramas inspiraron a Leefa, y le mostraron el amor que muchos costarricenses sentían por su país y el deseo que tenían de proteger su fauna **silvestre**[4]. Ella se sentía triste de saber que Laos tenía tanto potencial para ofrecer y era uno de los países más verdes del mundo como Costa Rica, pero reconocía que la conciencia de la gente determinaba el cuidado y el respeto que los ciudadanos le aplicaban a su medio ambiente. Laos podía ser una **joya**[5] tropical para el mundo también. Costa Rica era considerado el país más verde del mundo y el tercero más ecológicamente conservado.

Leefa y yo también visitamos el volcán Arenal, el más joven y más activo de los volcanes a 5.400 pies de altura. Podíamos ver la lava en la noche, y algunas veces pequeñas erupciones o explosiones que creaban una escena espectacular. El volcán estaba localizado cerca de un lago artificial (usado para crear energía hidroeléctrica), un bosque tropical y agua térmica natural generada por el calor del volcán, donde los excursionistas podían disfrutar de la vegetación y de las **aguas termales**[6] medicinales. Muchos venían de diferentes partes del mundo para curarse y relajarse. De todos los volcanes, éste era el más admirado de todos. Estaba localizado en la zona de la Fortuna a unos noventa kilómetros noroeste de la capital, San José.

Los alrededores del volcán Arenal inspiraron a Leefa para construir un paraíso tropical en nuestro propio patio. Como resultado, ella diseñó un jardín que atraía personas de todas partes de Costa Rica para apreciar el pequeño oasis.

---

[1] **salvaje:** wild
[2] **catarata:** waterfall
[3] **manantial:** natural spring
[4] **silvestre:** wild
[5] **joya:** jewel
[6] **aguas termales:** hot springs

Como contaba con un ecosistema tropical, aprendió a sembrar plantas, flores y árboles de diferentes tipos y a **estar al corriente**[1] de cómo conservarlos para ayudarles a adaptarse a su nuevo hábitat. Costa Rica contaba con microclimas. Así que Leefa arriesgaba cultivando diferentes especies de palmeras para saber si se podían adaptar: palma jalea, cocotero, uña de gato, palmera múltiple, palmera de tallo rojo, palma botella, etc. Adicionalmente, tenía heliconias de tres tipos: rojas, anaranjadas y amarillas al igual que orquídeas, las cuales eran las flores favoritas de Leefa. Como la casa contaba con un patio central, se podía ver las plantas de cualquier parte de la casa, especialmente los **helechos**[2] que la adornaban en una forma tropical. La casa tenía una arquitectura con cielos altos para mantenerla ventilada y fresca, especialmente durante la estación de verano cuando la temperatura alcanzaba unos 90 o 95 grados Fahrenheit.

Cuando Leefa y yo compramos la casa, descubrimos que los aparatos eléctricos eran dos veces más caros en Costa Rica que en Estados Unidos porque eran importados. Así que consultamos con los ticos, quienes nos convencieron de que debíamos comprar los aparatos eléctricos en la parte sur del país, Golfito, cerca de la frontera con Panamá. Aparentemente, había un sistema de mercado libre donde no se pagaban **impuestos**[3] de venta y los productos eran vendidos **al por mayor**[4]. Por lo tanto, era definitivamente más económico comprarlos allí. El lugar no era un sitio **lujoso**[5] para comprar, pero los precios eran accesibles. Es por esto que Leefa y yo viajamos con Sergio, Patricia y María, y nos hospedamos en el hotel que tenía *el Gato*, un amigo de Sergio que era dueño de un restaurante y un hotel cerca de la frontera. A su amigo le decían: "el Gato" porque tenía ojos azules como uno de esos gatos siameses con ojos **azules marinos**[6]. El hotel era ideal porque ofrecía habitaciones con vista panorámica de la **bahía**[7], la cual era espectacular, especialmente en las noches cuando disfrutábamos de un delicioso arroz con

---

[1] **estar al corriente:** to be aware
[2] **helechos:** ferns
[3] **impuestos:** taxes
[4] **al por mayor:** wholesale
[5] **lujoso:** luxurious
[6] **azul marino:** navy blue
[7] **bahía:** bay

camarones, la especialidad de la casa. Golfito había sido la principal región de plantación bananera durante la época gloriosa del monopolio *United Fruit Company* a mitad del siglo XX. De hecho, pudimos visitar algunas de las plantaciones de bananos, pero **penosamente**[1], la escena no fue muy placentera porque los trabajadores no parecían tener una vida muy próspera. Todo lo contrario, semejaban ser esclavos y su estilo de vida era **paupérrimo**[2]. Era obvio que las condiciones de trabajo y los salarios de estos trabajadores no eran ideales. Por fortuna, la pesca y el turismo ayudaban a mantener la economía local, pero el escenario para muchos no era **ejemplar**[3]. Era una zona pobre del país, pero una zona con un tremendo potencial de **crecimiento**[4].

En general, la gente tenía un estándar de vida mejor que el de muchos en Latinoamérica, a pesar de que los salarios fueran menos altos en Costa Rica. Esto se debía al hecho de que Costa Rica les ofrecía servicios sociales básicos a sus ciudadanos. Los costarricenses no se sentían empobrecidos —por decirlo así— porque la mayoría tenía lo necesario para vivir: agua potable, electricidad, nutrición básica (que era garantizado por el precio **fijo**[5] de la *canasta básica* impuesto por el gobierno), servicios médicos, transporte público, etc. Éste era el ingrediente principal para tener una vida **equilibrada**[6]. Así que la gente se podía centrar en disfrutar de la amistad, la autoestima que se alimentaba del buen trato y la sensación de **pertenencia**[7] que se generaba entre los costarricenses, ya que las necesidades básicas eran **saciadas**[8]. Los costarricenses habían creado un sistema que ofrecía un sentido de pertenencia a nivel comunitario.

El orden de las necesidades psicológicas **difería**[9] de persona a persona, pero en esencia la mayoría parecía satisfecha. Recuerdo haber escuchado al

---

[1] **penosamente:** sadly
[2] **paupérrimo:** very poor
[3] **ejemplar:** ideal
[4] **crecimiento:** growth
[5] **fijo:** fixed
[6] **equilibrada:** balanced
[7] **pertenencia:** belonging
[8] **saciada:** satisfied
[9] **diferir:** to differ

profesor, Roberto Artavia, en el Canal 7, explicando este sistema de cooperación que Costa Rica había creado. Parecía que había jugado un rol en la distribución de bienes entre los costarricenses anteriormente. El **hecho**[1] de haber sido una democracia pobre y que los españoles tuvieran que trabajar su propia tierra hizo que hubiera menos monopolio de bienes. Sin embargo, el profesor enfatizó el hecho de que en Costa Rica no se había alcanzado la igualdad con respecto a la mujer. Todavía parecía existir una gran **brecha**[2] entre hombres y mujeres, a pesar de que el país ya había tenido una mujer presidenta. Esta fue otra causa contra la cual Leefa luchó. Ella solía decirles a las mujeres de Orotina:

—Cuando cultivamos a una mujer, cultivamos a un pueblo entero. Recuerden: somos *la Ciudad de las frutas*.

Con el tiempo, Leefa y yo nos acostumbramos al humor y al **cariño**[3] que los costarricenses expresaban. Sus gestos, su humor, el constante contacto físico, los besos al saludarse y la forma atractiva en que muchas mujeres se vestían eran todas partes del carisma y el **afecto**[4] que los costarricenses ofrecían. Reconocíamos que esta energía fortalecía el potencial de servicio de los ticos.

En suma, ése era Costa Rica: un país donde la mayoría de la gente trataba de vivir en **paz**[5] y armonía; consecuentemente, podían ofrecerles libertad incondicional a otros seres humanos. Andaban sin restricciones, viviendo una vida que creían **merecer**[6]. En la mayoría de los casos, muchos de ellos venían de grupos socioeconómicos limitados, pero lo que importaba era disfrutar del momento. Estos costarricenses tenían una vida simple y lo reconocían, pero la aceptaban con gratitud.

Muchas personas visitaban Costa Rica esperando descubrir por qué la gente parecía tan feliz. Ser feliz para un costarricense era simplemente ser libre

---

[1] **hecho:** fact
[2] **brecha:** gap
[3] **cariño:** love
[4] **afecto:** affection
[5] **paz:** peace
[6] **merecer:** to deserve

y **dichoso**[1] de reconocer que su realidad no tenía que ser diferente. Con el tiempo, empecé a adoptar su forma de ver la vida, y tuve la oportunidad de poner en práctica esta mentalidad y esta filosofía que caracterizaban a los ticos, especialmente cuando la vida me hizo pasar por la experiencia más **desafiante**[2] de mi vida.

Comprensión de lectura

¿Cierto o falso? Corrija las afirmaciones falsas.

1. Marcelino encuentra a su abuela paterna en San Francisco. C o F
2. El abuelo paterno de Marcelino (el padre de Víctor) era un hombre amable y afectuoso. C o F
3. Víctor dejó a Marcelino con sus padres la noche antes de partir a Vietnam. C o F
4. Teresa fue una mujer maltratada por su esposo. C o F
5. Sergio, el hermano de Marcelino, nunca conoció a Teresa y a la familia adoptiva de Marcelino. C o F
6. Marcelino y Sergio recibieron una herencia de su abuela Teresa cuando ella murió. C o F
7. Leefa y Marcelino decidieron mudarse a Laos. C o F
8. La educación escolar en las zonas rurales de Costa Rica es ideal. C o F
9. Costa Rica tiene una diversidad ecológica elevada. C o F
10. Los aparatos eléctricos en Costa Rica generalmente no son caros. C o F
11. Costa Rica les ofrece servicios públicos valiosos a sus ciudadanos. C o F
12. La mujer costarricense ha alcanzado la igualdad con respecto a los hombres. C o F

---

[1] **dichoso:** happy/lucky
[2] **desafiante:** challenging

Preguntas de discusión:

1. ¿Qué información compartió la abuela paterna, Teresa, con Marcelino cuando hablaron en San Francisco? ¿Qué descubrió Marcelino?
2. ¿Cuál es la reacción de Marcelino después de haber hablado con su abuela Teresa? ¿Qué siente ahora con respecto a su niñez?
3. ¿Dónde decidieron vivir Marcelino y Leefa para su **retiro**[1] y por qué?
4. ¿Cómo es la educación escolar pública en Costa Rica? ¿Cuál era la realidad en las zonas rurales? En su opinión, ¿como es la educación escolar en Estados Unidos?
5. ¿Cómo complementaron Marcelino y Leefa la educación en Orotina? ¿Cuál fue la reacción de los niños después de que Marcelino y Leefa se dedicaron a educarlos? ¿Hubo una transformación en la comunidad?
6. De acuerdo con Marcelino, ¿por qué la mayoría de los ciudadanos costarricenses tiene, en general, una buena calidad de vida comparada a la calidad de vida de otros ciudadanos que viven en otras naciones en Latinoamérica?
7. ¿Han alcanzado las mujeres en Costa Rica la igualdad con respecto a los hombres? En su opinión, ¿la han alcanzado las mujeres en Estados Unidos?

---

[1] **retiro:** retirement

Capítulo 21

Dicen por ahí que todos los seres humanos guardamos secretos. No sé si eso sea **un decir**[1], pero lo cierto es que Leefa logró mantener el secreto más valioso y significativo para mí. En su defensa, debo admitir que todas las **señales**[2] y **huellas**[3] me **puntearon**[4] y me **advirtieron**[5] en el camino sobre su secreto, pero yo no las reconocí, o tal vez las **arrinconé**[6] sin darme cuenta. Lo cierto es que logré obtener una versión distorsionada de la realidad; simplemente porque mi mente quería ver otro escenario.

Pasado el periodo de la menopausia, Leefa se dedicó a un tipo nuevo de trabajo voluntario: plantar árboles en zonas de deforestación y enseñarles a los jóvenes sobre las especies de árboles de rápido crecimiento. Algunos árboles alcanzaban su edad adulta en pocos años; así que los ríos y el aire puro empezaron a **adueñarse**[7] y a transformar áreas **desatendidas**[1]

---

[1] **un decir:** a saying
[2] **señal:** sign
[3] **huella:** footprint
[4] **puntear:** to mark with dots/ to trace
[5] **advertir:** to warn
[6] **arrinconar:** to push away
[7] **adueñarse:** to take over

en Costa Rica debido a la propagación de los bosques. El proyecto de convertir zonas abandonadas en oasis dio gran resultado en el país. Leefa organizaba paseos con diferentes grupos de jóvenes que vivían en zonas rurales; ellos recibían algún tipo de crédito comunitario por su colaboración voluntaria en el proyecto en escuelas, colegios y universidades. Sin embargo, había un misterio con estos paseos; Leefa nunca me invitaba para que fuera con ella. Me vendió la idea de que éste era un objetivo que quería lograr sola; por lo tanto, la respeté, pero me pareció extraño porque siempre habíamos **compartido**[2] todo. Sus paseos se convirtieron en excursiones frecuentes; regresaba a casa muy cansada y con el único deseo de dormir. Gradualmente, empecé a notar que su apariencia física estaba cambiando aceleradamente, pero atribuí el cambio al trabajo excesivo y a la **vejez**[3] que se aproximaba. En todo caso, Leefa insistió en continuar con su lucha por la naturaleza y sus paseos con los jóvenes. Así que respeté su decisión, ya que ella siempre había sido respetuosa y complaciente conmigo.

Como su intento por restaurar parques había tenido mucho éxito; Leefa decidió compartir la idea con otros países tercermundistas como Laos. Ella quería compartir su conocimiento y su experiencia con otros líderes. Así que sin darme cuenta, un día acepté su voluntad de partir sola a Laos. Sabía que su familia la acompañaría en esta misión, pero algo dentro de mí me decía que algo no estaba bien, pero independientemente de cómo yo me sintiera, tenía que aceptar su deseo. De tal manera que la vi partir con una **sonrisa**[4] radiante. Ésa era su voluntad.

Treinta y seis horas después, Leefa me llamó para hacerme saber que había llegado bien a Laos. Sonaba alegre y muy entusiasta con respecto al proyecto. Me llamó todos los días excepto el día que su familia se comunicó conmigo para pedirme que debía irme de inmediato a Laos porque Leefa quería compartir algo importante conmigo. No me dijeron nada más. De repente, la **mala sensación**[5] y el **sobresalto**[6] me

---

[1] **desatendidas:** neglected
[2] **compartir:** to share
[3] **vejez:** old age
[4] **sonrisa:** smile
[5] **mala sensación:** bad feeling
[6] **sobresalto:** shock

perturbaron[1] el corazón otra vez porque yo me preguntaba: "¿Qué puede ser tan importante para que yo tenga que viajar hasta Laos? ¿Qué tiene que compartir Leefa conmigo?" Sin pensarlo, compré un tiquete para Laos y partí **sin vacilar**[2].

Cuando llegué al Aeropuerto Internacional Pakse, inmediatamente noté que Leefa no estaba allí, solamente Diem (mi amiga china) y la familia de Leefa que —de paso— parecía desorientada con mi presencia. Todos se acercaron para abrazarme en silencio; algunos estaban **gimiendo**[3] y **lamentándose**[4]. En ese momento, me di cuenta de que algo terrible había pasado con Leefa.

«Où est-elle?»

—¿Dónde está Leefa? —le pregunté a su padre desesperadamente.

«C'était sa volonté, Marcelino.»

—Era su voluntad, Marcelino.

"¿Cuál era su voluntad? ¿De qué hablaba este hombre? ¿Y por qué yo no sabía nada de nada?" —pensé. Leefa había muerto de cáncer en Laos a la edad de casi sesenta años. Los doctores le habían dicho en Costa Rica que habían detectado **nódulos amontonados**[5] cerca del pecho derecho. Ella había notado estos bultos o masas, y por eso visitó varios médicos que le confirmaron que ella tenía un cáncer de pecho avanzado, pero Leefa decidió mantenerlo en secreto. "¿Cómo pudo mantener algo así en secreto?" —me cuestionaba yo.

De golpe[6], una angustia y un **espanto**[7] me **sobrecogieron**[8] porque quise regresar el tiempo para ayudarla y protegerla, pero ya era tarde. Sentí que me habían golpeado la cabeza con un bate de béisbol

---

[1] **perturbar:** to upset
[2] **sin vacilar:** without hesitation
[3] **gemir:** to moan
[4] **lamentarse:** to be sorry/ to lament
[5] **nódulos amontonados:** accumulated nodules
[6] **de golpe:** suddenly
[7] **espanto:** terror
[8] **sobrecoger:** to take over

porque mi mente quedó completamente en blanco. Me vi **indefenso**[1] y **desamparado**[2], y así me sentí por muchos días y muchas noches. La voluntad de Leefa era morir en su pueblo junto a las personas que habían estado en su infancia y su juventud. Leefa no quería que yo la viera morir. Ésa también había sido su voluntad porque no quería que yo sufriera. Debió haber presentido el profundo impacto que su muerte iba a tener en mí: el sentirme abandonado una vez más. A lo mejor sabía que yo no la habría dejado morir en paz porque la quería para mí.

En una forma absoluta, la muerte de Leefa me paralizó por mucho tiempo. No comprendía mi realidad. Estaba completamente perdido en el mundo de la **inconsciencia**[3] porque mi corazón estaba **aturdido**[4] y se negaba a aceptar su muerte. Sentía un vacío profundo y sin fin.

En retrospectiva, la vida me había dado todas las señales para que yo descifrara el misterio de Leefa, pero ella logró **contrarrestar**[5] su estado físico enfermizo con un estado de paz. Eso era lo que yo percibía, pero su cáncer había avanzado rápidamente, y la quimioterapia no podía hacerle frente al **desparramo**[6] y la propagación agresiva de células cancerosas en su cuerpo. Claro, ésa era la pérdida de peso y **caída**[7] de pelo que yo había notado en Leefa, pero su serenidad y equilibrio me confundieron. El contraste de la agresión de células cancerosas y el estado despreocupado de Leefa era absurdo. Todavía me pregunto cómo no pude descifrar su secreto. Comprendí que todas esas excursiones misteriosas con los jóvenes eran realmente paseos al hospital para aplicarse la quimioterapia.

En su defensa, Leefa siempre vio el presente como su única opción. Así que nadie podía sentir **lástima**[8] por ella porque ella misma no sentía **aflicción**[9] o tristeza por su estado. Aceptó pacíficamente su realidad, y no manifestó resistencia, por lo menos así parecía. Ella reconoció su

---

[1] **indefenso:** helpless
[2] **desamparado:** abandoned
[3] **inconsciencia:** unconsciousness
[4] **aturdido:** stunned
[5] **contrarrestar:** counteract
[6] **desparramo:** spread
[7] **caída:** fall
[8] **lástima:** pity
[9] **aflicción:** sorrow

enfermedad y su muerte con dignidad, sin que yo me diera cuenta. La noche antes de que partiera me dijo lo siguiente:

—Necesitamos ser conscientes de que podemos modificar la forma en la que enfrentamos nuestros desafíos para contribuir con la energía positiva del mundo exterior. Si permitimos, con libertad, que la realidad sea parte de nuestras vidas, vivimos una vida auténtica y de paz porque estamos en sintonía con nuestras circunstancias.

Yo estaba completamente de acuerdo con ella, pero en aquel momento, jamás me imaginé que se refería a su anticipada muerte. Realmente pasó mucho tiempo para que yo pudiera comprender su capacidad de aceptar la vida o la muerte **con apertura**[1]; parecía irrelevante para ella.

Al principio visualizar mi vida sin Leefa era inimaginable. Me sentía **abrumado**[2] y consumido por el dolor, el miedo y el abandono. Tuve que aprender a no confundir mi realidad con el placer de sentirme víctima, pero **al principio**[3] no había espacio para la libertad. Mi mente vivía dando vueltas en el pasado y en la **incertidumbre**[4] de un futuro sin Leefa: un futuro de soledad y desierto.

Continuaba pensando —una y otra vez— que mi vida con ella era realmente significativa porque en una forma mágica habíamos aprendido a conseguir lo mejor del otro. Nos reíamos constantemente, y nos unía el mundo de la ternura y la **entrega**[5]. Por lo tanto, la conexión nos permitía **perdonarnos**[6] cuando uno de los dos intentaba cambiar al otro sin darse cuenta. Reconocíamos que no teníamos el poder ni el derecho de cambiar al otro. Nuestro acuerdo era hacernos reír para que siempre estuviéramos **dispuestos**[7] a perdonarnos. La satisfacción **contrarrestaba**[8] los

---

[1] **con apertura:** with an open mind
[2] **abrumado:** overwhelmed
[3] **al principio:** at the beginning
[4] **incertidumbre:** uncertainty
[5] **entrega:** dedication/commitment
[6] **perdonarse:** to forgive each other
[7] **dispuesto:** willing
[8] **contrarrestar:** to counteract

malentendidos[1]. Leefa me dio su mejor versión y siempre supe que era un regalo **otorgado**[2] por la vida.

En suma, el proceso de ajustamiento fue intenso y tremendamente **doloroso**[3], pero tenía que aprender a vivir sin ella. Era la única forma de encontrar la paz; tenía que buscar la manera de liberar mi mente, la cual estaba condicionada por todos los **recuerdos**.[4] Claro, eso requería descubrir que la aceptación del presente era la única vía que me traía armonía y el único lugar donde la libertad residía. Después de unos meses de la muerte de Leefa, encontré un libro que ella estaba leyendo en la mesita de noche. Era el libro que leía todas las noches antes de partir a Laos. Cuando lo abrí, encontré la siguiente cita y me di cuenta que Leefa la había **subrayado**[5].

> "Debemos morir antes de nacer otra vez y abandonar el mundo en el cual hemos existido. El planeta Tierra es un mundo **basado**[6] en ideales, el cual nos trae conflicto, desbalance, **tropiezo**[7], hostilidad, antagonismo, discrepancia y problemas de todo tipo. Cuando renunciamos al mundo establecido en el que hemos vivido, nacemos en un mundo de paz."
>
> Gibson (1983) The Original Headlines

Después de leer esta cita, sentí que me habían **clavado una bala**[8] en el corazón. Me di cuenta de que había tenido que pasar por la furia, la negación y, finalmente, la aceptación de la muerte de Leefa. Me había resistido a aceptarla. Por eso, sufría tremendamente y sentía una especie de lástima por mí. Esta emoción negativa era activada por eventos y experiencias que me recordaban mi pasado con ella. Repasaba estas

---

[1] **malentendido:** misunderstanding
[2] **otorgado:** given
[3] **doloroso:** painful
[4] **recuerdo:** memory
[5] **subrayado:** underlined
[6] **basado:** based
[7] **tropiezo:** obstacle
[8] **clavar una bala:** to shoot a bullet

vivencias[1] —una y otra vez— porque mi mente insistía en **adherirse**[2] a ellas. Como resultado, el dolor interno se volvió mi nueva forma de vida: un constante conflicto vicioso que parecía intensificarse con el tiempo, hasta que un día, la crisis me **obligó**[3] a liberarme. Para encontrar la libertad, tenía que aceptar el sufrimiento intenso y doloroso, pero también tenía que **dejarlo ir**[4]. Me sentía realmente agotado de sufrir. Parecía que la vida había creado las **peores**[5] circunstancias para que yo aceptara mi realidad con humildad: el sentirme solo una vez más. Sin duda, extrañaba a Leefa, pero me vi forzado a encontrar la tranquilidad interna sin su presencia física.

Finalmente, descubrí que no tenía que identificarme con el dolor que yo mismo había creado —que no había sido un **castigo**[6] de la vida o las circunstancias— simplemente era la vida. En los momentos de soledad, ya no me identificaba con la **pérdida**[7] de Leefa. En vez de eso, aceptaba su muerte y empecé a reconocer que mi vida con ella había sido una fortuna, lo que me permitió descubrir que no tenía nada que entender o solucionar. Me di cuenta que si habitaba o daba vueltas en el pasado, o si esperaba que el futuro me cambiara la vida y la realidad del presente, mi **supervivencia**[8] **se desvanecía**[9].

Después de ese descubrimiento, las cosas más extraordinarias empezaron a **sucederme**[10]. Una noche, me senté en la terraza para revisar mis mensajes de Facebook y, para sorpresa mía, tenía un mensaje de Verónica, la mujer casada con la que había tenido la eufórica y apasionada aventura amorosa cuando era sólo un joven de diecisiete años. Ella no quería ser mi amiga, simplemente me pedía perdón por haberme causado tanto dolor cuando era joven. Tuve que dejar de leer el mensaje por un momento porque pensé que me iba a **desmayar**[11] del impacto. Cuando

---

[1] **vivencia:** experience
[2] **adherirse:** to hold onto
[3] **obligar:** to force
[4] **dejarlo ir:** to let it go
[5] **peor:** worse
[6] **castigo:** punishment
[7] **pérdida:** loss
[8] **supervivencia:** survival
[9] **desvanecerse:** to vanish
[10] **suceder:** to happen
[11] **desmayar:** to faint

terminé de leer, sentí lástima por ella porque su esposo la había dejado por otra mujer. Aparentemente, esta **amarga**[1] experiencia le había permitido reconocer el dolor que ella me había causado a mí cuando me usó como amante. Me pidió —varias veces— que la perdonara y que no la buscara porque no podía verme a la cara. Verónica simplemente quería mi perdón. Yo estaba en completo estado de **asombro**[2]. Su **disculpa**[3] fue realmente **conmovedora**[4] y profunda para mí.

Años después, hubo un **maremoto**[5] en Japón donde —tristemente— quedaron en la arena miles de personas muertas y **arrasadas**[6] por la furia del mar. Yo tenía sesenta y siete años, y cuando supe de lo sucedido, instintivamente quise ayudar y rescatar a quienes habían sobrevivido a la catástrofe. Así que decidí unirme a un grupo de rescate y tratar de encontrar familias en Costa Rica que quisieran adoptar a los niños que habían sobrevivido la tragedia; los niños que se habían convertido en huérfanos. Aparentemente, muchos habían sobrevivido porque estaban en sus "**cunitas**"[7] durante el tsunami, lo cual les permitió flotar en el agua.

El caos que vimos cuando llegamos al epicentro me **abrumó**[8] de inmediato. El maremoto había desplazado todo: las casas estaban destruidas, los carros volcados y las personas y los animales estaban distribuidos como **semillas**[9] en un **campo abierto**[10]. La costa había sido golpeada tremendamente; todo estaba **inundado**[11] y las personas habían quedado sin hogar. Camino a un pueblo pequeño donde muchas personas habían quedado incomunicadas, vi a una mujer atrapada en los **deshechos**[12]. De modo que la rescaté sin pensarlo con la ayuda del equipo. Ella estaba **aturdida**[13] y **agotada**[14] por el dolor, ya que tenía varios **huesos**

---

[1] **amarga:** bitter
[2] **asombro:** amazement
[3] **disculpa:** apology
[4] **conmovedora:** touching
[5] **maremoto:** tsunami
[6] **arrasadas:** destroyed
[7] **cunita:** cradle
[8] **abrumar:** to overwhelm
[9] **semilla:** seed
[10] **campo abierto:** open field
[11] **inundado:** flooded
[12] **deshechos:** waste/residue
[13] **aturdida:** disturbed
[14] **agotada:** exhausted

rotos[1]. El día de su rescate estaba **envuelta**[2] en **lodo**[3]; así que no pude ver su cara ni su cuerpo. Sin embargo, logramos visitar su pueblo un mes después y ella me reconoció. Cuando nos miramos a los ojos, una energía tierna nos hizo abrazarnos sin vacilación. Sabíamos que era un milagro que ella estuviera viva. Se sorprendió de ver la cantidad de niños que venían conmigo a Estados Unidos.

De repente, sentí una paz extraordinaria en medio del caos. La miré a los ojos, y me di cuenta que mis manos y mi cuerpo **temblaban**[4] sin parar porque veía en ella lo que una vez había visto en Leefa. No tuve que decirle qué sentía porque ella se acercó y me abrazó en silencio por un largo tiempo, transmitiendo la misma emoción.

Humildemente[5], reconocí que había venido hasta Japón para encontrar el amor en medio de la destrucción y la tragedia. Permanecí abrazado, sintiéndola y amándola por primera vez, y descubriendo claramente por qué había sido un huérfano. Reconocí que otros tenían que rescatarme a mí de la misma forma que yo los rescataba a ellos, y que éramos todos partes de un solo Ser Supremo. En ese momento, mi sentido de **pertenencia**[6] era mayor y más amplio. Identificarme con mis creencias, mis ideas, mis tradiciones y mis derechos era irrelevante porque ya no importaba. **A menudo**[7], no había respuestas para muchas de mis preguntas, solamente interpretaciones o conclusiones que, al final, no importaban tampoco.

De pronto, sentí un fuerte deseo por neutralizar el dolor de aquellas personas que vivían atrapadas en el círculo vicioso donde yo muchas veces había vivido y no creía tener salida. Decidí liberarme de mí mismo y **abogar**[8] por la diversidad y la paz interna de los demás. Pensé en mis padres adoptivos en California y la China—Triana, Andrew, Gui, and

---

[1] **huesos rotos**: broken bones
[2] **envuelto/a**: covered
[3] **lodo**: mud
[4] **temblar**: to shake
[5] **humildemente**: humbly
[6] **pertenencia**: belonging
[7] **a menudo**: often
[8] **abogar**: to defend/ to promote

Ali— quienes me dieron las **herramientas**[1] para **hacerle frente a la vida**[2]. Ellos me prepararon para cruzar un largo e **inesperado**[3] sendero que me permitió descubrir la libertad en un mundo diverso. Yo realmente pertenecía dondequiera que iba porque la gente me ofrecía su hogar y su corazón.

Así que allí estaba yo —con mi nuevo amor entre los brazos—, dándome cuenta de que la felicidad era simplemente un estado del ser humano, donde el nivel de conciencia y la paz reinaban. Me sentía agradecido con mi nueva realidad, sin resistirme, porque el resistirme había sido siempre el motivo de mi conflicto, el cual yo había **arrastrado**[4] toda mi vida sin darme cuenta.

Comprensión de lectura

Cierto o falso: Corrija las afirmaciones falsas.

1. Leefa guardaba un gran secreto. C o F
2. Leefa plantaba árboles en zonas de deforestación con jóvenes en Costa Rica. C o F
3. La apariencia física de Leefa no cambió con su enfermedad. C o F
4. La familia de Leefa llama a Marcelino por teléfono y le dice que Leefa está muerta. C o F
5. Los doctores en Laos descubren que Leefa tiene cáncer de mama. C o F
6. Marcelino acepta la muerte de Leefa con calma y de inmediato. C o F
7. Marcelino decide salir con Verónica (su ex amante) otra vez. C o F
8. Marcelino se enamora una segunda vez en Japón. C o F

Preguntas de discusión:

1. ¿Cuál era el secreto de Leefa? ¿Qué descubrió Marcelino en este capítulo?

---

[1] **herramientas:** tools
[2] **hacerle frente a la vida:** to fight, to have a positive attitude toward life
[3] **inesperado:** unexpected
[4] **arrastrar:** to drag

2. En su opinión, ¿por qué decide Leefa ir a Laos sus últimos días de vida? ¿Qué piensa usted de esta decisión?
3. ¿Por qué le ocultó Leefa a Marcelino la verdad?
4. ¿Cómo cambió la muerte de Leefa la vida de Marcelino? ¿Encontró la paz y la libertad que buscaba? Narre el proceso o transformación por el que pasó Marcelino.
5. ¿Quién es Verónica y por qué es importante este personaje en la vida de Marcelino?
6. ¿Cuál es su personaje favorito y por qué?
7. En su opinión, ¿cuál es el tema o mensaje principal de la novela?
8. ¿Cuál parte de la novela le impactó más?

Vocabulario general útil para las discusiones:

- La novela -novel
- El/la protagonista -protagonist
- El personaje -character
- La trama -plot
- El tema -theme
- El conflicto -conflicto
- El desenlace , el final -ending
- El ambiente -atmosphere

Conectores útiles:

- **Para añadir**: además, también
- **Contraste:** sin embargo, pero, por el contrario,
- **Consecuencia:** por eso, por esta razón
- **Posibilidad**: probablemente, posiblemente
- **Ejemplificación**: por ejemplo, para ilustrar
- **Secuencia**: en primer lugar, en segundo lugar, para comenzar, para terminar
- **Conclusión**: en conclusión, en resumen, para concluir
- **Tiempo**: antes de +infinitivo, después de +infinitivo, mientras, luego, más tarde

Personajes de En busca de mi sendero:

MARCELINO es el protagonista y el huérfano de la novela. Es sensible, bondadoso (kind), noble, perceptivo, sincero, leal (loyal), justo (fair), tierno y emotivo (emotional).

LEEFA es la esposa de Marcelino que nació en Laos, Sudeste de Asia. Ella es libre (free), objetiva, intuitiva, pacífica, serena, ecuánime (level-headed), lógica, humanitaria, espiritual, compasiva y trabajadora.

ALEJANDRINA es la abuela adoptiva de Marcelino que nació en Sevilla, España. Ella es insistente, manipuladora, extrovertida, graciosa (amusing), jovial (cheerful), cómica, bulliciosa (noisy), humorística, amorosa (loving), emotiva y religiosa.

FELIPE es el abuelo adoptivo de Marcelino que nació en Sevilla, España. Felipe es tímido, conservador, nostálgico, tierno, cariñoso y trabajador.

ANDREW es el padre adoptivo de Marcelino. Es seguro de sí mismo (self-confident), revolucionario, directo, claro, convincente, testarudo (stubborn), abierto, progresista, avanzado, atrevido (daring) y trabajador.

TRIANA es la madre adoptiva de Marcelino. Es amorosa, tierna, generosa, inquieta (restless), incansable (non-stop), trabajadora, luchadora (fighter), maternal y algo feminista.

ALBERTO es el mejor amigo de Marcelino. Es mexicano, extrovertido, simpático, sociable, comunicativo, cordial, fiel (loyal), sencillo (simple), amable, sincero, luchador y de buenos modales (good manners).

KAYLA es la novia y esposa de Alberto. Es tímida, callada, estudiosa, dedicada, pacífica, neutral, amigable, aplicada (studious, hard-working) y amorosa.

El Sr. ROMERO es el padre de Alberto y mejor amigo de Marcelino. Es honesto, honrado (honorable), íntegro, sensible, recto (proper), intachable (irreproachable), cabal (honest), puro, luchador, activista, compasivo, caritativo (humanitarian), inteligente y revolucionario.

GUI y ALI son los padres anfitriones chinos de Marcelino. Son conservadores, estrictos, tradicionalistas, amorosos, rigurosos, disciplinados, tiernos y cariñosos.

BINGWEN y BAO son los hermanos anfitriones chinos de Marcelino. Son sumisos, obedientes, rectos (proper), estudiosos, disciplinados, tímidos y respetuosos.

LAURA es la madre biológica de Marcelino. Es costarricense, dulce (sweet), tradicional, tierna, maternal y amable.

SERGIO o Checho es el hermano gemelo de Marcelino. Es costarricense, alegre, optimista, jovial (cheerful) y entusiasta.

DIEM es la amiga china de Marcelino. Es trabajadora, atrevida (daring), innovadora, creadora, compasiva y humanitaria.

RONULFO es el amigo costarricense de Marcelino. Es divertido (entertaining), amigable, chistoso (funny), bromista (fond of joking), gracioso (fool, funny), generoso, servicial, caritativo (humanitarian), comprensivo, cortés y bondadoso (kind).

JOSEFA es la esposa de Ronulfo. Ella es servicial, dulce, amorosa, tradicional, testaruda (stubborn) y divertida.

VERÓNICA es la amante de Marcelino durante su adolescencia. Ella es egocentrista o egoísta, aprovechada (someone who takes advantage of people), interesada (self-interested), desdichada (unhappy), indiferente (apathetic) y calculadora.

MUJER JAPONESA es el nuevo amor de Marcelino al final de la novela. Ella es tierna, intuitiva y agradecida (thankful).

Printed in Great Britain
by Amazon